Conversa com a Memória
Villas-Bôas Corrêa

Conversa com a Memória

Villas-Bôas Corrêa

A história de
meio século
de jornalismo
político

OBJETIVA

© Villas-Bôas Corrêa, 2002

Todos os direitos desta edição reservados à
EDITORA OBJETIVA LTDA., rua Cosme Velho, 103
Rio de Janeiro – RJ – CEP 22241-090
Tel.: (21) 2556-7824 – Fax: (21) 2556-3322
www.objetiva.com.br

Capa
ADRIANA MORENO

Revisão
UMBERTO DE FIGUEIREDO
DAMIÃO NASCIMENTO
SÁNDRA PÁSSARO

Editoração Eletrônica
FUTURA

C824c

    Corrêa, Villas-Bôas
      Conversa com a memória/Villas-Bôas Corrêa. –
    Rio de Janeiro : Objetiva, 2002

    282 p.   ISBN 85-7302-466-6

    1. Jornalismo – Brasil. I. Título

CDD 079.81

À memória de

Silva Ramos, chefe de redação com poder de diretor da velha
A Notícia, *onde cheguei como principiante no distante 1948*
e a quem devo as primeiras lições e, antes do primeiro ano de
trabalho, a classificação como repórter político;

Odylo Costa, filho, mais do que amigo, o irmão que ganhei
na vida e que sempre me levou para os jornais e revistas
que dirigiu e reformou, desde a seção política do Diário de
Notícias *ao* Jornal do Brasil *e a curta experiência na*
Rádio Nacional;

E de Júlio Mesquita Neto, diretor de O Estado de S. Paulo,
com quem tive o privilégio de trabalhar como diretor da
sucursal-Rio no período em que o grande jornal rebelou-se
contra a censura à imprensa, imposta pela estupidez do
arbítrio do golpe de 64.

A Laércio Ventura, diretor de A Voz da Serra, *de Nova*
Friburgo, dos raros amigos que se conquistam na maturidade
e que me permite a experiência de colaborar na imprensa
do interior, acompanhando as suas vicissitudes e a orgulhosa
independência na paixão da política municipal.

Não bula na memória que está quieta.
Cutucada e desperta, ela não pára de falar.

Não acalento a pretensão de fazer história, de propor esquema revolucionário de análise, mergulhar nas funduras da especulação sociológica ou investir em novo método de crítica política. Simplesmente deponho, conto o que vi e o que ouvi de fontes confiáveis. E, claro, darei meus palpites.

O acaso teceu os fios embaralhados do destino, espichou minha vida além dos índices estatísticos da perspectiva de sobrevivência. Olho em torno e confiro que estou só. Da minha geração, no batente do teclado do computador da redação, não sobrou mais ninguém.

Os vivos curtem a aposentadoria no repouso mal remunerado. Poucos resistem no exercício de chefias vitoriosas. Alguns migraram para atividades que engordam a conta bancária.

Com as credenciais de repórter com mais de meio século de atividade ininterrupta, registro profissional datado de 27 de novembro de 1948, venço as hesitações e raspo a memória de 78 anos e quebrados para desencavar o que ficou gravado no velho cartório da cuca.

Congresso

Nunca houve Congresso como o que freqüentei, com assiduidade compulsória e no deslumbramento da iniciação profissional, de 1948 até a mudança da capital para o ermo de Brasília, em 21 de abril de 1960. Nem haverá outro igual. Se as lembranças de veterano no fim da linha não têm como escapar do melado saudosista, tentarei resistir no chão fofo da objetividade.

O que quero dizer e provar é que um conjunto excepcional de circunstâncias montou o cenário, recrutou o elenco e selecionou o repertório para os anos dourados da despedida da eloqüência, da exibição de grandes oradores nos duelos do confronto partidário, no quadro de legendas nacionais, com raízes históricas nas venerandas desavenças provincianas.

Testemunhas do fim de uma época, não nos dávamos conta do privilégio de participar da transição que se prenunciava no equívoco que desafiava dúvidas. Muitos anos depois, Carlos Castello Branco, na última visita que fez a Ascendino Leite, em Cabo Branco – João Pessoa, para se despedir, como previu sem nenhuma ênfase ou dramaticidade, antes de morrer em 1º de julho de 1993, não resistiu aos encantos da cidade e, no embalo das lembranças, arredondou a frase exata: "Ascendino, nós fizemos História."

Despedíamo-nos do país, da capital histórica que não resistiu ao lento desprestígio político, com olhos vendados e os ouvidos sintonizados no otimismo. Os sinais de decadência na virada para a megalópolis ainda não tinham degradado a cidade à desqualificação da bagunça populista.

O Estado Novo de Vargas poupou o Congresso das humilhações que o golpe de 64, que a pomposa linguagem militar qualificou de Redentora, infligiu ao Legislativo acoelhado, de joelhos diante de cassações, dos recessos punitivos, dos atos institucionais, dos pacotes e falcatruas. Pelas linhas tortas da ditadura assumida, com o Legislativo fechado, os partidos dissolvidos, a censura escancarada, preservou-se a mística da instituição, sem o disfarce das máscaras para o desfile no palco internacional.

Ditadura descarada, orgulhosa da sua identificação com a modernidade do fascismo e do nazismo, o Estado Novo não escondeu a cara: retocou a imagem com o sorriso de Getúlio Vargas e a popularidade cultivada com as técnicas da censura. Congresso fechado, partidos dissolvidos, oposição proibida, dispersa, presa e desterrada. E nos enfiou de goela abaixo a terrível lição de que ditadura sem maquiagem é melhor do que a simulação cínica, para uso externo.

Quando a ditadura de Vargas desabou, em 29 de outubro de 1945, depois de quase oito anos de violência, tortura e opressão, a redemocratização foi saudada com uma explosão de euforia popular. Povo mesmo, de roupa remendada e salário mínimo criado pelo Pai dos Pobres, não se misturou com a classe média, que fez a sua festa. A recepção aos líderes democráticos na revoada de volta do exílio juntou multidões no Rio, em São Paulo, em Belo Horizonte e no Recife. Na embriaguez da liberdade reconquistada, tudo era motivo ou pretexto para extravasar os recalques çevados na censura.

A eleição de 2 de dezembro de 1945 desfez ilusões e repôs as coisas nos seus lugares. A UDN dos bacharéis, dos lenços brancos, purgou a frustração, azeda como laranja verde, da primeira derrota do brigadeiro Eduardo Gomes.

Mas a eleição do marechal Eurico Gaspar Dutra, o condestável do Estado Novo, sacramentada pelo apoio de última hora do ditador deposto, e em exílio voluntário e esperto na estância gaúcha de São Borja, e pela estrutura nacional da máquina administrativa controlada pelo PSD, foi absorvida com a transferência das esperanças para a Assembléia Constituinte.

O fascínio pelo Congresso começou aí. E foi-se desgastando com o tempo, as decepções, os desenganos. Lentamente, com altos e baixos, tropeços e piruetas.

Deu para o gasto, apesar do consumo perdulário. As sessões diárias da Câmara e do Senado, nos seus grandes dias, atraíam assistentes que lotavam os modestos balcões do Palácio Tiradentes e do Monroe, demolido pela estupidez e pelo desprezo por marcos históricos. Fauna variada e curiosa. O grupo dos assíduos reunia tipos mais diversos. Do partidário fiel e exaltado ao que era atraído pelo espetáculo, pela novidade dos discursos dos oradores afamados e dos duelos entre o governo e a oposição. A presença espontânea de populares, a participação do que se podia qualificar como opinião pública não sobreviveu ao trauma da mudança da capital.

Em Brasília, foi substituída pela pressão organizada de claques recrutadas nas grandes cidades e que viajam de ônibus fretados.

Partidos e imprensa

Nesse Congresso único, estrearam ao mesmo tempo, e não por acaso, os partidos nacionais e o modelo de cobertura parlamentar e política, forjada pela geração de cronistas e repórteres, convocada às pressas para atender à urgência da novidade que era a democracia restaurada.

A história da derrubada do Estado Novo está contada em farta bibliografia, documentada por depoimentos e pela devassa dos arquivos da ditadura. Mas, se a articulação conspiratória foi acompanhada pelos donos de jornais e pelos jornalistas que dela participaram, a degringolada precipitou-se com as desconfianças de que o ditador tramava novo golpe, com o apoio de Luiz Carlos Prestes e do Partido Comunista do Brasil, que emergira da clandestinidade para a ocupação barulhenta das ruas, com o movimento da Constituinte com Vargas.

A ditadura agonizava, doente desenganada pelo descrédito. Ditadura não aprende a retirar-se decentemente do palco quando termina a temporada e a platéia deixa o teatro, farta do espetáculo.

Getúlio seria tolerado até a posse do sucessor eleito se não tivesse assanhado as suspeições de adversários e dos aliados da véspera. A rapidez com que a crise foi detonada surpreendeu a imprensa. A nomeação para a chefia de Polícia do truculento e notório mano Benjamim Vargas — conhecido nas rodas dos cassinos e da boemia pela alcunha de Bejo — incendiou os quartéis e impôs a deposição do ditador, consumada em horas.

As redações foram atropeladas quando armavam as equipes para cobrir o setor novo, que se escancarava depois de arrombados os portões de sete anos de censura.

Na lua-de-mel com a redescoberta da liberdade de imprensa, as matérias políticas despertavam enorme interesse da população e vendiam jornais.

Na pressa da improvisação, foram recrutados jornalistas com experiência no setor nos tempos da República Velha e testados novos repórteres para completar as equipes. A vanguarda alinhou veteranos de muitas batalhas, que apenas passaram pela escovadela da reciclagem para uma situação que se inaugura com novo formato.

Faço a chamada de alguns pioneiros. Como Osvaldo Costa, de texto limpo, arguta capacidade de análise com o molho apimentado da malícia e o engajamento apaixonado do jornalismo partidário. Dos primeiros a assinar artigos de comentários políticos, Murilo Marroquim ocupou espaço nobre no alto da terceira página de *O Jornal*, o matutino dos Diários Associados. Com todo direito à prioridade, mestre Prudente de Morais, neto, o Pedro Dantas de tradição republicana, escritor, poeta bissexto, com inacreditável fôlego para levantar temas, como a exigência da maioria absoluta para a eleição do presidente da República e infernizar a vida do presidente Juscelino Kubitschek com a doutrinação golpista, que crepitava como fogo em mato ralo nas pontas radicais dos quartéis. Mais tarde um dos mais atuantes articuladores do golpe contra o vice-presidente João Goulart, que assumiu a presidência com a renúncia de Jânio Quadros, Prudente desencantou-se da Redentora e, na presidência da Associação Brasileira de Imprensa (ABI), teve atuação destemida na defesa de jornalistas torturados na ignomínia dos DOI-CODIs.

Carlos Lacerda chegou por cima, assinando, no *Correio da Manhã*, artigos diários no estilo veemente e desabrido que o consagrou, desde a Constituinte de 1946. Foi um dos pioneiros no ensaio da crônica; não chegou a cobrir, com a objetividade do repórter, os trabalhos legislativos ou a articulação política.

Primeira fase

Quando cheguei ao Congresso, em meados do governo Dutra, encontrei a cobertura parlamentar estruturada com nítida divisão das áreas, confiadas a repórteres que acumulavam experiência, cultivavam fontes, definiam o estilo, especializavam-se.

O esquema era o mesmo no Senado e na Câmara, com o ajuste às características das duas casas legislativas. Menor e mais tranqüilo, com a serena pachorra da idade, o Senado quebrava a tradição das sessões breves e monótonas com a turbulência das tempestades das divergências estaduais, foco de inimizades que azedavam no ódio, que passavam de pai para filho, como o adocicado, enjoativo e popular vinho branco alemão. Nesses dias, as sessões do Senado ganhavam as manchetes dos jornais, enchiam as galerias, atraíam os repórteres políticos.

Mas a Câmara era o ponto de encontro de todos os dias, de segunda a sexta-feira, antes da moda brasiliense da semana de dois, três dias úteis.

As comissões permanentes, especialmente a de Constituição e Justiça e a de Finanças, eram cobertas regularmente por um grupo menor de repórteres, com sensibilidade para avaliar a importância dos assuntos que furavam a rotina para a promoção à primeira página. Um duro trabalho, massacrante e pouco reconhecido. Os salários mais baixos agravavam a frustração profissional de um dia de trabalho, cumprindo o roteiro das dezenas de comissões, para o aproveitamento da modesta nota de uma coluna.

O palco do plenário recebia tratamento privilegiado. Todos os matutinos, sem exceção, reservavam espaço nobre para a seção fixa e diária da cobertura dos discursos, debates, votações, incidentes, xingamentos, tumultos dos plenários da Câmara e do Senado. No dia seguinte, os vespertinos repercutiam os temas importantes e antecipavam os discursos anunciados para a tarde. Polêmicas entre parlamentares do primeiro time alimentavam semanas de debates no *show* de oratória que rendia entrevistas, respostas, com o envolvimento de bancadas, no rondó sem fim dos confrontos entre Maioria e Minoria, governo e oposição, ambos cunhados com a mesma liga conservadora.

A reportagem política propriamente dita desfrutava de alguns privilégios e pagava o preço do risco de ser furada pelos concorrentes, o que doía como bofetada no brio profissional. Não tínhamos pouso fixo, pauta ou ajuda da agenda do todo-poderoso secretário da redação. O compromisso reduzia-se a acompanhar a atividade política e dar o recado diário, preenchendo o espaço na página própria do jornal.

Comecei em *A Notícia,* vespertino popular, comandado por Francisco Otaviano da Silva Ramos, que acumulava as funções de secretário, editorialista, copidesque de matérias que recebiam especial atenção, revisor de todas as matérias, que lia e corrigia linha por linha, marcava o tipo, a página e, em geral, mudava o título e subtítulos à moda da época. No contraponto com *O Globo, A Notícia* afirmava-se na linha popular, guardando a compostura e a sensibilidade para todos os assuntos. A última página era o chamariz do leitor cativo das matérias policiais, de crimes, suicídios, acidentes, desastres, furtos, incêndios. Para quebrar a monotonia da página com excesso de pequenas notas, o adorno dos retratos das vítimas e autores. Na gíria da redação, os *bonecos* caçados pelos repórteres e fotógrafos para as reproduções pelas Speed Graphic pesadonas, que tiveram sua época e são peças de museu.

A redação de *A Notícia* cabia na sala de frente de não mais de 60 a 80 m^2 no ponto mais central do Rio: a avenida Rio Branco, no meio do quarteirão entre as ruas da Carioca e Sete de Setembro. Com varanda para a avenida. Ao centro, grande mesa de madeira de tampo maltratado, com cadeiras para os repórteres que redigiam as suas matérias e os poucos que cumpriam todo o expediente sem sair da redação: além de Silva Ramos, o secretário Otacílio de Souza; o subsecretário, Gerson Cordeiro, que acumulava a cobertura do turfe; o chefe de reportagem de polícia, Orlando Zerpino; o veteraníssimo e simpático Vitorino de Oliveira, vergado pela idade e o peso da fama de secretário de legendária energia e competência.

O repórter andava na rua, a pé, de bonde, de ônibus. Em ocasiões especialíssimas, de táxi. Apurava-se indo aos locais, buscando o contato direto com as fontes. Na redação, redigia-se o apurado. Para sair de novo, várias vezes ao dia, até o fechamento da edição, o bate-papo e a dispersão, abreviada pela fome, na urgência do estômago a dar horas com o café da manhã engolido de madrugada. A equipe da cobertura policial era numerosa e variada. O repórter de setor desdobrava-se para cobrir mais de um distrito, hospital, necrotério, deslocando-se para completar as informações e acrescentar o detalhe exclusivo, que credenciava o profissional competente. Da redação, pelo telefone, o plantão fazia a ronda dos distritos, atualizando os registros de ocorrências para os casos de mobilização da reportagem.

Como tudo era perto ou parecia perto da redação plantada no coração da cidade, era comum o repórter sair duas, três e mais vezes para apurar e redigir matérias diferentes. Do crime que valia manchete à pequena nota sobre um acidente de trânsito sem gravidade. E era o que distinguia a velha *A Notícia,* pequeno grande jornal, como uma escola prática de jornalismo. Aprendia-se tudo até o limite de cada um.

A sala da redação, no segundo andar do prédio que só ficou de pé na memória de poucos sobreviventes, comunicava-se com o corredor de entrada e com a sala ocupada por Cândido Campos — presença episódica na redação, com o andar arrastado da idade, em mangas de camisas de cores berrantes e largas gravatas de padronagem espalhafatosa. Mais duas ou três pequenas salas: a da diminuta seção de esportes, a do arquivo fotográfico, a do laboratório de revelação dos filmes, o balcão de anúncios, a saleta da administração — e só.

Vespertino feito na correria de nervosa jornada que começava às sete da manhã e com o fechamento entre meio-dia e uma da tarde, *A Notícia* era o modelo do jornal daquele tempo para o leitor que regressava à casa no bonde modorrento ou no ônibus, mais rápido e mais caro. Lia-se comodamente sentado nos bancos de madeira dos bondes abertos e arejados ou pendurado nos estribos. Nos ônibus só se viajava sentado. Passageiros em pé, como em transporte de animais, é modernismo do após-guerra, prenunciador da superpopulação que desfigurou o Rio e as grandes, médias e pequenas cidades até o inchaço atual.

Na cidade, quando ainda se permitia o privilégio de caminhar pelas ruas a qualquer hora e em qualquer lugar, de fruir os vagares esticando as pernas sem rumo, olhando as vitrinas, parando para o dedo de prosa com os amigos nas rodas dos cafés, o ritmo de trabalho e o formato da cobertura política acompanhavam a cadência da vida.

Sobram poucas ou nenhuma semelhança entre as redações dos jornais que viraram empresas e as daqueles tempos nem tão remotos. Em meio século de vertiginosa transição inconclusa, a transformação foi tão ampla e rápida que se torna difícil reconhecer, no entulho de velharias que entope a memória dos que rodopiaram, aos trambolhões, no redemoinho das mudanças, o que é permanente na caracterização do modelo profissional.

A SANTA E O CONTÍNUO

Na intensa rotatividade dos contínuos que atendiam à redação de *A Notícia* e às constantes necessidades da administração, Ariovaldo foi dos que mais tempo agüentou a trabalheira de esfalfar um estivador pela mixaria do salário mínimo.

Como a redação ficava no centro da cidade, na avenida Rio Branco, no quarteirão entre as ruas Sete de Setembro e Carioca, quase todo o serviço de entrega de documentos era feito a pé. Com qualquer tempo, debaixo de sol ou chuva, com a ajuda de venerandos e desengonçados guarda-chuvas da casa que costumavam enguiçar, teimando em não abrir nas aperturas dos temporais.

Mas a pedreira exaustiva começava cedo, nas manhãs dos vespertinos, e aliviava à tarde, depois que o jornal fechava. Da redação às oficinas do *Diário de Notícias*, na rua da Constituição, depois da praça Tiradentes, onde *A Notícia* era composta e impressa, um estirão de meia hora em passo picado, com o baú de alças lotado com as matérias prontas, revistas e diagramadas. Um ir-e-vir quase sem pausa. Quando o contínuo voltava, esbaforido, já encontrava outro baú abarrotado. E qualquer demora atrasava o jornal, que competia com *O Globo*, encostando na tiragem do vespertino mais poderoso, com luxo de sede e oficina própria.

Não admira que os contínuos não resistissem por muito tempo às estafantes condições da longa jornada diária, com folga aos domingos e às implicantes exigências da chefia autoritária de Silva Ramos.

Mas o Ariovaldo sabia levar a vida, e era uma figuraça. Moreno acobreado, magro como um espeto, cheio de ginga e vocabulário enriquecido pela gíria sempre renovada, seu luxo era a exuberante cabeleira negra como carvão, lustrosa e domada pelos fixadores para armar o topete de altura descomunal. Bem-humorado, serviçal, enturmou-se com os repórteres e conseguia arrancar gargalhadas nas prosas que se esticavam depois do expediente.

A Notícia, sob a direção enérgica de Silva Ramos, era um jornal popular, com espaço para o noticiário policial em linguagem comedida e as fotos de impacto, mas sem a nauseante exibição de cadáveres mutilados ou do banho de sangue. Mas lá chegou o dia do Silva Ramos ceder à irresistível sedução da matéria exclusiva, levantada pela reportagem em subúrbio distante do Rio e que se resumia na história de uma moça pobre, desconhecida, que todas as tardes, na hora da Ave-Maria, ajoelhada diante do altar de Nossa Senhora na humilde igreja local, jorrava lágrimas de sangue, em pranto abundante. E realizava milagres. Em poucos dias a fama dos milagres, à hora certa em que a santa chorava lágrimas de sangue, correu longe e passou a atrair multidão de aleijados, cegos, surdos, doentes crônicos. O padre tentava controlar o exagero. Evidentemente, sem nenhum sucesso.

Silva Ramos escolheu a dedo Zoroastro, excelente repórter tarimbado, com anos de cobertura policial, a malícia e a desconfiança para não se deixar engambelar por truques de espertalhões. E o único fotógrafo do jornal, o faz-tudo José Rodrigues e sua Speed Graphic.

No dia seguinte, enquanto o Zoroastro enchia laudas à tinta, com sua letra firme, trancado na sala vazia do esporte para não ser incomodado, Rodrigues revelava e copiava as fotos.

Toda a redação, excitada com a perspectiva do furo, acautelava-se com reservas de dúvidas. Mas o Zoroastro e o Rodrigues haviam antecipado que a matéria era sensacional. A santa chorava sangue de escorrer pelo rosto, pingar pelo queixo, manchando o vestido. E, em volta, os curados pelos milagres agradeciam na efusão das lágrimas e dos soluços. Cena impressionante.

Nisso, Rodrigues saiu do estúdio com o bolo de fotos úmidas, espremidas entre laudas, aproximou-se da mesa comprida da redação e foi espalhando-as, uma a uma, rodeado por toda a redação e pela turma da administração.

Nem decepção, nem entusiasmo. A santa não convencia com seu jeito insignificante, rosto fino e inexpressivo. Um tipo vulgar. Agora, lágrimas não faltavam. Desde a fonte dos olhos sem brilho à cascata escorrendo pelas bochechas, inundando a gola do vestido.

A primeira impressão ainda estava sendo deglutida, quando o Ariovaldo apareceu, com o baú debaixo do braço, de volta da oficina. No passo gingado, sem pressa, aproximou-se da mesa, espiou as fotos, esbugalhou os olhos, esticou os braços com as mãos espalmadas como quem empurra para longe um sacrilégio e soltou um grito, em tom de pasmo e pavor: "Ih!".

A redação voltou-se para o Ariovaldo à espera da explicação. E que saiu num arranque: "Eu já comi esta santa...".

* * *

À tarde, os jornaleiros berravam a manchete escandalosa da primeira página de *A Notícia*: "Derrama lágrimas de sangue à hora da Ave-Maria."

E o Ariovaldo foi proibido de abrir o bico durante uma semana. Prazo para esgotar edições e os milagres.

A CARTEIRA QUE ABRIA
TODAS AS PORTAS

O lançamento de *O Dia*, o matutino de *A Notícia*, foi uma revolução no mercado jornalístico. Cinqüenta anos depois, é difícil reviver o clima da imprensa dividida entre os jornais que amanheciam nas bancas, pesados, sisudos, com amplo espaço na primeira página para as notícias internacionais enviadas pelas agências e que se compravam para leitura obrigatória nos bondes e ônibus, na ida para a cidade dos que começam a vida cedo. O matutino era a folha que se lia em casa pelos que iniciavam mais tarde a jornada do batente.

Leve, escandaloso nas grandes manchetes, com espaço para o noticiário da cidade, os desastres e crimes, o vespertino era vendido nas bancas e pelos jornaleiros pendurados nos estribos dos bondes ou que invadiam os ônibus. O jornal da volta à casa, ao entardecer, começo da noite.

Coisa de um tempo em que, nas grandes cidades, a população viajava como gente, sentada nos ônibus, nos bondes abertos, arejados e lentos, nos trens da Central e da Leopoldina.

Ora, *O Dia* entrou quebrando louça, na verdade um jornal popular no formato de vespertino, mas que saía às ruas de madrugada, com excelente distribuição que cobria a cidade, chegava aos bairros e subúrbios, até a Zona Rural.

Sucesso imediato e estrondoso, vendia como água. Boa parte do seu retumbante êxito instantâneo deve-se a uma figura singular e legendária de secretário da redação, o manda-chuva da época. Baixote, gorducho, cabeleira branca desgrenhada, que penteava com os dedos, desleixado na roupa limpa, Santa Cruz Lima foi o gênio do jornal popular.

Nenhuma fórmula mágica ou miraculosa. Além do temperamento vulcânico que contagiava a redação, três ou quatro máximas do seu catecismo de fé: 1 — o que vendia jornal ao povo era a manchete e a primeira página, o resto não tinha a menor importância; 2 — três assuntos não podiam faltar no cardápio de cada dia: o crime, de preferência com mulher no meio, enredada em ciúmes, traição e o clássico triângulo amoroso; macumba, nas suas diversas manifestações com os componentes de mistério, do sobrenatural, do inexplicável; e a foto de impacto, de choque, revolvendo o estômago com o flagrante da tragédia, o preto em branco que pingava sangue.

Com tal secretário defrontei-me, no lançamento de *O Dia*, como um dos seus fundadores, para discutir o esquema de cobertura política. O velho Santa Cruz foi de sinceridade sem rodeios: jornal para o povão não podia desperdiçar espaço com as tricas e futricas de ministros, senadores, deputados, partidos e outras frioleiras. Fofocagem que não atraía um único leitor.

— Mas e então? O que eu sei fazer é cobertura política.

Santa Cruz deu a volta, devolvendo a bola. O dono da casa, Chagas Freitas, fazia questão da minha colaboração, de olho na carreira política que começava a construir, pedra por pedra, no jornal que garantiu a popularidade e os votos para os saltos como deputado federal dos mais votados do Rio de Janeiro e duas vezes governador do estado.

Lembrei-me da série de excepcionais reportagens de Heráclio Salles, nas edições domingueiras do *Correio da Manhã*. Na companhia do deputado Café Filho, de excelentes relações com a imprensa, Heráclio uma ou duas vezes por mês visitava, de surpresa, órgãos públicos para os flagrantes das denúncias ou o depoimento da boa qualidade do serviço. O jornal e o jornalista completavam-se no texto de escritor e no elitismo cultural.

Em *O Dia* o enfoque seria outro, buscando os assuntos populares, com o tom preferencial das denúncias. Mas, o modelo dos Comandos Parlamentares de *O Dia* e *A Notícia* impôs-se normas de severidade. Todas as quartas-feiras, com dois ou três senadores e deputados federais convidados na véspera, acompanhados do grande e saudoso fotógrafo Achilles Camacho, saíamos da redação para a inspeção sem consulta prévia, depois de rigorosa seleção de assunto que consumia a semana.

Os parlamentares eram informados do itinerário na hora. Nunca ninguém protestou. Viramos a cidade pelo avesso, sem restrições de qualquer espécie. Intercalando temas populares, com visitas que buscavam interessar o leitor, com assuntos culturais, como a Biblioteca Nacional, o Instituto Benjamin Constant e o Instituto Nacional de Educação de Surdos, universidades, escolas, hospitais.

Os Comandos conquistaram seu espaço no jornal, com a primeira página cativa. Ainda hoje me surpreendo com uma das chaves mestras do sucesso: a carteira do parlamentar federal que abria todas as portas, a qualquer hora do dia e da madrugada. Jamais fomos barrados, inclusive em estabelecimentos militares, como quartéis ou o Arsenal de Marinha.

Aos presídios da Ilha Grande chegamos de madrugada com os deputados Breno da Silveira, Gama Filho e Tenório Cavalcanti. Dificuldades no aluguel de lancha atrasaram o horário. Às três horas da manhã estávamos no portão do presídio. O vigia, estremunhado, não hesitou em franquear a entrada. Despertamos presos nos dormitórios, na solitária, nas cadeias. E devassamos o esconderijo dos horrores, testemunhando as mesmas cenas que, meio século depois, repetem-se, aprofundando a degradação aos últimos limites da dignidade.

O leitor contribuiu com muitos furos e poucas decepções. Um fim de tarde, batucava minha matéria na redação, quando uma voz distante ao telefone, abafada, entre sussurros, que dizia falar da penitenciária de Bangu, informou que na hora do jantar haveria um levante de presos, em protesto contra os maus-tratos e a miserável qualidade da comida. Convoquei o Camacho por telefone, corri à Câmara em fim de sessão modorrenta. Consegui pegar os deputados Breno da Silveira e Lopo Coelho, e tocamos à toda para Bangu.

O jantar ia em meio, mas a turma estava à nossa espera. Entramos no refeitório e começou a balbúrdia infernal. Gritaria, protestos, presos em cima das mesas, pratos, garfos voando, comida espalhada para todos os lados e os pobres guardas desarmados sem saber o que fazer.

Os deputados exigiram silêncio, restabeleceram a ordem e negociaram a solução honrosa viável, com o compromisso de que ninguém seria punido e as reivindicações atendidas na medida do possível. Um grande furo, com flagrantes sensacionais. Segredos do jornal popular. E que também subia morros até as grimpas, espremendo-se entre vielas das favelas, sem o menor risco. Com o salvo-conduto do jornal feito para o povo.

Entramos e saímos de xadrezes superlotados, visitamos todas as penitenciárias. Para o registro e a denúncia do mesmo cenário que faz a popularidade de programas de televisão, que se especializam na ignóbil exploração dos crimes, chafurdando no hediondo, na exposição das misérias da pobreza do corpo e da alma. *O Dia* respeitava limites éticos. E os Comandos cultivavam a vaidade de prestar um serviço público, levantando denúncias que repercutiam no Congresso, nos discursos dos parlamentares que as confirmavam com seu testemunho.

Quando o jovem deputado Tancredo Neves, do PSD de Minas, foi convocado pelo presidente Getúlio Vargas para ministro da Justiça, recebi denúncia com todos os detalhes da verossimilhança de que um estabelecimento do Serviço de Assistência aos Menores — SAM — era um antro de horrores e de torturas. Numa antiga e ampla casa suburbana, improvisou-se um depósito para o recolhimento de menores delinqüentes, meninas e mocinhas entre os dez e os 18 anos, amontoadas como animais, nas mais precárias condições de alojamento, maus-tratos, comida intragável e servida em doses mínimas.

Fui ao ministro das minhas relações na rotina da cobertura da Câmara, expus a denúncia, os riscos do rebate falso e o desafio de estourar um covil do desmoralizado SAM de abominável memória. O ministro aceitou sem titubeio o convite para o Comando especial, com a presença de parlamentares. O bote deveria ser desfechado à noite, para não provocar escândalo. Tancredo levou seu ajudante militar e dois soldados.

Chegamos silenciosamente por volta da meia-noite. Rua deserta de subúrbio. A casa às escuras com o portão fechado com duas voltas de corrente e cadeado. O ministro ordenou que o cadeado fosse arrombado. Entramos, a vigia quase desmaia de susto com a presença ministerial e dos jornalistas. Não havia muito que ver, além do esperado. Camas imundas, com colchões esburacados, sem um mísero trapo de lençol. Travesseiros ordinários, com o pano grosso com manchas de baba, de sangue, de pus.

Duas, três meninas emboladas na mesma cama. Nem sinal de limpeza ou de uniforme. Cada uma cobria-se ou descobria-se com seus trapos, na promiscuidade nauseante da mistura de sujeira, suor, urina e vasos sujos.

Mas faltava o principal da denúncia: a prova, a evidência de tortura, de espancamentos como rotina. Fui ficando para trás do pequeno grupo que rodeava o ministro da Justiça: a diretora da cafua, inspetoras acordadas ou chamadas às pressas.

Acerquei-me de uma interna que parecia mais decidida, no desafio do queixo empinado. E indaguei das alegações de pancadaria como método educacional do SAM. A jovem baixou o tom da voz, dissimulou com o desembaraço de atriz e indicou a cama da inspetora Eva, terror da pequena população de uma centena de internas. Debaixo do colchão, encontraria os instrumentos de tortura.

Avisei o Camacho, arrastei o ministro Tancredo Neves pelo braço e levantei de um golpe o colchão pousado em estrado de madeira. Meia dúzia de cacetes de tamanhos diversos zelavam pelo sono da inspetora. Examinamos um a um. Todos com fiapos de cabelos embolados com sangue endurecido. Manchas de sangue, pedaços de pele colados nos porretes.

O ministro Tancredo Neves deu um *show* de eficiência e decisão. Com meia dúzia de telefonemas agilizou providências, convocou a frota de ônibus para o transporte das internas, distribuídas pelas vagas possíveis na superlotação dos depósitos do SAM. Demitiu a diretora e fechou a espelunca, com a indignação silenciosa e a terrível tensão da fisionomia impenetrável.

Mais do que o furo da manchete do dia seguinte, a repercussão que ocupou boa parte da sessão da Câmara, esta foi uma matéria que me deixou na memória a marca da gratidão de uma centena de moças arrancadas do inferno e a sensação do dever cumprido.

* * *

Tancredo Neves não foi o único ministro que os Comandos Parlamentares conseguiram atrair para a reportagem de denúncia. Outro jovem ministro do governo de Vargas, o baiano Antônio Balbino, excelente orador e dos mais fluentes expositores de um Congresso que reuniu a mais brilhante equipe de oradores da época em que se valorizava a eloqüência, foi parar no Ministério da Educação e Saúde, ao qual se subordinava o Manicômio Judiciário, monstrengo esquecido pela burocracia em casarão na rua Frei Caneca.

Ali, em verdadeiras jaulas, algumas dezenas de criminosos com os mais variados graus de doenças mentais, de loucos furiosos a apáticos, perdidos no vazio do seu mundo interior, esperavam o benefício da morte, condenados às penas eternas da demência.

Sem dúvida, valia uma visita ministerial, a primeira depois do registro da protocolar e anunciada presença oficial do ministro Viana do Castelo, nas lonjuras da República Velha.

O baiano Antônio Balbino não estava preparado para ver o que testemunhamos. O correr de celas gradeadas, inclusive o teto, guardava a coleção de destroços humanos, esquecidos pela sociedade. Alguns tranqüilos, conversando com a loquacidade de quem não tem com quem falar. Outros fechados na mudez de rostos marcados pelas rugas de longo sofrimento.

E dois casos de dramaticidade pungente. Numa cela, um preso nu tresandava à catinga dos seus excrementos, que esfregava em todo o corpo, atirava nas paredes e, enrolando em bolotas, lançava nas celas vizinhas. Não suportava nenhuma peça de roupa sobre o corpo. Dilacerava uniformes, cobertas, calças e camisas. Todos os dias a limpeza dos seis metros quadrados do seu confinamento era feita à distância, com jorro enérgico de água fria, como os de lavagem de carros. Reagia aos berros às chicotadas da água gelada nas manhãs de inverno. Secava ao sol como animal no curral.

E permanecia limpo até a próxima dor de barriga.

Noutra cela, um hóspede tristemente famoso na crônica policial, estuprador de crianças, que assassinava com as mãos em acessos de ódio, purgava os pecados da demência nos últimos anos de vida. Febrônio Índio do Brasil foi o terror das ruas, o demônio das madrugadas cariocas durante anos de implacável perseguição a meninos e meninas que atraía com a lábia da sua conversa de velhote bondoso, até o terreno baldio da sua fúria de tarado. Preso, condenado, recolhido ao Manicômio Judiciário, Febrônio atravessou a fase de arrependimento e, no apagar das luzes, virou o fio, transformando-se em pederasta debochado, que se oferecia com o descaro da demência. Morreu anos depois.

Não havia muito o que fazer com o Manicômio Judiciário, com os dias contados em próxima reforma e que a visita do ministro Antônio Balbino abreviou, com o choque da descoberta da sua responsabilidade funcional por aquele zoológico de feras humanas.

Relembro essas histórias dos Comandos Parlamentares de *O Dia* e *A Notícia* com a melancolia de repórter veterano que chega à hora do balanço com a convicção do dever cumprido, mas do tempo perdido. Nada ou muito pouco mudou. No sistema penitenciário, o que mudou foi, sem dúvida, para pior. E sem solução à vista com as verbas choradas dos orçamentos públicos corroídos por déficits.

Creio que, ainda por muito tempo, repórteres cumprirão as mesmas pautas que as crises renovam. Sem a ajuda de parlamentares. Hoje, carteira de senador e deputado é uma fonte de vantagens e mordomias. Mas não abre nem a porta da cela de ladrão de galinha de cadeia da roça.

COMANDO DA SECA

Na terrível seca do Nordeste de 51, os Comandos Parlamentares inspiraram a cobertura de proporções ambiciosas de um roteiro de milhares de quilômetros e 42 dias de viagens em estradas esburacadas, de terra fofa e poeirada infernal.

Não tenho notícia de nada igual. Com os então novatos deputados de primeiro mandato, Breno da Silveira, pernambucano politicamente radicado na Zona Rural do Rio, e o cearense Armando Falcão, organizamos caravana da qual participaram os repórteres Luiz Luna, do *Diário de Notícias*, Rui Duarte, do *Diário Carioca*, Moisés Mehoas de *O Popular,* e eu, de *O Dia* e *A Notícia*. O fotógrafo Achilles Camacho garantia a judiciosa distribuição das fotos entre os cinco jornais.

Na camionete F100 nova em folha de Breno da Silveira começamos a engolir poeira pela Rio–Bahia até embarafustar pelos caminhos da seca, cortando o Nordeste até Natal, em milhares de quilômetros de miséria absoluta. As estradas, embora precárias, facilitavam a fuga dos retirantes, a pé até as sedes dos distritos e municípios, nos paus-de-arara para a jornada da ilusão da cidade grande. A única mudança do cenário em séculos, quando os que não tinham como nem para onde fugir esperavam a morte no fatalismo ancestral da submissão ao destino.

Enchemos a imprensa carioca com dezenas de reportagens sobre o drama secular e intermitente da maldição do céu sem nuvens, do sol que ferve nas estradas no calor infernal do dia inteiro, até o alívio da sombra noturna.

Não pretendo sacar do baú as velhas histórias renovadas em várias temporadas de anos seguidos de rios secos e cacimbas sem gota d'água e de enchentes de promessas governamentais.

Mas ficou na memória um registro indelével. Na serra de Santana dos Matos, no interior do Rio Grande do Norte, de pedra e cascalho, sem uma folha verde ao alcance dos olhos, chegamos a um povoado de uma dezena de habitantes traumatizados por tragédia ocorrida na véspera.

Sitiante a cinco léguas — 30 km — de distância do poço mais próximo, costumava fazer e refazer a caminhada puxando o jegue com os dois latões vazios em cada lado da cangalha, para encher com a água salobra do poço, para a serventia semanal da família, com a poupança de cada gota. No dia anterior, cumprira a sina da sofrida caminhada. Chegou nas últimas reservas de cansaço e com a boca seca.

Mas o poço esgotara-se. No silencioso desespero da última saída, tentou chegar ao povoado. O organismo debilitado não agüentou as cinco léguas de serra, pedra e sede. Agonizou durante horas, arrastando-se de pé, de joelhos, até o último fôlego. Deixou na pedra, no cascalho, na areia, escrito com o sangue que pingava dos dedos em carne viva, o roteiro da sua agonia, da resistência até o último alento.

Fomos ao local, ver o testemunho da derrota da vida, nos rabiscos de sangue seco na pedra cortante. Um texto sem palavras nem letras. A mais dramática lembrança do roteiro de 42 dias de convivência íntima com a desgraça, a miséria, a fome de um povo castigado pelo pecado da omissão de governos e dos desvios da indústria da seca.

A RONDA

Nessa cidade que quase não reconhecemos, naquele Congresso que não se mudou para Brasília, naquelas redações que pouco ou nada têm a ver com as de hoje, que ocupam imensos salões em andar inteiro dos edifícios gigantescos das empresas jornalísticas, a reportagem política seguia as modas do tempo, buscando o ajustamento às suas peculiaridades, que são próprias e únicas como as dos outros setores do jornal.

O dia amanhecia muito cedo para quem trabalhava nos vespertinos. Para chegar à redação às sete horas era preciso acordar com as galinhas, pegar o bonde ou tomar o ônibus — que andava ligeiro no trânsito matinal da cidade, ainda ensaiando os primeiros engarrafamentos nos horários de pique —, com prazo para ler os matutinos e iniciar a ronda diária dos telefonemas com os parlamentares madrugadores. Além das óbvias, patrimônio comum, cada repórter regava a horta das fontes próprias. Perseguíamos o furo, mas cultivávamos a fraterna troca de informações recolhidas na vala coletiva.

Nos meus ensaios de principiante fiz as primeiras amizades com a turma do turno da manhã, que duraram o resto da vida. Não eram muitos. No vespertino de maior tiragem, acima dos 100 mil exemplares diários, pontificava o Antônio Viana, que depois ganharia um cartório do presidente Juscelino. Claro, o prestígio de *O Globo* ajudava, mas o Viana "Bochecha" foi excelente repórter, de texto correto e elegante e invejável caderno de telefones. Maníaco do furo, parecia dono da manchete da primeira página com declarações colhidas na véspera ou no giro da manhã.

Depois do jejum da censura ditatorial do Estado Novo, os pronunciamentos políticos, mesmo que vazios como balaio furado, desde que rendessem uma frase bombástica, despertavam enorme interesse e repercutiam no Congresso.

Viana era uma figuraça. Escrevia a lápis, em laudas de sobras das bobinas, com desembaraço e rapidez, empilhando pequenas entrevistas na composição das intrigas que abasteciam o debate partidário. Cultivava suas excentricidades. Como a de registrar as piadas, anedotas, os casos pitorescos em cadernos de capa grossa que arquivou durante anos. E que lhe renderam uma pequena e inesperada fortuna. Não sei como, conseguiu vender a pilha de cadernos para conhecido produtor de programa humorístico na televisão.

Antes disso, a amizade com Euvaldo Lodi, que dirigia, mandava e desmandava no antigo Serviço Social da Indústria (SESI), já fizera de Viana um quase milionário. Aos nossos olhos de pobretões ele parecia um lorde: faturava, por mês, como corretor exclusivo da farta propaganda institucional do SESI, mais do que a soma dos nossos salários de um ano. Em generosidade de discutível lisura, Lodi condecorou o amigo com o privilégio de uma cota mensal fixa para a publicidade do órgão. À falta de matéria encaminhada pelo SESI, Viana desapertava, redigindo textos que garantissem a porcentagem milionária.

Conta bancária abastecida, com um saldo que engordava sempre, estimulava Viana a extravagâncias que descambavam para o absurdo. Como a que cometeu em Maceió, em viagem a serviço do jornal. Depois de almoço regado a muitos copos de cerveja, aventurou-se à caminhada solitária pelas ruas da capital de Alagoas. Na zonzeira etílica, os olhos enevoados deram com a novidade do caroá, uma fazenda feita com fibra, tosca imitação do linho, que estava sendo anunciada em cartaz rabiscado a mão, à porta da alfaiataria de modesto mestre provinciano da tesoura. Viana encantou-se com as amostras do pano grosso, subiu as escadas com passo trôpego e, no embalo, tirou as medidas, escolheu os cortes, encomendou e pagou, de pancada, uma dúzia de ternos.

Dias depois, quando já se esquecera do caroá e da encomenda, chega ao seu apartamento o embrulho com os 12 ternos, no mais puro estilo alagoano, cortados e costurados sem prova. Durante anos, Viana apurou a elegância nos ternos de caroá, que encolhiam a cada lavagem. Além disso era um pano grosseiro, ainda utilizado para fazer sacos, áspero e espinhento como o mandacaru. Para mal dos pecados, as mangas encurtaram à metade do antebraço e as calças sem vinco ao meio da canela.

Em outra ocasião, sóbrio e altaneiro, ao transitar pela rua da Passagem, em Botafogo, foi trespassado pela visão do lançamento do primeiro modelo de carro compacto, o Standard Vanguard, importado da Inglaterra, brilhando na loja com os cromados e a pintura espelhante. Desceu do ônibus, comprou sem pestanejar o modelo exposto, pagou com cheque de 92 contos de réis, uma nota.

Consumado o negócio, requisitou o vendedor para que detalhasse o funcionamento da carro. Sentado no banco do motorista, empunhando o volante, insistiu nas instruções para ligar o motor e dar a partida. Simples: com o motor funcionando é só pisar no pedal de embreagem, engatar a primeira marcha, acelerar e, ao mesmo tempo, aliviar lentamente a pressão do pé esquerdo, até o carro começar a movimentar-se. À medida que o vendedor recitava as instruções, Viana procurava segui-las à risca. Na última dica, o carro sacolejava com o motor em alta rotação. De repente, o atônito vendedor encolheu-se para não ser atingido pelo carro que arrancou, aos trancos, ganhou velocidade e, antes de chegar à rua, bateu em cheio no poste à beira da calçada.

Viana não sabia dirigir, jamais guiara na vida. O conserto custou mais 12 contos de réis. Mixaria. Foi o primeiro, talvez o único carro zero quilômetro a bater na calçada, antes de alcançar a rua. Aprendeu a dirigir por esse método. À custa de muitas batidas e de fugas para não ser preso por guiar sem carteira de habilitação. A cada acidente, tivesse ou não razão, fugia em alta velocidade. Motorista sem carteira é sempre culpado.

Depois dos dois primeiros vespertinos, nas colocações decididas pelo critério das tiragens, vários embolavam a razoável distância. Creio que o *Diário da Noite,* da cadeia dos Diários Associados, de Assis Chateaubriand, era o seguinte. Impresso com a primeira e última páginas em papel verde, abusava das manchetes escandalosas, em letras garrafais.

Carlos Eiras, o secretário da redação, conquistou justa fama de competência profissional, condimentada por excentricidades pitorescas. Costumava armar a manchete e incumbir o repórter a farejar matéria que a justificasse. O que, muitas vezes, resultava no disparate de o texto não ter nada a ver com o título, ou desmenti-lo.

Em dia de noticiário vasqueiro, sem assunto para a manchete da primeira página, aterrou em sua mesa telegrama de poucas linhas, de agência internacional, informando que o Papa cancelara as audiências por causa de um calo inflamado que o impedia de calçar sapato. Eiras sacou a manchete em oito colunas e tipos imensos: "O Papa com o pé podre." Toda a informação resumia-se no telegrama de meia dúzia de linhas.

O caudaloso noticiário político do vespertino associado era apurado, redigido e assinado pelo repórter Marcelo Pimentel, que fez carreira na Justiça do Trabalho, galgando todos os postos, de procurador a ministro e a presidência do Tribunal Superior do Trabalho (TST), além do crachá biográfico de ministro do Trabalho.

Mineiro de família ilustre, completou seu aprendizado na imprensa de Belo Horizonte. Redigia com rapidez, de um jacto, batucando nas velhas máquinas desengonçadas, enchendo laudas que abasteciam a segunda página, com chamadas na primeira.

No atribulado início do governo do presidente Juscelino Kubitschek, com focos de descontentamento pipocando no Partido Social Democrático (PSD), que arrancavam resmungos dos parceiros da base aliada, Marcelo atendeu telefonema matinal do deputado Ney Maranhão, de Pernambuco, com a oferta de um grande furo. Na noite da véspera, participara, até alta madrugada, de rumorosa reunião da bancada pessedista, convocada à revelia da liderança, para a lavagem da trouxa das queixas dos parlamentares com o tratamento que estavam recebendo do presidente. Cercado pelos cupinchas, JK desdenhava o grosso da bancada, sem acesso ao palácio e com as suas reivindicações sistematicamente desatendidas. O informante forneceu detalhes, listou os presentes e os oradores, resumiu discursos, destacando as frases contundentes. Guardou para o final, como fecho de soneto, a nota sensacional: por unanimidade, inclusive com seu voto, a bancada decidira romper com o governo. A comunicação oficial seria feita, àquela tarde, das tribunas do Senado e da Câmara.

Excitado, com a afobação da urgência, Marcelo comunicou o furo ao Eiras para a reserva da manchete e despejou toda a história em dez laudas datilografadas em ritmo alucinante.

Depois de entregar a matéria ao secretário, uma luz de advertência piscou na cuca. Muito estranho: passara horas ao telefone, falara com mais de uma dezena de deputados do PSD e de nenhum recolheu qualquer referência à reunião de tal importância política. Voltou a discar para as fontes de fé, algumas citadas no relato do informante. Ninguém sabia de nada, sequer ouvira falar em reunião clandestina, na calada da noite. E não era dos hábitos do PSD, sonso, experiente e esquivo, desabafar mágoas em voz alta e perante a bancada, ainda que em reunião clandestina, protegida pelo compromisso do sigilo. Não havia clima para rompimento. Ao contrário, a bancada estava sendo muito bem tratada pelo presidente sob o fogo da oposição udenista e cada vez mais carente do apoio do seu partido.

Murcho como bagaço de laranja sugado por menino, Marcelo viveu um daqueles momentos que branqueiam o cabelo e aceleram a calvície. Jogou as laudas no lixo, com pesar de quem se despede em funeral de amigo, balbuciou constrangidas desculpas ao secretário, fugiu do gozo da redação.

À tarde, na Câmara, cobrou do deputado Ney Maranhão a irresponsabilidade da invencionice que o deixara muito mal e quase o derruba com a *barriga* desmoralizante.

Tipo de sertanejo atlético, com altura e largura de praticante de luta livre, Ney Maranhão engessou a fisionomia na máscara da surpresa e despejou a desculpa mais esfarrapada que fundilho de mendigo:

— Foi o que me contaram. Se é mentira, eu também fui enganado.

Marcelo Pimentel não sabia que o prestimoso deputado era conhecido e afamado mitômano. E não era o único com mandato e imunidade.

A Noite, vespertino do governo, cumpria a sina de órgão oficial, selecionando as informações pela lente esfumada do interesse e das recomendações do Catete. A sua reportagem política saiu do fosso e teve os seus curtos dias de brilhareco quando, depois do suicídio de Getúlio Vargas, em 24 de agosto de 1954, o vice-presidente Café Filho assumiu o governo e nomeou para diretor das Empresas Incorporadas ao Patrimônio da União o seu amigo, jornalista Odylo Costa, filho. Odylo fez em *A Noite* o que repetiu pela vida afora, por onde passou: uma revolução modernizante. Convocou Carlos Castello Branco para a chefia da redação. Mestre do ofício, Castelinho reforçou a equipe com o Oyama Teles, sergipano desempenado, com garra de puro-sangue. Durante meses, o indigesto vespertino, há muito falecido, viveu acordado o sonho de brincar de fazer jornal para valer.

Vindo da aprendizagem na imprensa de Natal, Murilo Mello Filho desembarcou do Ita na praça Mauá, e depois de algumas tentativas estreou, muito jovem, na reportagem política no *Correio da Noite*, o vespertino dos padres, de tiragem modesta e rala repercussão. Um bom lugar para começar a carreira que o levou a fundador de *A Tribuna da Imprensa*, de Carlos Lacerda, a *O Estado de S. Paulo*, à revista *Manchete,* passando pelas finadas TV-Rio e TV-Manchete e, no embalo, chegando a uma cadeira na Academia Brasileira de Letras, com prerrogativas da imortalidade.

Na *Folha Carioca,* Ozéas Martins, repórter completo e de texto de primeira ordem, assinava coluna de informações comentadas, no gênero entre a reportagem e a crônica.

A REVOLUÇÃO DE
SAMUEL WAINER

A explosão da *Última Hora,* de Samuel Wainer, sacode a imprensa no governo de Getúlio Vargas, eleito democraticamente pelo voto direto, em 1950.

Não foi a primeira nem a última vez que o lançamento de um jornal com paginação revolucionária e agressiva política de recrutamento de pessoal, pagando altos salários, provoca a onda de pasmo e medo que atinge toda a imprensa. Mas, a *Última Hora* era apimentada por altas doses de inovações que alarmaram os concorrentes, desencadeando a reação que juntou no mesmo saco dos interesses ameaçados os diretores de jornais — alguns, inimigos tradicionais que se deram os braços na frente única que esperou a hora para dar o troco.

Tudo pesou na balança. A petulância do repórter Samuel Wainer que ousava desafiar o clube fechado dos donos da praça foi apenas o pretexto a encorpar a indignação. A inegável competência, comprovada pelo sucesso fulminante das tiragens que disparavam para a lua, mordendo e arrancando nacos da concorrência, armou o braço para o revide.

Os miseráveis salários da categoria, reajustados a cada ano depois de penosas negociações entre os sindicatos dos patrões e dos empregados, sempre abaixo dos índices de inflação, deram um salto que derrubou a igrejinha da exploração institucionalizada.

Samuel Wainer cutucou a onça com a ponta do dedo. Abriu os flancos com a audácia desafiadora, que o perdeu, de lançar um jornal com o ostensivo propósito de apoiar o presidente Vargas, em projeto articulado com o governo, diretamente com o Catete e financiado pelo Banco do Brasil.

As feridas na pele sensível da grande imprensa, abertas durante os anos de censura do Estado Novo, se não mais sangravam, eram muito recentes para serem esquecidas. E foram remexidas durante a campanha eleitoral de 1950. Vargas elegeu-se contra a grande imprensa, dividida entre a candidatura do brigadeiro Eduardo Gomes, na segunda malograda tentativa, e a do deputado Cristiano Machado, oficialmente lançada pelo PSD, que o abandonou no meio da estrada, falando sozinho, sem rumo e sem os votos que bandearam para o favorito.

Vargas não tinha escoras na imprensa, salvo alguns gravetos que não agüentavam o tranco da implacável marcação dos jornais e revistas das grandes capitais. Rio e São Paulo, especialmente.

Samuel deixou pungente depoimento-desabafo no qual, no embalo das confidências ao gravador, oferece o peito de camisa aberta, num impulso masoquista de auto-flagelação, gravado em horas de solitárias confissões e, anos depois, copidescado por Augusto Nunes, que o enxugou em texto irretocável no *Minha Razão de Viver*. Rememora, com inéditos detalhes, toda a história do seu sucesso e das suas amarguras. Conta que conseguiu despertar o interesse do presidente e arrancar seu apoio brandindo o argumento de que o governo estava desamparado, exposto à chuva e ao sereno da demolidora campanha da virtual unanimidade da grande imprensa. E confessa, como quem rasga a alma, que se corrompeu até a medula para cavar recursos para o jornal, envolvendo explicitamente Jango Goulart na ordenha de institutos de previdência e de órgãos do governo.

Voltando ao nosso assunto. O projeto do jornal político, de feitio popular para atrair a classe média, formadora de opinião, e infiltrar-se no eleitorado getulista típico, que carimbara a vitória nas urnas e era maciçamente formado pelos operários, pelo funcionalismo público, pelos empregados do comércio e as camadas mais humildes da população, mostrou as unhas ao contratar uma equipe de jornalistas da mais alta categoria. Para a crônica política de estilo leve, em lance que causou surpresa e chorrilho de críticas, Samuel atraiu Francisco de Assis Barbosa, o Chico Barbosa, biógrafo de Lima Barreto, em livro que é um clássico, e de passado oposicionista desencantado e sem filiação partidária.

Na trincheira dos comentários e artigos assinados, o jornal contava com a tradição do veterano Otávio Malta. Prestigiado na área política para matérias especiais, o experiente Medeiros Lima, de conversa mansa, envolvente, e firmes amizades em todos os partidos.

A *Última Hora* chocou-se com praticamente toda a imprensa, sem aliado de peso. Batia de frente, testa contra testa, com *A Tribuna da Imprensa,* do ex-amigo íntimo da juventude de Wainer e seu inimigo temível, Carlos Lacerda.

A Tribuna da Imprensa foi lançada em 27 de dezembro de 1949, no crepúsculo do medíocre governo de presidente Eurico Dutra. O primeiro número de *Última Hora* circulou a 12 de junho de 1951, ano da posse de Vargas.

Origens diversas, com as diferenças da água que pinga da torneira para o vinho engarrafado em tonéis de madeira. Desde o título, o vespertino de Lacerda foi gerado no seu fulgurante e tumultuado trânsito pelo *Correio da Manhã,* onde assinou a famosa entrevista do paraibano José Américo de Almeida, no poente do Estado Novo, que enterra a censura à imprensa com a desmoralização do DIP.

Carlos Lacerda comentou, analisou, criticou, principalmente criticou os trabalhos da Assembléia Nacional Constituinte, que elaborou e votou a Carta democrática de 1946, afinada pelo repúdio à ditadura e a obsessão de enterrá-la em cova funda, para que nunca mais ressuscitasse. Sonhos e engodos de transições emocionais.

Desentendendo-se com Paulo Bittencourt, diretor do *Correio da Manhã,* lança-se à campanha para a fundação do seu jornal, o único que não o demitiria e de que não podia demitir-se. Registra e assegura o título da sua coluna no *Correio,* popularizada pelo sucesso em fase de intenso interesse popular, acariciada pelas esperanças na panacéia democrática, que prometia a felicidade eterna.

O prestígio, a popularidade de Lacerda, a voz da oposição udenista mais vigorosa, facilitaram os apoios financeiros para a montagem do jornal. Com recatada modéstia, no mesmo prédio assobradado da rua do Lavradio, onde ainda se encontra, agora dirigida por Hélio Fernandes. Máquinas velhas, recuperadas, imprimiam um jornal feio. Mas que vibrava em cada linha, com fúria que expelia faíscas no artigo de Carlos Lacerda e parecia contaminar todos os articulistas e repórteres, até das seções de polícia ou de esporte.

Esse clima, descontados os seus exageros, facilitava a tarefa da editoria política. Não apenas porque o jornal obedecia a uma linha nítida, que pautava a orientação dos comentários e de toda a cobertura. Mas a exaltação oposicionista, a virulência das denúncias era tudo que a frustração da maioria esmagadora da classe média que votou no brigadeiro Eduardo Gomes queria ouvir, como consolo e desforra.

Passaram pela editoria política de *A Tribuna da Imprensa* dezenas de repórteres. Alguns ajustaram-se ao espírito da casa e permaneceram por muitos anos, como João Duarte Filho, que foi editor-chefe, comentarista diário de artigos assinados; Murilo Mello Filho, que desfia o enredo de seu relacionamento com Lacerda e com o jornal em muitas das melhores páginas do seu livro *Testemunho Político*; Carlos Castello Branco, Carlos Alberto Tenório, Aluísio Alves, para citar aqueles de que me lembro. Por lá passei, acumulando empregos para enfrentar as despesas com a família. Convidado, antes da fundação, por Carlos Lacerda, demorei a chegar e permaneci pouco tempo. Entrei e saí sem brigas nem queixas, o que era muito raro.

MATUTINOS

A clara divisão de tarefas entre as equipes que cobriam as diversas áreas — comissões, plenário e a atividade política propriamente dita, na Câmara e no Senado, com as subdivisões de repórteres, comentaristas e articulistas de vespertinos e matutinos, com os diferentes horários de funcionamento das redações e de fechamento — dá a impressão, para os que não são do ramo ou não viveram aquela época distante da capital no Rio, antes de Brasília, que pouco e mal nos víamos ou nos falávamos, desencontrados no escalonamento hierárquico, apartados pelas características de cada faixa e dispersos pelas redações distantes, freqüentadas em horas tão desiguais pelos madrugadores e os notívagos.

Certo, não andávamos em bando. Mas nos encontrávamos todas as tardes, de segunda a sexta, na Câmara e no Senado. E, com o desconto dos inevitáveis desentendimentos de todo agrupamento humano, das discussões, das antipatias, das invejas e dos abismos das paixões partidárias com o fermento ideológico, a lembrança que gravei na memória, com o distanciamento que raspa a ferrugem das amargas, é de convivência marcada pela cordialidade com os amortecedores da cerimônia.

Muitos de nós dobrávamos o expediente para aliviar as aperturas dos salários miseráveis. Durante anos, até a mudança da capital, cheguei a acumular atividades diárias em três jornais, além dos extras na televisão e no rádio.

Mesmo os que cobriam o plenário para os matutinos e enfrentavam os longos horários das sessões ordinárias da Câmara ou do Senado, com o acréscimo das sessões extraordinárias e o contrapeso das sessões do Congresso, convocadas para a noite para não prejudicar a atividade normal, não recusavam convites para assumir outras atividades.

HERÁCLIO, O REPÓRTER E CRONISTA DO CONGRESSO

O baiano Heráclio Assis de Salles foi o maior repórter da história do Congresso. Antes de chegar à Câmara dos Deputados, passou pela Câmara de Vereadores do Rio, na fase mais brilhante da Gaiola de Ouro. A bancada comunista, combativa e radical, enfrentava nos debates levados para o confronto ideológico a maioria formada pelas legendas de centro. A UDN elegeu, na vaga oposicionista do eleitorado carioca, uma representação de peso, com alguns expoentes que fizeram carreira nacional, como Carlos Lacerda, Adaucto Lúcio Cardoso, Breno da Silveira, Menezes Cortes.

Costa Rego, redator-chefe do *Correio da Manhã*, não deixou Heráclio criar raízes na política municipal. As qualidades excepcionais de escritor de texto transparente, da mais alta qualidade literária e fantástica capacidade de trabalho, abreviaram o estágio para a promoção ao plano nacional. A última página do *Correio da Manhã* foi literalmente ocupada, durante anos, pelas matérias batucadas com seus dois dedos indicadores nas velhas máquinas de teclado duro, em jornadas extenuantes, sem hora para terminar.

Às 14 horas, um pouco antes para os minutos de prosa introdutórios na pauta do dia, estávamos em plenário, com livre acesso à "terra de ninguém", espremida entre o espaço privativo dos parlamentares e a Mesa Diretora, empoleirada alguns degraus acima. Ali, nesse espaço nobre e privilegiado, a imprensa teve a sua bancada, de frente para o plenário e de costas para a Mesa. Quem freqüentou com assiduidade a bancada da imprensa, de 1946 até a mudança da capital para Brasília, em 1960, testemunhou o fim de um período e certamente gravou na memória os grandes momentos do modelo parlamentar que se despedia sem sinais de decadência.

A crônica desse tempo, ou da maior parte dele, está sepultada nos arquivos do *Correio da Manhã*, à espera do historiador que se disponha a pesquisar as coleções e selecionar o que é naturalmente perecível do que merece urgente resgate. Não é preciso folhear página por página do primeiro caderno. É só ir na certa à última página e identificar a matéria de cobertura da sessão da Câmara. Sem a assinatura, como era a voga da época. No caso, dispensável. O estilo de Heráclio é reconhecível, sem titubeio ou risco de engano, às primeiras linhas. Um repórter com estilo próprio, o que é raríssimo.

O texto valoriza a fórmula inovadora e única, que não teve seguidores, da maliciosa solução do extraordinário jornalista para contornar a ranzinzice de Costa Rego. Hoje, seria compreensível, porque os políticos brasileiros foram perdendo, de escândalo em escândalo, o charme das personagens populares, capazes de emprestar interesse a tudo o que fazem. Àquele tempo era uma esquisitice. O velho Costa Rego detestava o que chamava de fofoca política. O bate-boca vazio, a troca de desaforos, as acusações que não davam em nada, as declarações medíocres e repetitivas.

Heráclio ouviu o sermão e buscou o atalho para dar a volta na implicância e, ao mesmo tempo, aproveitar as informações que recolhia na corrida às fontes e que não chegavam aos microfones. Se escapavam aos debates do dia, eram incluídas no noticiário do plenário, em prodígios de habilidade do grande repórter. O leitor, ao mesmo tempo que se informava sobre os debates, as votações, os projetos apresentados, era conduzido à análise interpretativa de cada episódio que se destacasse da rotina.

O truque, inspirado pelo desafio aos brios profissionais, permitiu que o *Correio da Manhã* exibisse aos seus leitores amplo painel diário sobre os trabalhos da Câmara, com a exata análise que a complementava, no encadeamento dos antecedentes e na antecipação de suas possíveis e prováveis conseqüências.

A incrível capacidade de trabalho de Heráclio, a sua resistência para varar madrugadas, com a mesma atenção, o mesmo cuidado com a limpeza irrepreensível de suas laudas, quase sem emendas, e a irretocável perfeição da forma, dependendo da importância da sessão da véspera, permitiam-lhe ocupar as oito colunas da última página do *Correio da Manhã*. Com os subtítulos para arejar o texto. E o adorno do quadro em negrito, em que contava episódio pitoresco flagrado pela sua perspicácia de repórter.

A Câmara ganhava vida e enredo. Isso o obrigava a assistir a toda a sessão, anotar o que a memória não dava conta, conferir na taquigrafia os discursos e debates e só então, com o esquema montado, começar a escrever. Sem hora para terminar. Nos matutinos daquele tempo, a noite custava a acabar, entrava pela madrugada, quantas vezes via o dia amanhecer.

JOB E O *CORREIO DO POVO*

O *Correio do Povo,* de Porto Alegre, merece destaque especial. Seguramente, de 1946 para cá, nenhum jornal dedicou tanto espaço à cobertura política e parlamentar como o velho órgão gaúcho. Páginas inteiras abrigavam seções fixas com o registro de tudo, absolutamente tudo, que acontecia no Legislativo. Em todo o Poder Legislativo. No Senado, na Câmara dos Deputados, na Assembléia Legislativa do Rio Grande do Sul, na Câmara Municipal de Porto Alegre. E o registro das atividades das câmaras municipais do estado, em matérias da sua ampla rede de correspondentes.

Francisco de Paula Job, profissional da mais alta qualidade, competente, vivo, experiente e com infatigável capacidade de trabalho, ajudou a forjar e a consolidar o estilo de cobertura parlamentar do jornal. Tarimbado, profundo conhecedor da política gaúcha, estimado e respeitado pelos parlamentares, getulista de exemplar isenção nas suas matérias, Job criou e aperfeiçoou uma taquigrafia sem sinais, encurtando as palavras com a supressão das letras e sílabas que não impedissem a tradução e, da bancada da imprensa, enchia blocos anotando os discursos, a troca de apartes, os incidentes. Com a mesma facilidade, terminada a sessão da Câmara, caminhava até a sucursal carioca do jornal, na esquina das ruas Quitanda com São José, traduzia as notas, dando-lhes forma jornalística e abastecia a redação, em telegramas imensos, de relato detalhado, completo, que descia à minúcia de resumir desde os breves pronunciamentos do pinga-fogo até a íntegra dos discursos importantes.

Com a exata sensibilidade para destacar as intervenções da bancada rio-grandense e os assuntos de interesse especial do estado.

O fumo e a teimosia mataram Job, sessentão em plena forma, na maturidade dos seus recursos de repórter e de admirável figura humana. Escondeu a apendicite crônica, que toureou, durante anos, entupindo-se de analgésicos e acariciando a barriga com massagens, para engambelar as tripas inflamadas. A crise pegou-o de surpresa. Operado de emergência, quando abriram a barriga jorrou o pus da inflamação. Inconsciente, sob o efeito da anestesia do amaldiçoado clorofórmio, purgou os muitos anos de tabagista obsessivo, com o cigarro sempre pendente do canto da boca. A nicotina desprendeu-se dos pulmões, saltou da boca em golfadas e cuspe escuro, como se misturado a borra de café.

Resistiu poucas horas à infecção e complicações pulmonares.

IRINEU

Mistério facilmente decifrável, Irineu de Sousa redigia com dificuldade, mas conhecia e era conhecido por toda a Câmara e durante anos, até a mudança da capital, cobriu as comissões para diversos jornais.

Velhusco, magro, baixote, moreno carregado, com poucos dentes maltratados e enegrecidos pela nicotina, enroupado no que parecia sempre o mesmo terno de cor indefinível, sapato cambaio, esbanjava esperteza e simpatia.

O faro de repórter com muitos anos de batente, as relações com parlamentares e funcionários facilitavam o acesso às informações e documentos na área menos freqüentada, mas de fundamental importância, das comissões permanentes e especiais.

No fim da tarde, estava com os bolsos cheios do papelório recolhido nas andanças do dia e que distribuía, fraternalmente, com os colegas que atuavam no setor, em troca de cópia em carbono da matéria. Com o texto alheio, copiado quase literalmente, compunha, com esforço, a lauda, lauda e meia, com oito, dez cópias, que distribuía no giro a pé pelas redações dos jornais da sua velha freguesia. Pagavam-lhe uma miséria. Com que sustentava a família modesta.

Uma tarde, atrasou-se. Como o azar sempre anda acompanhado, quando chegou à Câmara não encontrou ninguém. A sessão fora suspensa mais cedo. Irineu caçou um retardatário até que deu na sala de imprensa com o Paulo Mota Lima, veterano e completo jornalista, começando a redigir a sua matéria para *A Tribuna Popular*, o matutino do Partido Comunista.

Rogou uma cópia. Paulo Mota Lima prontificou-se a atendê-lo, advertindo-o para o cuidado de ajustar o texto ao gosto dos jornais conservadores.

Esbaforido e suando em bicas, Irineu chegou à sucursal de *O Estado de S. Paulo,* na rua da Quitanda, esquina com a rua São José, atrasadíssimo. Driblou as reclamações do seu Ribeiro, secretário da sucursal, deixou a cópia apagada e disparou para cumprir seu giro.

Português com sotaque amaciado por muitos anos no Brasil, sempre na cozinha de jornais lendo matéria dos outros, seu Ribeiro encaminhou a cópia de rotina para o funcionário que passava o texto, por telefone, para a matriz paulista. Antes do telex, o *Estadão,* e creio que outros jornais também, abreviava o encaminhamento de matérias urgentes utilizando o serviço interurbano de linhas especiais. Da redação do Rio, o profissional treinado ajustava o fone no ouvido, equilibrava o telefone de forma que o bocal ficasse em frente aos seus lábios e ditava as matérias na cadência precisa para que, em São Paulo, dentro de cabines à prova de som, datilógrafos de espantosa rapidez passassem para as laudas, prontas para baixar à composição.

No silêncio da noite, a redação quase vazia, ouvia-se claramente a voz fanhosa recitando o texto do Paulo Mota Lima que o Irineu copiara sem alterar uma vírgula. Lá pelas tantas, a frase soou como um berro de alarme: "o deputado Herbert Levy, da UDN de São Paulo, conhecido lacaio do imperialismo americano".

Seu Ribeiro despertou da sonolência com um berro que o fez engasgar.

Quase que Irineu perdeu o bico.

O BERÇO PARTIDÁRIO

A reportagem política que renasceu com a derrubada do Estado Novo, em 29 de outubro de 1945, sofreu as inevitáveis influências da transição da ditadura para a democracia, com suas deformações e cacoetes.

Na sua esmagadora maioria, os pioneiros eram marcados pela formação universitária, quase todos bacharéis sem causa, com militância na política estudantil, de forte e extremado antigetulismo. A mesma e exaltada posição contra a ditadura identificava os jornalistas com anos de profissão e nome consagrado, como Prudente de Morais, neto, o Pedro Dantas; Osvaldo Costa, de longo trânsito pela clandestinidade como filiado e secretário geral do Partido Comunista; Murilo Marroquim, grande repórter, com várias coberturas internacionais, inclusive como correspondente de *O Jornal* na Segunda Guerra Mundial; Carlos Lacerda, comunista na juventude, foi secretário de *O Jornal* e redator de destaque em jornais e revistas.

O antigetulismo estugado pelo ódio por tanto tempo contido explodiu na ânsia de desforra contra as humilhações da censura e carimbou, como marca a fogo, a linha política da grande imprensa.

Como conseqüência natural, os jornais assumiram ostensivas posições partidárias. A polarização passava ao largo do aguado confronto ideológico, para afinar os editoriais, os artigos, a cobertura política pelo tom das siglas que exprimiam os dois lados.

Da queda de Getúlio até a eleição de Juscelino Kubitschek, em 1954, a União Democrática Nacional (UDN) contou com o apoio maciço da maioria dos grandes jornais. A primeira campanha do brigadeiro Eduardo Gomes, em 1945, foi sustentada pela imprensa do Rio, de São Paulo, do Recife, de Belo Horizonte, das grandes e pequenas capitais.

Apoio que poupou o candidato Eurico Gaspar Dutra, do Partido Social Democrático (PSD), que não foi levado a sério. Antes da moda das pesquisas, os precários dados de avaliação jogavam com as informações tendenciosas dos parlamentares e chefes políticos e com o comparecimento popular aos comícios. Os comícios da UDN reuniam multidões por todo o país. A classe média comparecia em peso, em suas comportadas roupas de sair e seus simbólicos lenços brancos.

Multidões comparáveis, nas grandes cidades, às reunidas pelos comunistas, em lua-de-mel com a legalidade, enchiam as praças e ruas nos comícios do primeiro candidato oficial do Partidão à presidência, o engenheiro e ex-prefeito de Petrópolis, Iêdo Fiúza, massacrado por implacável campanha de Carlos Lacerda, no *Diário Carioca*.

Mas os comunistas não assustavam os donos dos votos manipulados pelas máquinas partidárias com estrutura nacional. A bulha urbana não chegava ao interior nem abria as porteiras dos currais de eleitores, com 75% da população do país decidindo nas fraudadas urnas rurais.

No largo da Carioca, no centro do Rio, o comício de final de campanha do marechal Eurico Dutra foi um vexame. Menos de cinco mil gatos-pingados, arregimentados nos sindicatos e trazidos do interior, dispersavam-se ao redor do palanque, num desânimo de velório, ouvindo o desfile de oradores, que fechou com a chave falsa do discurso do candidato, lido com a voz fanha e sibilante, nos engasgos do constrangimento.

Primeira grande lição da campanha, nunca aprendida: comício não ganha eleição. Embora seja um dado que não pode ser desprezado em análise isenta e objetiva.

O antigetulismo jogou a imprensa na oposição udenista, cativa das suas paixões e do fascínio da seleção de oradores e dos líderes que curtiram o exílio espalhados pelo mundo. A imprensa partidária alinhou a reportagem política nos primeiros e tímidos passos sem rumo.

Serenado o bulício das campanhas, pouco a pouco as previsíveis divergências abriram brechas no grupo udenista, com reflexos sobre os jornalistas do setor.

Eleito, o presidente Dutra atraiu apoios e amainou resistências com a sua conversão democrática, reafirmada no culto ao livrinho, como se referia à Constituição de 1946. O acordo interpartidário, reunindo o PSD, a UDN e o PR no apoio e participação no governo, articulado pelo governador da Bahia, Otávio Mangabeira, embaralhou as cartas e confundiu os parceiros.

A UDN chapa-branca aderiu com a sofreguidão dos anos na secura oposicionista. Com discursos de crítica, em tom exaltado, o núcleo de resistência ocupou generosos espaços nos jornais. Elogio nunca rendeu leitor. O deputado Aliomar Baleeiro, da UDN baiana, foi a voz mais alta da oposição. Todos os dias ocupava a tribuna para os terríveis discursos de mordacidade implacável, a dureza das críticas, o vigor das denúncias.

Nos intervalos das campanhas, longe das crises, a geração a que pertenci começou a dar o seu recado. Não foi uma trama articulada em segredo. Pouco a pouco, com a experiência, os desencantos, o apuro da consciência profissional, o lento desengajamento partidário dos jornais, a cobertura política moldou os seus valores e cunhou o modelo da imparcialidade e da isenção.

Demorou anos de imperceptíveis avanços e de recuos dos espasmos de radicalização. Quando a revolução golpista de 64 chegou, estávamos prontos para o grande desafio.

Rotina

A Câmara era o nosso ponto natural de encontro, de segunda a sexta-feira. Antes do horário da abertura da sessão, às 14 horas em ponto, começávamos a chegar. Almoçados, barbeados, de terno completo, com gravata e paletó do nosso uniforme de trabalho.

Convivência cordial e educada ampliava as conversas e a barganha das informações. Cada um buscava o seu setor. Não havia separação entre repórteres de matutinos e vespertinos. Os horários de fechamento selecionavam as matérias. Em termos. Os grandes assuntos rendiam dias de cobertura, no rodízio dos jornais da manhã e da tarde.

Era tão forte o atrativo do espetáculo do plenário, com a vivacidade dos debates provocados pelas críticas da oposição e a pronta resposta do líder e dos vice-líderes da Maioria, que estávamos sempre com o ouvido ligado às tribunas. Os giros pelos gabinetes, as conversas nos corredores, no café do Edésio à entrada do plenário, nas janelas e nichos abertos para as laterais, passavam invariavelmente pelo plenário.

Nem só à Câmara restringia-se a caça à informação. O mais numeroso grupo da cobertura política dos matutinos percorria roteiro comum à tarde, até o encerramento da sessão, quando cada qual pegava o caminho da redação.

Os que trabalhavam em jornais para os lados da praça Mauá costumavam forrar o estômago, para enganar a fome na virada até a madrugada, no SB-9, um bar com a sofisticação de queijos, cervejas e conservas importadas de excelente qualidade, no endereço conveniente da rua São Bento, 9, quase esquina da avenida Rio Branco, a esquina do *Diário Carioca*. Além dos habituais, a roda acolhia os que, vez por outra, marcavam presença. Nenhum repórter político deixou de, pelo menos uma vez, participar da meia hora de conversa animada e maledicente. Mestre Pedro Dantas, fabuloso contador de casos, memória de anjo; Carlos Castello Branco, o Castellinho; Pompeu de Sousa, Danton Jobim, Odylo Costa, filho; Heráclio Salles, Benedito Coutinho, Otacílio Lopes, o Cara-de-onça; Osvaldo Costa, Francisco de Assis Barbosa, Ascendino Leite, Pedro Gomes, eram dos mais assíduos.

Reuniões partidárias, como as do Diretório Nacional da UDN, às quartas-feiras, pela manhã, na sede do partido, na rua México, de portas abertas; do PSD, do PTB, do PR, mais raras, impunham a antecipação do expediente, emendando a manhã com a tarde e a noite, em jornadas de 14, 15, 16 horas com intervalo para o almoço nos restaurantes populares, de preço acessível, do Centro da cidade.

Nos fins de semana, pelo menos uma ou duas vezes por mês, almoço ou jantar na casa de político ou de um de nós, ampliava o relacionamento familiar.

O esboço sumário das nossas andanças diárias, com as variantes das conversas com ministros, assessores e outras fontes, não esgotava a agenda de cada um, cioso do seu caderno particular de telefones e endereços.

Tentei dar uma idéia da nossa rotina, das muitas horas de convivência, das oportunidades de conversa, da troca de informações e do respeito profissional pelo furo. Do cenário, dos atores e do enredo em que, de 1946 a 1959, nos últimos 13 anos em que o Rio foi a capital do país, a reportagem política definiu os setores de cobertura e cunhou o modelo da isenção, da análise interpretativa, da credibilidade baseada no distanciamento partidário e ideológico, do compromisso ético com a imparcialidade.

Não foi uma conspiração dos cochichos, nem a rebelião urdida nas sombras contra a tirania patronal. As coisas aconteceram naturalmente, no ajuste às exigências da profissão. Se o reconhecimento de que Carlos Castello Branco foi o mais completo jornalista político de todos os tempos é consensual, ninguém menos inclinado a empalmar a liderança e comandar a guerra que não houve. Economizava palavras na frase curta e certeira, como recurso para disfarçar a dicção ruim e o tom baixo, quase um sussurro. Castelinho tinha perfeita noção da sua importância, da qualidade literária do texto impecável que escrevia com rapidez de datilógrafo, usando os dez dedos. Não levava mais de meia hora para redigir, sem erro, os artigos de mais de

30 anos da Coluna do Castelo, no *Jornal do Brasil*. Da facilidade em estabelecer contatos, de cultivar fontes e inspirar confiança. Nunca, em perfeita convivência de décadas, sem nódoa de desconfiança ou intriga, ouvi uma palavra, notei um gesto que revelasse a pretensão de influir no trabalho dos outros. Severo na crítica que reservava para os amigos de confiança, Castellinho bastava-se com o reconhecimento do seu sucesso.

Por isso é difícil armar o quebra-cabeça, com cada peça em seu lugar. Lenta, imperceptivelmente, as coisas foram acontecendo e se encaixando nos engates do tempo.

A cobertura política partidária, com suas ondulações, ressuscita, modificada, com a queda do Estado Novo, o fim da censura, a volta da liberdade. Perde força no caminho, recupera o fôlego nas campanhas e encerra o ciclo com o golpe de 64. Agoniza, estrebucha, estica a sobrevida na envergonhada estréia do arbítrio do governo de primeiro general-presidente, Humberto Castello Branco. Sepulta as últimas ilusões com a infâmia do AI-5, em 13 de dezembro de 1968, que corta ao meio o governo do segundo general do rodízio, Arthur da Costa e Silva.

A identificação de uma linha dominante no amadurecimento da cobertura política não exclui as muitas exceções nem ignora as diferenças de temperamento, que se refletiam no estilo, na linguagem, no ângulo de análise que permitia aos mais atentos e familiarizados reconhecer os autores de matérias não assinadas com a leitura das primeiras linhas. Além dos donos de espaços fixos, como a última página do *Correio da Manhã,* valorizada pelo Heráclio Salles.

Dono de jornal manda na linha dos editoriais, influi na cobertura política. Mas no relacionamento com a redação há uma margem de tolerância, que é incontrolável. E que se amplia ou encolhe conforme as circunstâncias, a habilidade e o prestígio do editor, as peculiaridades de cada jornal, de cada situação, o temperamento do dono da casa.

Nos jornais, revistas, programas jornalísticos de rádio e televisão por onde passei em mais de meio século, acumulei experiência do que vi e vivi. Posso dar o depoimento pessoal de que nunca falei ou escrevi por encomenda.

Na TV e no rádio, falei sempre de improviso, sem consultar ninguém sobre o assunto ou a linha do comentário. Nunca fui pautado. Quando comecei, o secretário da redação registrava no caderno de anotações, o *seboso*, as datas e assuntos de cobertura obrigatória. Como reforço à memória. E só. Os chefes das seções distribuíam os assuntos do dia pela equipe e acompanhavam o trabalho dos repórteres encarregados dos setores.

Assim no esporte, na polícia, na economia. O repórter político desfrutava de autonomia praticamente ilimitada. Cada um cuidava de si para dar conta das matérias do dia, atento aos riscos de levar um furo que podia custar o emprego e de olho vivo para não deixar escapar a oportunidade de emplacar a reportagem exclusiva, realização suprema do jornalista.

Foi na rotina peculiar, em que o dia nunca era igual a véspera, que os diversos escalões da reportagem política, nos experimentos da prática e nas teorizações das conversas, avançaram, palmo a palmo, na imposição de valores éticos.

Nos períodos de campanha eleitoral, os compromissos da direção dos jornais e revistas com partidos e candidatos ditavam a linha de cobertura. Sem necessidade de instruções escritas ou recomendações verbais. No correr da campanha, no diálogo da redação com o diretor, a extensão dos compromissos orientava a distribuição de espaço.

O jogo tinha as suas regras claras ou intuídas. Na avaliação temperada pela distância, fica mais fácil reconhecer as distorções dos períodos de paixão das lutas pelo poder, no confronto de odientas rivalidades municipais que influíam ou definiam as decisões estaduais e nacionais em contraste com a facilidade e o desembaraço das calmarias. Quando as rixas transferiam-se para a adequada rinha parlamentar e não duravam mais do que o tempo em que sustentavam o interesse popular.

Jornal que virou empresa na euforia míope do milagre econômico do governo do presidente Emílio Garrastazu Médici e das mágicas que derrubaram a inflação em quedas sucessivas — como luta de campeonato de judô — cuidou de construir seu palácio para a exibição da pujança. Quanto maior e com mais espaços ociosos, mais se espraiava a megalomania dos gabinetes suntuosos, ocupando um andar inteiro, com salas para as secretárias, os assessores, contínuos, além dos salões imensos para receber e impressionar as visitas. Como requinte, a sala de refeições, com cozinha completa e a equipe comandada por cozinheiro afamado e auxiliares.

Diretor-empresário, na verdade passou a ser muito mais empresário do que diretor. A cada geração alarga-se a distância com o velho modelo tradicional do jornalista tarimbado, que cultivou amizades, não se descuidou de regar as ambições e atirava-se à aventura de lançar o seu jornal. Um jornal que nascia pequeno, espremido em poucas salas, sem os luxos de oficina própria.

Quando pegava e levantava vôo, conservava as suas características de nascença. O segundo prédio, comprado ou construído, conquistava espaço para abrigar o sucesso, mas se resguardava na modéstia de instalações que se ajustavam ao estilo do país. Prédios sólidos, compactos, de dois, três andares. Com o tempo, quando chegou a mania de grandeza, subiram na vertical.

Em todas as redações em que trabalhei ou que conheci, nas décadas de 1950 e 1960, os gabinetes de diretores ficavam no andar da redação. De portas abertas para os de casa ou que se abriam ao toque de campainha ou pancadas com os nós dos dedos. Era assim em *A Notícia,* no *Diário de Notícias,* em *O Estado de S. Paulo,* no *Jornal do Brasil,* em *O Globo,* na *Tribuna da Imprensa,* no *Diário Carioca.* A escrivaninha de tampo corrido de Silva Ramos, secretário de *A Notícia* com superpoderes de diretor, encostava-se num canto da pequena sala da redação, de onde comandava e controlava todo o jornal. No segundo andar do venerando sobrado da rua da Constituição, o gabinete de Orlando Dantas e, quando lá cheguei, do filho, João Portela Ribeiro Dantas, era uma sala média, mobiliada sem luxo, pegada à redação.

No moderno prédio da rua Major Quedinho, no centro de São Paulo, o gabinete do Dr. Júlio Mesquita Filho comunicava-se com a redação por ampla porta dupla que se trancava nos segredos da conspiração, para a derrubada de Jango Goulart, ou abria-se para as freqüentes passeatas do diretor, ansioso por notícias. Os três filhos — Júlio Mesquita Neto, Ruy Mesquita e Luiz Carlos Mesquita, o Carlão — ocupavam mesas que formavam um quadrado, no meio da redação. Na quarta cadeira sentava-se Cláudio Abramo, legendário reformador de jornais, dos mais criativos, agitados e completos jornalistas que conheci.

Diretores-jornalistas circulavam pela redação, escreviam artigos, reviam matérias, davam ordens, palpites, participavam da vida do jornal. Em redações pequenas como a de *A Notícia,* Silva Ramos lia ou passava os olhos em praticamente todas as matérias, conhecia pelo nome todos os que trabalhavam no jornal.

Nas redações maiores, dos grandes matutinos, o diretor entendia-se diretamente com o secretário da redação, os chefes de seções, os redatores principais, os repórteres, fotógrafos, funcionários.

Na convivência direta com o diretor-jornalista na redação sem tabiques e divisões, onde todos se falavam, sabia-se instantaneamente o que acontecia. A informação circulava por todas as mesas, pelas rodas de conversa.

O ambiente da redação, o relacionamento estimulado pelo longo expediente que entrava pela noite e engolia a madrugada, definia o estilo de vida da imprensa do Rio dos anos 40 e 50 e que se prolongou na década de 1960, mesmo depois do tranco da mudança da capital. Resistiu até a consolidação de Brasília, no aconchego do arbítrio. Ou, mais precisamente, a partir dos governos dos generais-presidentes Emílio Garrastazu Médici e Ernesto Geisel. Os dois primeiros do rodízio, Humberto Castello Branco e Arthur da Costa e Silva, partilhavam o tempo entre a capital que engatinhava e a que se despedia de si mesma.

Na primeira fase da cobertura política da imprensa partidária apoiando candidaturas, a linha do jornal definia-se pela orientação direta do diretor, no comando do seu jornal.

Os jornais sustentaram a coerência dos seus compromissos partidários assumidos com a queda do Estado Novo, no governo Dutra. E no governo democrático de Vargas. As defecções significativas começam a mudar o cenário a partir dos cinco anos do governo de Juscelino.

As contradições internas nos grandes partidos, as dissidências renovadoras da Bossa Nova da UDN e da Ala Moça do PSD, o crescimento do PTB e a valorização da legenda, que ganha credibilidade com a reação da seção gaúcha ao peleguismo, ao abrir a discussão teórica das teses sustentadas por Alberto Pasqualini, teórico do trabalhismo, aprofundam o debate ideológico na simplificação dualista de direita contra a esquerda e afrouxam o engajamento partidário da imprensa.

A campanha de Jânio Quadros, em 1960, assinala o último momento, antes da noite da ditadura fardada, da participação majoritária dos grandes jornais no apoio ao candidato adotado pela UDN.

ESBOÇO

Nem geração espontânea nem parto induzido. A cobertura política evoluiu lentamente, queimou etapas, definiu o modelo que foi forjado por uma geração e aperfeiçoado pelas que se seguiram. Teve suas baixas e acrescentou novos combatentes.

As teorizações sobre os requisitos de imparcialidade e de isenção partidária para a análise política, que procura seguir a coerência no encadeamento dos fatos até a tentativa de antecipação dos próximos passos e a avaliação das suas conseqüências, são posteriores à definição do modelo e provocadas pela necessidade de ajustamento ao arbítrio, à violência dos anos de censura do golpismo militar.

Só então, e pela primeira vez, deparamos com a questão ética de manter ocupado o espaço nos jornais pelo comentário político, avalizando de algum modo o que considerávamos uma farsa para consumo externo ou articular a retirada em massa, como manifestação coletiva de protesto.

Pessoalmente, dei a volta na hesitação e sepultei a dúvida com o argumento conclusivo de Carlos Castello Branco. O protesto do silêncio não chegaria a repercutir, abafado pela censura. Os seus ecos durariam alguns dias, percebidos apenas pelos leitores mais atentos e informados dos métodos radicais do arbítrio.

Ocupar o nosso espaço, com todas as limitações, driblando as ordens da censura era a legítima opção de luta. Nossa presença diária em colunas, com a responsabilidade pessoal da assinatura, incomodava muito mais a ditadura, que escondia a cara com a máscara do fingimento do Congresso aberto e controlado pelas cassações de mandatos, os atos institucionais, os recessos punitivos, a desfaçatez dos casuísmos, como os senadores biônicos, eleitos sem voto popular e direto e que se desmandava na boçalidade da tortura institucionalizada nos DOI-CODIs.

Mas já é história de ontem. Nos primórdios de 1950, com a difusão da moda das crônicas e colunas assinadas, ou mesmo sem assinatura, mas no estilo de comentários e de autoria identificável pelos que eram do ramo, fomos conquistando relativa autonomia.

O texto assinado ou de autoria notória pressupõe a responsabilidade do autor pelo que informa e pelas opiniões que emite.

Na aragem da redemocratização as colunas e crônicas grassaram como cogumelo em canto de terra úmida. De memória, com omissões inevitáveis, só para dar exemplos: no *Diário Carioca*, Prudente de Morais, neto assinava com o pseudônimo de Pedro Dantas a crônica diária, encimada pelo título de "Da Bancada da Imprensa"; no mesmo jornal, Carlos Castello Branco, além das matérias na primeira página, assinava a seção "Diário do Repórter", de pequenas notas colhidas na Câmara e na ronda das fontes, em estilo malicioso e ferino; Carlos Alberto Tenório, obsessivo na fidelidade da informação, assinava crônicas políticas no *Diário Carioca*, no *Jornal do Brasil* e *Correio da Manhã*. Em *O Jornal*, órgão líder dos Diários Associados, Murilo Marroquim e Doutel de Andrade assinavam crônicas diárias na terceira página. Mais tarde, Doutel saltou para o outro lado e fez brilhante carreira política em sucessivos mandatos de deputado federal pelo Partido Trabalhista Brasileiro (PTB) e, com a extinção da legenda, pelo Partido Democrático Trabalhista (PDT). No *Correio da Manhã*, sem assinatura, Oyama Brandão Telles, durante anos, redigiu seção de notas políticas, com informações de primeira mão; no *Diário de Notícias*, Rafael Correia de Oliveira, polemista temido pelo vigor das críticas e o ridículo com que cobria as suas vítimas, assinava artigo em duas colunas cheias, e, na quarta página, o noticiário político e parlamentar abria duas colunas para a seção "Notas Políticas", sem assinatura, redigida por várias mãos de jornalistas conhecidos, como Odylo Costa, filho, Heráclio Salles, Pedro Gomes, Otacílio Lopes, Osório Borba, também autor de artigos semanais de enorme sucesso.

Aos vespertinos chegou a moda das matérias e crônicas assinadas. Com mais comedimento.

O Globo reservava as manchetes de primeira página às matérias do Antônio Viana, puxando a declaração mais forte pelo impacto da frase ou a novidade anunciada nas muitas entrevistas que enchiam laudas manuscritas. Resistiu muito a acolher o comentário político diário, com as galas de seção permanente. Creio que coube a Carlos Chagas a proeza de derrubar o preconceito no apagar das luzes dos anos 50. Sustentou a coluna até mudar-se para Brasília, ao substituir Heráclio Salles como assessor de imprensa do presidente Costa e Silva, logo depois do apagão do AI-5.

Com a virtual deposição do presidente Costa e Silva pelos radicais do endurecimento, contrários à reabertura que se consumaria com a reforma da Constituição, Carlos Chagas retomou a coluna com a série de reportagens assinadas, de intensa repercussão política e irritação em áreas militares, sobre os 13 dias da agonia do presidente Costa e Silva e o drama da luta contra a paralisia progressiva, conseqüência do derrame, nos desesperados esforços para assinar com a mão trêmula a Constituição, elaborada pela comissão presidida pelo vice-presidente Pedro Aleixo. A série de reportagens valeu-lhe o Prêmio Esso.

Nos demais vespertinos, obedecia-se à regra geral de destacar as matérias políticas não assinadas. Com algumas exceções. Ozéas Martins assinou seção em estilo de crônica comentada, em duas colunas abertas, na *Folha Carioca*.

Desde o lançamento, a *Tribuna da Imprensa* caracterizou-se como jornal de opinião, abrindo largos espaços a reportagens e colunas assinadas. Além do artigo, cuspindo fogo e espalhando brasas, de Carlos Lacerda, vários jornalistas passaram pelo rodízio ou permaneceram por longos períodos, com lugar cativo para o comentário político. João Duarte Filho foi a mais longa presença, em crônica curta, de estilo vivo e contundente. Assinando regularmente matérias, entre outros, alinham-se na fila: Murilo Melo Filho, por mais de uma dezena de anos, Carlos Castello Branco, no período em que foi editor do jornal, Carlos Alberto Tenório.

LINHA DE MONTAGEM

Não há datas precisas assinalando etapas de uma construção coletiva, em elaboração permanente, no dia-a-dia da rotina de cobertura, emendando a manhã das redações dos vespertinos às tardes na corrida às fontes, com passagem obrigatória pela Câmara e escapadas ao Senado.

Mas os avanços aos saltos ou na lentidão das pequenas conquistas aconteceram, fundamentalmente, na cobertura da atividade política, que ocupava espaço mais livre e aberto às inovações.

Das seções engajadas em campanhas eleitorais, com a marca partidária e os compromissos com candidaturas, para a autonomia da análise objetiva, foi uma caminhada de muitos passos.

Orquestra sem maestro, jornais e repórteres afastaram-se, pouco a pouco, dos partidos, banidos pelas decepções e tocados pela consciência da responsabilidade profissional.

A segunda derrota do brigadeiro Eduardo Gomes, em 1950, doeu menos que em 1945 na pele udenista. Campanha sem o mesmo entusiasmo e a incerteza da vitória mais uma vez negada pelas urnas. A linha divisória da imprensa e da política deslocou-se para o antigetulismo. Parece a mesma, mas há diferenças.

Mudanças que são perceptíveis no enfoque das crônicas e reportagens, no tom dos comentários, na tendência para a análise substituindo a violência da linguagem polêmica dos artigos de fundo, dos editoriais, das coberturas das reuniões dos partidos, as crises, os acertos e desacertos.

A leitura das principais seções da época, em penosa, mas desafiante, pesquisa nos arquivos evidenciará a semelhança de linguagem, de estilo, de enfoque, de objetividade dessa etapa fundamental na consolidação de um modelo de cobertura política.

DESFILE DOS ILUSTRES

Limitada aos credenciados, a freqüência à bancada da imprensa da Câmara, no local privilegiado do plenário, na "terra de ninguém", de costas para a Mesa, recebia os seus visitantes, com acesso facilitado pelo conhecimento ou a gentileza do parlamentar. E era, também, franqueada a jornalistas famosos que costumavam aparecer nos períodos de crise, nas sessões que se anunciavam tempestuosas, com discursos de oradores do primeiro time e que prometiam debates, troca de apartes, a réplica, em geral anunciada para a sessão seguinte.

Os semanários de vida efêmera ou os que marcaram época, reportagens especiais encomendadas pelas revistas, o interesse por algum assunto ou a curiosidade que cutuca o repórter, atraíam às duas Casas do Legislativo escritores, intelectuais, jornalistas. Algumas presenças eram constantes ou intercaladas.

Uma das mais ruidosas e marcantes lembranças que conservo vivas na memória é de José Lins do Rego, o romancista do ciclo nordestino, autor de obras clássicas, grande contador de histórias, dono do estilo próprio das frases curtas e com a força evocativa do escritor que conhecia seu ofício.

Cabelos desgrenhados, corpo cheio de gordo que gesticulava com largos gestos dos braços, falando alto, os óculos grossos escorregando pelo nariz achatado, Zé Lins foi uma figura extraordinária.

Mas o que dele me ficou para sempre foi o seu entusiasmo pelo romance que escrevia furiosamente. Narrava cenas, descrevia tipos, reproduzia diálogos. Vitorino Carneiro da Cunha, o Vitorino Papa-rabo, estava nascendo sem que pressentíssemos que assistíamos à criação de um dos maiores tipos da literatura brasileira. E ao vivo, no entusiasmo do criador que tratava do Vitorino como de uma pessoa viva: "Com o Vitorino ninguém pode", arrematava Zé Lins, emendando na gargalhada que disfarçava a emoção.

Quando li, quando releio *Fogo morto,* revejo Zé Lins sentado na tribuna da imprensa da Câmara, andando pelos corredores, tomando o café do Edésio, abraçando com efusão ruidosa o deputado Gilberto Freire, o Osório Borba, o Luiz Jardim, o Joel Silveira, falando alto, verboso e esfusiante. Ele foi um tipo de romance. De romance de Zé Lins no *Menino de engenho.*

Mais raras e mais demoradas as visitas de Di Cavalcanti, outro extrovertido de grandes casos, conversador de varar a noite no desfile de personagens que pertencem à História e com as quais privou nas andanças pelo mundo.

Jornalistas conhecidos, cronistas, repórteres famosos, apareciam na Câmara com freqüência irregular. Como Rubem Braga, Paulo Mendes Campos, Fernando Sabino, Joel Silveira, Otto Lara Resende — assíduo no Senado. Joel Silveira andou pela reportagem política em várias oportunidades e vários jornais e revistas.

Nas tribunas e camarotes, em dias de gala, a rara presença de Raquel de Queiroz.

O Congresso nos seus tempos de Rio, de oratória e eloqüência, era também assunto para escritores, intelectuais, cronistas.

A VEZ DO RÁDIO

A imprensa escrita abafava o rádio na cobertura política. O que se explica pela precariedade e improvisação dos ensaios de noticiário radiofônico, com textos, em geral, sofríveis, largo consumo de tesoura e goma para o aproveitamento de telegramas das agências internacionais e das matérias dos jornais do dia. Não era emprego, mas o bico para o repórter de jornal que dobrava o expediente para completar o salário miserável.

A Rádio Nacional revolucionou com o *Repórter Esso* na voz poderosa de Heron Domingues, o maior locutor do gênero em todos os tempos, pelo domínio completo da garganta, modulando as notícias nas mil entonações do timbre abençoado e com absoluta consciência da força narrativa que imprimia à leitura dos textos a sensação de estar vendo o desdobrar dos acontecimentos.

Dos estúdios da Rádio Nacional, quando por lá andei, assisti a várias edições do noticiário que se anunciava na estridência marcial dos metais. E muitas vezes emocionei-me com a fantástica cadência da voz inigualável, que alcançava todas as notas da escala com a naturalidade com que respirava. Heron nunca teve aula de empostação de voz, jamais conheceu fonoaudiólogo. A voz de rara sonoridade era um dom de nascença, aprimorado pela consciência profissional.

Porém, a mais importante participação do rádio em crise política que abalou o país deve ser creditada à Rádio Globo, na cobertura da CPI da *Última Hora*. Raul Brunini, locutor de voz marcante, apresentava Carlos Lacerda nos programas diários que começavam muito tarde e entravam pela madrugada, sem hora para acabar.

O país não dormia para ouvir Lacerda nas devastadoras denúncias do chamado escândalo da *Última Hora,* o vespertino de Samuel Wainer, financiado com empréstimos favorecidos do Banco do Brasil. E que, na revisão do tempo, encolhe para a sua exata dimensão de uma briga de donos de jornais contra o intruso que revolucionava a imprensa e pagava salários decentes, muito acima da tabela mesquinha.

Por esse tempo, 1952, fui ao Nordeste com os deputados Breno da Silveira e Armando Falcão e três jornalistas para a cobertura da terrível seca que emendou no ano seguinte.

Rodando, depois da meia-noite, no piso de terra da Rio–Bahia, atravessamos, sob a luz da lua cheia que parecia dia, o arruado baiano de uma longa fila de casas cobertas de palha. No silêncio do começo da madrugada, a voz possante de Carlos Lacerda, à medida que o carro passava diante das janelas, saltava de um rádio para outro, sem que se perdesse uma palavra.

Pela primeira vez, testemunhamos a força de penetração nacional do rádio alcançando todo o país, até os mais recônditos vilarejos perdidos na imensidão do nosso território.

A Rádio Tupi seguiu o rastro da Nacional e, dentro das suas possibilidades, chegou a apresentar noticiário razoável, valorizado pela voz empostada de Gontijo Teodoro, um dos melhores locutores da fase de afirmação do jornalismo radiofônico, com as limitações técnicas para as coberturas ao vivo e as gravações nos estrupícios em caixote de madeira, com alças que reclamavam duas pessoas para carregá-la. A mobilidade do rádio, com o desenvolvimento técnico dos aparelhos portáteis de pilha, que encolheram a miniaturas; os transístores, as facilidades das reportagens ao vivo, escancaram as portas para as transmissões ao vivo, que é uma de suas características.

Mas a política nunca foi o forte do rádio. Salvo nas ocasiões excepcionais, quando ele chega na frente e emplaca grandes furos.

Castello e *O Cruzeiro*

Nas "Notas Políticas" do *Diário de Notícias,* Odylo Costa, filho, chefiou a seção política na longa crise do segundo governo de Getúlio, que se encerra com o suicídio.

Das melhores pessoas que conheci na vida, amigo que estimei como irmão, Odylo foi escritor e poeta, de fardão e imortalidade, e um temperamento de convívio ameno, conversador fluente, contador de casos de celebrada memória e amplas leituras históricas. Redigia com impecável correção e as graças do estilo.

Nesse período de militância política, de filiação udenista e intensa participação nas cíclicas crises maranhenses, como histórico adversário de Vitorino Freire, e nas conspirações do golpismo, cultivou suas convicções e deixou a marca apaixonada da paralela atividade de articulador, com acesso e voz nas decisões udenistas nas matérias e artigos escritos durante o mandato democrático do ex-ditador.

Quando não se extremava em campanha, com bandeiras que avivavam as paixões dos exaltados, o clima de conspiração refluía para a tribuna parlamentar, para as denúncias que a vigília levantava na permanente tocaia.

Raras vezes cedeu à emoção ou às conveniências táticas para imprimir ao seu texto a virulência da militância conspiratória. O exemplo da exceção mais significativa ocorreu quando a mobilização invadiu os quartéis na articulação para a derrubada de Vargas.

Às vésperas do 24 de agosto era evidente que a corda arrebentaria do lado mais vulnerável. Odylo assinou artigo de extrema violência, no tom do jornal e da cidade partida. Serviço de militante na luta em campo aberto.

Nos remansos de relativa tranqüilidade, os comentários políticos do velho *Diário de Notícias,* sem assinatura, mas de autoria identificável pelos que eram do ramo, embora mantendo a coerência do jornal e a vivacidade nas críticas, buscavam a objetividade da informação.

Odylo e a equipe que formou com Heráclio Salles, ao deixar o *Correio da Manhã,* e Pedro Gomes, por pouco tempo e com a minha promoção do vespertino popular para o matutino que era o segundo do Rio em peso político, deram contribuição fundamental à formatação da cobertura política que se despregava do engajamento partidário dos editoriais.

Esse período tem um marco fincado no chão do acaso pela conjugação afortunada das circunstâncias. No início do mandato do presidente Juscelino Kubitschek, *O Cruzeiro* decidiu inovar no rotineiro estilo do noticiário político das revistas semanais. O que sobrava era o rescaldo da semana, requentado com a entrevista que aspirava à modesta repercussão da referência nos debates parlamentares.

Para a maior revista desse tempo, com tiragens fantásticas que batiam recordes semanais — na morte de Francisco Alves, em 27 de setembro de 1952, em desastre de automóvel na rodovia Presidente Dutra, e em 1954, no suicídio de Getúlio Vargas, ultrapassaram os 600 mil exemplares —, o desafio de revolucionar as insossas matérias rotineiras inspirou seu diretor, Leão Gondim, a convocar o mais credenciado dos repórteres políticos do país, Carlos Castello Branco, para confiar-lhe duas páginas semanais.

Castellinho convidou Benedito Coutinho, que trabalhava em *O Jornal,* órgão líder dos Diários Associados, para dividir uma das páginas com pequenas notas, notícias pitorescas, entrevistas. E reservou página inteira para ampliar a análise política à dimensão de crônica interpretativa, equilibrada no fio de arame de dez dias de antecedência entre a entrega do texto, três dias antes de a revista chegar às bancas e os sete dias da semana em que permanecia para a venda avulsa.

O grande repórter resolveu o embaraço aventurando-se à prospecção política com ampla margem de risco. Mestre do estilo, soltou-se no exame panorâmico, descendo ao encadeamento lógico do que parecia o contraditório caótico das tramas improvisadas e ajudando o leitor a entender o raciocínio ordenado pela coerência que fluía com a naturalidade da conversa de expositor. Partiu das preliminares que ajudara a firmar e alargou as dimensões da interpretação do jogo político, como peças que se moviam em tabuleiro de xadrez, com as suas regras e os lances imprevistos.

Na redação do *Diário Carioca,* Pompeu de Souza, Danton Jobim, Pedro Dantas liam com maliciosa atenção a matéria de Castello, buscando pilhá-lo na escorregadela do desmentido dos fatos às especulações de uma dezena de dias de antecipação. No fim de noite de 11 de novembro de 1955, consumada a deposição do presidente em exercício, Carlos Luz, no contragolpe fulminante articulado pelo general Odílio Denys, com a adesão do general Henrique Lott, Pompeu mandou o contínuo à sede de *O Cruzeiro* para comprar a revista à boca da rotativa, ainda com a tinta fresca. E convocou a redação para ouvir a leitura da matéria do Castelinho, encorujado no canto, a cara redonda impassível.

Às primeiras linhas, a expectativa do flagrante do esbarrão no imprevisto desmanchou-se no espanto da ruidosa comemoração. Logo nas primeiras frases, Castello acertara na mosca com vidência de bruxo. Dele ouvi, com simulada modéstia, as linhas iniciais que sabia de cor e das quais guardei o sentido: a crescente tensão da crise atingia o ponto de ruptura e o seu desfecho era uma questão de horas.

SUCURSAIS

No quadro da reportagem política dos últimos anos em que a capital despedia-se do Rio, as sucursais dos grandes jornais e revistas de São Paulo, de Belo Horizonte, de Porto Alegre, do Recife ocuparam largo espaço com equipes completas de profissionais experientes. A imprensa das capitais e das grandes cidades mantinham sucursais ou correspondentes na medida das suas necessidades.

A sucursal carioca de *O Estado de S. Paulo* dividia o 8º andar do prédio da rua da Quitanda, esquina da rua São José, no coração da cidade, com a sucursal do *Correio do Povo.*

Foi para lá que me transferi, saindo do *Diário de Notícias*, em mudança vagarosa, travada pela resistência em afastar-me do jornal que me puxou para a grande imprensa. Devo a minha efetivação à dignidade e aos escrúpulos de Osório Borba, pernambucano de mau humor com a salafrarice, a desonestidade, a burrice, mas de cordial e amena convivência nas longas conversas de fim de noite, quando desfilava as histórias acumuladas nos sacolejos da vida de riscos e de ásperas lutas políticas.

Substituía Osório Borba nas férias e nas suas incursões como candidato na política de Pernambuco. No dia-a-dia, eu, Heráclio, Odylo passávamos-lhe as informações para compor a pequena crônica de abertura da terceira página do *Estadão*. Depois de muito ranzinzar o desconforto de explorar os companheiros, Osório Borba demitiu-se e indicou-me para a sua vaga. Nada o demoveu da resolução, apesar da modéstia de solteirão, hóspede de pequeno e velho hotel na Glória.

79

Entendi-me com Rafael Correia de Oliveira, diretor da sucursal, combinando a montagem de equipe, que me caberia chefiar, para a cobertura política na amplitude desejada pelo doutor Júlio Mesquita Filho, diretor do jornal, de legendária e forte personalidade.

Com poderes que são impensáveis no jornal-empresa e o apoio de Rafael, armei o esquema, aumentei salários, contratei jornalistas qualificados e montei equipe de primeira ordem. Na cobertura política, Carlos Castello Branco, Murilo Mello Filho, Carlos Alberto Tenório, Esperidião Esper Paulo e eu dividíamos os assuntos do dia. Heráclio Salles fazia a abertura da sessão da Câmara com pequena e primorosa crônica de meio palmo de coluna; José Wamberto completava o relato dos debates de plenário. Caio Pinheiro cuidava do Senado com dedicada competência.

Na rolagem do tempo, as mudanças inevitáveis não alteraram a qualidade da equipe. O inexorável esvaziamento político do Rio, com a mudança da capital, forçou o enxugamento, com a demissão de muitos que não se mudaram para Brasília. Nunca mais o Congresso mereceu a cobertura de sessões diárias e foi murchando, perdendo poder na marginalização punitiva do arbítrio e nem os ares da redemocratização devolveram o brilho dos anos dourados.

Antes da mudança da capital e nos primeiros anos da duplicidade da atividade política entre o Rio e Brasília, a equipe ganhou o reforço de Antônio Luiz Carbone, grande repórter, de infatigável capacidade de trabalho e entregue à paixão profissional da sua vida. No vigor de antigo atleta na plena forma dos 30 para 40 anos, Carbone enfrentou o inexorável esvaziamento político do Rio como um desafio pessoal. Desdobrava-se, multiplicando o tempo, na dedicação integral aos contatos com as fontes que escasseavam. Cercava governadores, ministros, parlamentares no aeroporto do Galeão, nas horas mais inconvenientes, para a conversa de minutos e que sempre rendiam a informação nova ou o tema a ser desenvolvido no comentário do alto da terceira página do *Estadão*, conhecido no jargão da casa por destaque.

Superou as dificuldades de adaptação à análise política, pegando o jeito e os cacoetes dos veteranos. Alegre, expansivo, falante, com seu precioso caderno de endereços e telefones aberto na mesa e catando informantes durante horas, em Brasília ou nos confins do interior, Carbone foi um amigo inseparável e de absoluta confiabilidade.

Num fim de tarde, caminhamos da sucursal até a rua Araújo Porto Alegre para o exame médico da rotineira exigência burocrática. Passamos pela abreugrafia. Esperei por Carbone, chamado para nova chapa, dessa vez nos raios X. Recebi com estranheza o convite do médico para conversa a portas fechadas. E o soco no vazio de uma das mais terríveis revelações e da mais dramática incumbência que recebi na vida.

Com alguns circunlóquios, de fisionomia fechada, perguntou-me se eu era o chefe de Carbone e seu amigo pessoal. Confirmei a qualificação burocrática e a estreita amizade. Sem alterar o tom da voz pausada e clara, informou-me que a abreugrafia e a chapa de raios X registravam mancha suspeita nos dois pulmões. Suspeita forte de câncer. Instou para que comunicasse à família, com a maior urgência, para consulta a especialista.

Zonzo, no esforço desesperado para não trair a emoção, enrolei a língua na desculpa que só não levantou suspeitas porque Carbone amava a vida e atravessava a sua melhor fase de sucesso profissional e tranqüilidade doméstica.

De casa, telefonei a Alda, sua mulher, contando pela metade as previsões médicas, mas insistindo na necessidade da consulta a especialista de confiança.

Carbone viveu alguns meses. Destroçado pelo brutal tratamento da quimioterapia, que derrubou até o último fio da farta cabeleira. Carne e músculos de atleta, nadador do América na juventude, craque do vôlei, murcharam, desfigurando a fisionomia com a máscara do envelhecimento galopante.

O repórter da informação só soube que seus pulmões estavam sendo corroídos pelo câncer às vésperas de morrer, quando se despediu da mulher e dos dois filhos. Chegou a voltar à redação, magro, macilento, careca. E fazendo planos para uma viagem de recuperação no Caribe com a família.

GAÚCHOS E PAULISTAS

Os vizinhos do *Correio do Povo* transformaram a sucursal numa sala de gaúchos. Ao prestígio do grande jornal somava-se o do diretor, Francisco de Paula Job, e do seu substituto e braço direito, José Barriga Filho.

Fora do eixo Rio–São Paulo, nenhuma outra sucursal teve a importância e a espantosa produção comparável à do *Correio*. Enchia páginas do jornal com a cobertura parlamentar, no enfoque regional que a justificava.

As *Folhas* de São Paulo ocupavam grupo de salas na avenida Presidente Vargas, com a equipe política valorizada por jornalistas de larga experiência e a alta qualidade do texto. Osvaldo Costa, veterano da imprensa e da militância na clandestinidade do Partido Comunista, jamais aderiu à imparcialidade. Por temperamento e formação, era um engajado na fervura da emoção. Cronista com respeitável clareza do raciocínio, a malícia da interpretação conduzida para ajustar-se às suas convicções, dele me lembro sempre na agitação bem-humorada, entrecortada pelas risadas curtas e sacudidas, na defesa de fórmulas que fechavam em candidaturas dos seus eleitos da amizade ou da identificação ideológica. Moveu céus e terra pela candidatura do senador Nereu Ramos à presidência da República na sucessão do presidente Dutra, quando enxergou, com clarividência de profeta, que a rejeição da solução natural abriria espaço para a volta do ex-ditador.

Em outras sucessões não viu tão claro nem teve o mesmo cuidado na escolha dos seus candidatos. Como no seu encanto pelo agitado general Estillac Leal, ministro da Guerra no Governo Vargas e efêmero pré-candidato a presidente nas eleições de 55, com apoio da esquerda.

Completava a equipe das *Folhas,* a dupla de repórteres-literatos formada por Francisco de Assis Barbosa e Ascendino Leite, com dezenas de livros publicados e o reconhecimento da crítica especializada. Poeta intimista de texto enxuto e elegante de profundo conhecedor da língua. Dirigiu a sucursal por mais de uma década.

CIRANDA DAS FONTES

Nas muitas fases da ditadura variaram as fontes e as possibilidades de colheita nos períodos de estiagem e de chuva forte e nas alternâncias dos humores dos generais-presidentes.

Nenhum prescindiu de entendimentos com o Legislativo. A cada governo, a dança do prestígio trocava os parceiros. Informante no Congresso, que sabia das coisas, sempre houve. Alguns não podem ser esquecidos. No governo do presidente Castello Branco, o senador gaúcho Daniel Krieger, presidente da Arena, foi excelente e confiável articulador da abertura no ensaio que tropeçou na reação militar aos resultados eleitorais dos estados de Minas e da Guanabara e murchou na reforma constitucional de 1967. Como presidente da Arena, no governo Costa e Silva, teve participação fundamental nas mudanças no projeto de reforma constitucional do modelo ditatorial da estima do jurista Carlos Medeiros da Silva, que suprimira do texto o capítulo dos direitos e garantias individuais, restabelecido na redação do senador Afonso Arinos.

Acessível, bem-humorado, o senador Daniel Krieger mantinha excelentes relações com os jornalistas, fazendo amizades que foram além dos contatos profissionais.

Apoiou a candidatura do general Costa e Silva, facilitando as articulações com o esquema castellista, que não disfarçou a derrota e o constrangimento de entregar o governo ao ministro do Exército que afirmara sua liderança desafiando o presidente a demiti-lo e conservou o prestígio e a influência no Palácio do Planalto.

No governo do presidente Ernesto Geisel ascendeu ao primeiro plano o senador Petrônio Portela, do Piauí. Fora do círculo palaciano, nenhum civil e político teve maior aproximação e mereceu igual confiança do presidente e mais íntima participação nos ensaios da abertura lenta, gradual e segura.

Depõe o presidente Geisel: "De um lado, ajudou muito nisso o Golbery, com os contatos que teve e as idéias que formulou, e, de outro lado, o Petrônio Portela, que foi o principal elemento político do meu governo, e que me ajudou extraordinariamente na presidência da Arena, na presidência do Senado e nos contatos que mantinha comigo" (pág. 145 de *História indiscreta da ditadura e da abertura*, de Ronaldo Costa Couto).

Atento observador da alma humana, Petrônio decifrou o temperamento do presidente Ernesto Geisel e com ele entendeu-se à maravilha. Nos alinhavos da abertura, muitas vezes teve as linhas embaraçadas pelos impulsos do deputado Ulysses Guimarães e da sua sedução pela frase redonda, de impacto, que valia manchete. E em duas vezes salvou o mandato do presidente do MDB, com a faca no pescoço para a degola. Em nota oficial de 5 de agosto de 1975, no estilo duro do seu texto literário, o presidente do principal partido de oposição comparou o seu adversário na eleição indireta, em resposta a discurso de críticas ao comportamento saudosista da oposição, com Idi Amin Dada, o truculento e boçal ditador de Uganda.

Ao ler o pronunciamento, Petrônio previu a tempestade que desencadearia e antecipou-se. Redigiu nota oficial da Arena, em linguagem viva, candente e leu-a da tribuna do Senado, depois de prevenir a oposição dos seus objetivos políticos. Minutos depois recebeu telefonema do possesso presidente Geisel. Não o deixou prosseguir: "Presidente, já tomei conhecimento da nota e acabo de respondê-la no mesmo tom, da tribuna." Leu para o presidente o curto e áspero discurso e a nota do partido. Desarmado, Geisel agradeceu a rapidez do revide e deu o incidente por encerrado. Restou a ofensa, que nunca desculpou, e a cassação do mandato, atirada no lixo.

Ainda mais traumático o segundo episódio, dois anos depois, em junho de 1977, quando a oposição caminhava para o excepcional resultado eleitoral nas urnas de 1978. No programa de rádio e televisão de propaganda partidária, em rede nacional, o MDB arrisca o cacife e surpreende o sistema com quatro pronunciamentos de críticas severas e inusitada violência sobre a política econômica, o pacote de abril e o modelo de desenvolvimento econômico, com o achatamento dos salários. Desfilam no programa, de surpresa, com enorme repercussão popular, o presidente do MDB, deputado Ulysses Guimarães, o líder da bancada na Câmara, deputado Alencar Furtado, o senador Franco Montoro, líder da bancada no Senado, e o deputado pelo Rio Grande do Sul, Alceu Collares.

Indignado com os termos dos discursos e com a bem urdida manobra tática de transformar o inócuo programa de divulgação do programa partidário num comício contra o governo, de corrosiva audiência, Geisel avisa a Petrônio que dará a resposta à altura da afronta, cassando o mandato do presidente do MDB, deputado Ulysses Guimarães. O senador Petrônio lançou mão de todos os argumentos para evitar a cassação de mandato em fase de aceleração da abertura. Esbarrou na intransigência do presidente teimoso. Reduziu o apelo a salvar o mandato do presidente da oposição, que seria interpretado como um recuo na abertura. O mandato de senador salvou Franco Montoro: nenhum senador fora cassado, por motivos políticos. Autor do mais moderado dos pronunciamentos da oposição, o deputado Alencar Furtado pagou a conta com o seu mandato.

Os relatos que dele ouvi completam-se com a avaliação da crise contornada com a cassação evitada na undécima hora do mandato do presidente da legenda oposicionista e suas repercussões no esforço pela abertura.

Como presidente da Arena e do Senado, o nordestino de rosto redondo, esguio, aprumado na elegância discreta dos ternos de cores sóbrias, a gravata de laço caprichado, as camisas impecáveis nos colarinhos do feitio da moda, sapatos lustrosos, a aparência de quem acabara de sair do banho e se refrescara com água-de-colônia importada, o cigarro que abreviou sua morte, entre os dedos, Petrônio foi um dos meus melhores informantes em fase vasqueira de notícias e de fontes. Nos ciclos de endurecimento do estilo Geisel de dois passos à frente e um para trás para conter os bolsões militares radicais que não perdia de vista, mantendo-os sob vigilância constante, a conversa com Petrônio, marcada com antecedência e com horário respeitado, era sempre pautada pela obstinada convicção de que a volta à democracia era inevitável, necessária e urgente.

No dia seguinte ao pacote de abril de 1977,[*] detalhou-me o seu plano pessoal de retomar com o presidente Geisel as articulações políticas para reabrir o diálogo com a oposição, interrompido pelas cassações e o chorrilho de casuísmos que criou o se-

---

[*] O presidente Ernesto Geisel, com os poderes discricionários do AI-5, impôs o recesso do Congresso em 1ª de abril de 1977. Duas semanas depois, baixou o chamado "pacote de abril", mudando as regras eleitorais. Entre as alterações mais importantes, mantém as eleições indiretas para governador, aumenta o mandato presidencial do seu sucessor – que seria o general João Figueiredo – para seis anos, cria a terceira vaga de senador por estado, o "senador biônico", eleito indiretamente pelas dóceis assembléias legislativas estaduais e estabelece que nenhum estado pode ter mais de 55 e menos de seis deputados federais, casuísmo típico para assegurar maioria na Câmara dos Deputados, com o inchaço das bancadas dos novos estados do Norte, criados com a elevação de territórios.

nador biônico, eleito pelo voto indireto das assembléias estaduais, e entortou o equilíbrio das representações dos estados na Câmara dos Deputados, inflacionando as bancadas dos territórios promovidos a estado.

Não esqueço a surpresa com a sua veemente reação ao meu desalento, considerando a entrevista prejudicada, inútil, diante da brutalidade da atitude do governo: todos os caminhos estavam fechados, não havia luz visível no fim do túnel, pois o governo renunciara aos seus bons propósitos e se rendia à linha dura.

No seu gabinete de presidente do Senado, porta com luz vermelha acesa, esperou o fim do meu desabafo e emendou, falando alto, gesticulando:

— Agora, mais do que nunca, é preciso conversar, buscar a saída.

Não era a chispa da eterna esperança do candidato que jamais abandona a ambição e o sonho. Mas o articulador imaginoso, consciente da sua influência, movendo as pedras no tabuleiro do futuro e disposto a dissipar todo o seu crédito de confiança junto ao presidente no lance audacioso e sem retorno.

Dele recolhi, em mais de uma hora de exposição articulada, o esquema maduramente montado para as suas próximas audiências com o presidente Ernesto Geisel. A primeira, no dia seguinte, no mesmo dia em que, em uma página inteira de *O Estado de S. Paulo,* antecipei a retomada do entendimento com os segmentos organizados da sociedade — ABI, OAB, Igreja, lideranças sindicais — e com o MDB, como uma nota alegre na pauta da marcha fúnebre ou a boa-nova anunciada no velório.

A morte de Petrônio Portela, um suicídio involuntário do enfartado que se escondeu em casa ao invés de internar-se em clínica especializada, para não comprometer a candidatura a presidente da República como herdeiro civil do governo militar que estava sendo tecida com fios que envolviam a oposição. A saúde frágil de tuberculoso, que se curara sacrificando um dos pulmões, não resistiu ao infarto tardiamente tratado, que cortou a carreira política em ascensão de um dos candidatos da lista preferencial de Geisel, como ele confirma em seu depoimento.

No negrume dos cinco anos do governo do presidente Médici, sustentar o comentário político diário que eu fazia na terceira página do *Estadão* exigia o contorcionismo de catar assuntos e analisá-los do ângulo que deixasse claro ao leitor o caráter arbitrário do governo e o asfixiamento da imprensa sob censura.

Antes do governo Geisel, uma fase ainda mais difícil para um catador de notícias, na escuridão do governo Médici, às 7 horas da manhã das terças-feiras, com razoável regularidade e muitos cancelamentos, eu era recebido pelo ministro da Fazenda, Delfim Neto, da trinca que mandava no país ocupando o vazio das omissões presidenciais, no seu gabinete na antiga sede do ministério, no monstrengo arquitetônico plantado na avenida Presidente Antônio Carlos, no Centro do Rio.

Notívago e comilão, como todo o gordo que se preza, Delfim, na força quarentona de surpreendente resistência física, entrava pela madrugada nos lautos repastos dos seus restaurantes favoritos, conversava com os amigos enxugando copos de vinhos e recolhia-se depois das três, quatro horas. Pois às sete estava de banho tomado, cabelo úmido, rosto escanhoado, desperto e bem-humorado como se emergisse do sono pesado de oito horas.

Para as dificuldades da época, Delfim Neto foi um informante de características especiais. Jogava com cartas marcadas. Só que não escondia o ás de copas na manga. Dava a sua versão pessoal sobre os fundos do governo, compondo com duas frases mordazes o perfil dos principais agentes das tricas palacianas. Não mentia, contava o possível, deixando entrever, pelas frestas da malícia, as tramas de um período de escuridão, quando era difícil enxergar um palmo além dos olhos e temerário tatear no breu da censura.

Nunca saí de meia hora, uma hora de conversa com o ministro Delfim Neto sem temas para vários comentários, estimulado pelo desafio de passar para o leitor arguto o contido drama das ambições reprimidas, a surda disputa de prestígio na corte sem rei.

O APARTAMENTO DE THALES RAMALHO

As transas da oposição embaralhavam muitas linhas e se dispersavam em vários endereços. Freqüentei um dos mais movimentados nas minhas amiudadas idas a Brasília, quando os primeiros indícios de esgotamento do sistema antecipavam o desfecho, que ainda demoraria a chegar e viria por outros caminhos.

O apartamento do deputado Thales Ramalho não era apenas um dos mais hospitaleiros pontos de encontro de parlamentares e jornalistas de Brasília, nos idos dos governos de Costa e Silva, Médici, Geisel e Figueiredo. E conservou sua atração depois do enterro da murcha revolução de 64, nos primeiros governos do curto enlevo com a democracia leviana e infiel, de tantas decepções.

Na fase da dureza, fonte de informação sobre as tramas oposicionistas, ali articuladas, em conversas informais, que orientavam e, por vezes, definiam as decisões do partido: um foco de lanterna sobre as articulações tecidas do outro lado da cerca.

Com as suas dificuldades de locomoção, seqüelas do derrame que prejudicou os movimentos do seu lado esquerdo, o pernambucano Thales Ramalho saltou por cima da pedra rolada pelo destino e conservou invariável bom humor, o riso sacudido que entorta o canto da boca e avermelha o rosto sangüíneo, a generosidade nordestina da adega de vinhos envelhecidos e uísques importados, a mesa farta, sempre com um prato para os amigos providenciado por Helena, sua mulher e incomparável companheira.

Thales gostava de conversar sobre literatura, sobre política e sobre o que surgia nos improvisos das reuniões com os amigos. Estava sempre muito bem informado sobre livros e fofocas. Por esse tempo, sua casa era um prolongamento da oposição. O nível da conversa expulsava os intrometidos e cacetes de todos os partidos e impunha a seleção nacional dos confiáveis. Obedecia à norma disciplinar que garantia a ordem e a eficiência das reuniões. A conversa era livre e estimulada pelo uísque e aperitivos. Mas, nas horas tensas, a informalidade impunha a regra da sabedoria: debates a seco, no máximo água e café. Fechado o consenso, acertada a linha partidária, aprovado o esboço da nota a ser levada à aprovação dos órgãos dirigentes, Thales anunciava a senha para a conversa vadia: "Helena, pode mandar servir o uísque."

Nesse tempo, não ia a Brasília sem passar uma, duas vezes no apartamento de Thales. Era comum o desfile da cúpula da oposição e de raros enfeites governistas. Nunca o Golbery, freqüentador em horários especiais e ocasiões especialíssimas. Presenças obrigatórias ou freqüentes, os senadores Tancredo Neves, Amaral Peixoto, os deputados Ulysses Guimarães, Aluísio Alves, Murilo Badaró, Roberto Cardoso Alves, Fernando Lyra.

Assisti, com o compromisso do sigilo, à curiosa trama para abrandar os termos agressivos de uma nota do deputado Ulysses Guimarães, em mais uma resposta à declaração infeliz do presidente Ernesto Geisel. Por trás, o dedo do Petrônio Portela, limando arestas. Os cardeais da oposição combinaram chegar antes do doutor Ulysses para acertar a estratégia. E foi questão de minutos. Em cima da perna foi redigido outro texto em linguagem desabrida, de provocação intolerável, para ser proposto como substitutivo ao elegante, mas inconveniente desabafo do respeitado presidente do MDB.

Não deu outra. O doutor Ulysses foi recebido com a maior cordialidade e respeitosas restrições ao tom cerimonioso da sua nota, a ser divulgada no dia seguinte. Faltava um pouco mais de garra, de energia. O substitutivo foi lido pelo senador Tancredo Neves, com ênfase de descompostura.

Abismado, perplexo, o combativo doutor Ulysses vestiu a pele do apaziguador. Enérgico, direto, sim. Mas, não tanto ao mar alto quando faltava terra. Os exaltados recuaram e, em minutos, foi rascunhada a nota de composição. Mais frouxa do que a do presidente, que não deu pela trampa.

O deputado Ulysses Guimarães foi a grande e emblemática figura da campanha das Diretas-já, das lutas contra o arbítrio, o anticandidato perfeito da chapa completada por Barbosa Lima Sobrinho para a campanha de 1973 de popularização das teses oposicionistas.

Com a dose de ingenuidade que toldava a malícia de articulador político sofrível e de candidato ruim de voto. Não se pode ser perfeito em tudo.

Da Brasília dos tempos de transição, no bruxuleio da ditadura dissimulada, o apartamento de Thales Ramalho e de Helena é uma das lembranças que amenizam as saudades nos momentos de relembranças.

Seis anos de João

Um bom exemplo de que o que começa bem pode acabar mal se desanda no meio do caminho é o governo de seis anos (de 1979 a 1985) do presidente João Baptista de Oliveira Figueiredo.

Tudo foi planejado com larga antecedência e conduzido por mãos hábeis e competentes. Há evidências ou indicações claras de que a candidatura do João brotou antes de o presidente Ernesto Geisel tomar posse, na fase de montagem dos planos de governo nos gabinetes do antigo prédio do Ministério da Agricultura, no Rio.

A equipe convocada para preparar os projetos, seguindo as idéias e convicções sabidas e inabaláveis do general de cabeça feita e visão do poder de monarca, equilibrou-se no tripé que teria papel decisivo na conspiração palaciana que conduziu taticamente o projeto de candidato, com o respaldo indispensável do presidente, até o desfecho.

Reconheça-se que o general João Figueiredo fez a sua parte. Foi excelente candidato, perfeito para o esquema do momento. Militar tríplice coroado, ou seja, primeiro aluno da turma nos três estágios de sua formação, com prestígio nas forças armadas. A mais ampla experiência e intimidade com o poder, especialmente com os quatro governos anteriores da Redentora: em 1961, nos sete meses do governo de Jânio Quadros, serviu com o coronel Golbery do Couto e Silva no Conselho de Segurança Nacional; no governo de Jango Goulart, que abriu as portas ao arbítrio, foi instrutor da Escola de Comando de Estado-Maior do Exército (ECEME); no governo do presidente Castello Branco, como coronel, chefiou a agência do SNI, no Rio; em 1966, comandou a Polícia Militar, em São Paulo; de 1969 a 74, no governo Médici, promovido a general, foi chefe do Gabinete Militar da Presidência da República; e, no governo Geisel, ministro-chefe do SNI, com gabinete no Palácio, acesso direto ao presidente e assento na famosa reunião das nove, quando os assuntos de cada dia eram examinados e decididos com o presidente Ernesto Geisel, o general Golbery, chefe do Gabinete Civil, e o general Hugo Abreu, chefe do Gabinete Militar.

O João-candidato encaixa-se exatamente no modelo para fechar o processo de abertura "lenta, gradual e segura", projetada e conduzida, na alternância dos avanços e dos recuos, para atirar carne aos radicais da linha dura, nos cinco anos do mandarinato de Geisel. O general Golbery, do seu posto decisivo da chefia do Gabinete Civil, encomendou a farda tática do candidato militar para descartar as pretensões civis, como a do senador Petrônio Portela, e espichou o mandato para seis anos para completar os 20 anos de transição, prazo máximo aprioristicamente fixado pelo imaginoso bruxo para a duração da ditadura e seu grande erro: o governo do presidente João durou demais, parecia não acabar nunca.

Só uma vez conversei, a sós e por mais de uma hora, com o general João Figueiredo, no dia seguinte ao que recebeu o convite oficial do presidente Geisel para ser o candidato do compromisso com a abertura. O esquema palaciano mobilizou-se para divulgar o convite que liquidava com as especulações e intrigas e em apresentar o candidato em moldura simpática, desfazendo a imagem carrancuda, sombreada por óculos escuros, de lentes enormes, que tapavam metade do rosto, de poucas palavras e muitas explosões em linguagem desabrida.

A entrevista foi acertada, de véspera, pelo secretário de imprensa da Presidência da República, Humberto Barreto. À hora aprazada fui recebido, em seu gabinete, pelo general risonho, falante, comunicativo e de transparente franqueza nas respostas às perguntas mais indiscretas. Falou de sua vida, de sua permanente preocupação com o fim da intervenção militar no governo e da determinação de concluir a plena democratização do país. Narrou casos, episódios de família. E, pela primeira vez, o diálogo clássico com o presidente na solenidade da formalização do convite, recusado nos termos formulados: "Se é convite, presidente, não aceito." Geisel liquidou o assunto com a resposta do almanaque: "Não é convite, é uma ordem para o cumprimento de uma missão." Fecha-se o pano.

Ao me despedir do general-candidato, permiti-me um gracejo: "General, possivelmente não voltarei a vê-lo. Espero que não me mande prender durante seu governo." Acertei duplamente.

O atentado do Riocentro, em 30 de abril de 1981,* e a farsa do Inquérito Policial Militar (IPM), montado para não apurar nada e carimbar a versão insustentável, de fragilidade cômica, divide o governo Figueiredo ao meio, desgastando sua autoridade e manchando o conceito das forças armadas.

Lucra-se, com o desastre, a desmoralização do esquema de repressão, que estava desativado por falta do que fazer e tentava sobreviver enchendo o tempo ocioso com os atentados de direita, atribuídos à esquerda. Pelas linhas tortas, a abertura do juramento enfático do presidente e da coerência de suas estabanadas declarações, no estilo de cocheira do "prendo e arrebento", tornou-se irreversível. Cessaram as provocações do DOI-CODI, exposto à lapidação da sociedade.

Livre da censura, a reportagem política foi-se desvencilhando da sistemática oposição aos governos e atraída para o exercício da análise crítica do compromisso da abertura.

Para a imprensa, o presidente João Figueiredo foi um bom assunto e excelente personagem. Pitoresco e desabusado nas declarações, frasista tosco, que descambava para a grosseria do "prefiro o cheiro do cavalo ao do povo". Péssima fonte de informação. Não tinha o gosto da especulação política, envolvia os parlamentares e jornalistas da área no mesmo desdém do desinteresse e nas picuinhas do desprezo.

Nos seis anos de mandato, a face simpática do presidente que concedeu a anistia, proclamando que "lugar de brasileiro é no Brasil", contrasta com o martírio irritadiço do pós-Riocentro, de 1981 a 85, com a morte de Petrônio Portela, a saída do general Golbery da chefia do Gabinete Civil, inconformado com a opereta do IPM do coronel Job Lorena; do infarto e da operação nos Estados Unidos, para colocar várias pontes de safena no coração obstruído. A impopularidade e o ridículo de muitas extravagâncias retocou a imagem do João, que amargou obscuro fim de manda-

---

* No crescendo de atentados terroristas de direita, contra o processo de abertura iniciado no governo Geisel e continuado pelo seu sucessor, presidente João Figueiredo, o último do rodízio dos generais-presidente, na noite de 30 de abril de 1981, explodem duas bombas na parte externa do Riocentro, no Rio de Janeiro. Uma no interior do Puma particular de um capitão do Exército, Wilson Luís Chaves Machado, gravemente ferido e matando o sargento Guilherme Pereira Rosário, ambos ligados ao Doi-Codi. No Riocentro, realizava-se um show musical, em comemoração ao Dia do Trabalhador. A apuração prometida pelo governo com a instalação de inquérito policial-militar resultou numa farsa que desgastou o governo, provocando a demissão do general Golbery do Couto e Silva da chefia do Gabinete Civil da Presidência da República. O atentado do Riocentro divide e enfraquece a autoridade do último presidente do ciclo revolucionário.

to. Na última entrevista, pela televisão, pediu para ser esquecido. E foi atendido ao pé da letra.

A crônica política completou o ciclo no clima de liberdade de imprensa, descobriu novas fontes, e firmou os princípios definidos pela minha geração e que seriam testados nos anos seguintes de radicalismo ideológico.

A ÉTICA ENTRE A TEORIA
E A PRÁTICA

Nunca consegui encantar-me com a sedução dos debates teóricos sobre as normas éticas que devem definir os limites da conduta jornalística. Não me lembro de jamais ter participado de congresso, mesa-redonda, programa em televisão ou rádio sobre o tema que tão justamente fascina os profissionais que trabalham nas redações, exercendo funções de chefia, quando é comum a dúvida sobre matérias que roçam as fronteiras da incorreção moral.

Por defeito de temperamento ou a simples constatação objetiva de que, em meio século de atividade ininterrupta, o caminho sempre me pareceu traçado com a nitidez de reconhecimento instantâneo. Afinal, ética é um imperativo do caráter, que não se embaraça no cipó das dúvidas. Ou, em caso de hesitação, basta seguir a lógica, o bom senso, resistindo às tentações de buscar os atalhos da consciência.

Em geral, as especulações sobre os rigores éticos mergulham nas águas fundas e revoltas das relações do repórter com as fontes. A contradança do tema eterno ensaia os passos do exagero, da severidade ascética que não admite mais do que o cumprimento seco e à distância para não contaminar a isenção profissional com o toque de simpatia que amolece o texto duro e rígido de bolo solado.

Em algumas e cada vez mais raras redações, editores com as nicas da chefia costumam exagerar nos conselhos aos novatos e na cobrança aos veteranos, exercendo fiscalização implacável sobre as relações de amizade, que se estendem às famílias, na longa convivência que ultrapassa a frieza dos contatos profissionais.

O repórter político, pela peculiaridade do seu trabalho e a natureza das suas relações com as fontes, é dos mais expostos às cobranças éticas. No fundo, uma teia de equívocos que resulta do desconhecimento das exigências da especialidade.

Nenhum repórter é mais dependente das suas fontes do que o que cobre o mundo sem fronteira da atividade política. Mas a qualidade do repórter, a sua cotação profissional é conferida pela carteira pessoal de telefones de suas fontes.

Um pouco de hipocrisia mistifica a realidade e complica o que é simples. O jornalista político que sobe alguns degraus na escada da profissão e assina reportagens e crônicas ou galga à coluna própria, trabalha com 10% de informações colhidas na vala comum, as notícias despejadas por atacado pelos porta-vozes de governo ou de parlamentares e com as declarações óbvias da cota diária da rotina. Mas o que distingue o seu texto, além da capacidade de análise, de enxergar um palmo adiante, são as informações confidenciais, colhidas diretamente das fontes, como a fruta madura que se arranca do galho.

Ora, é evidente que a confidência pressupõe a relação de confiança de mão dupla. E que não se constrói de uma hora para outra, no piscar de olhos da simpatia. Demora semanas, meses, às vezes anos. Passa por testes, pela prova dos nove dos segredos guardados. E que pode ser de utilidade vital, evitando que o repórter embarque na canoa furada do jogo dos interesses cifrados.

Em todas as épocas, há fontes excelentes que são do domínio comum. Geralmente, em funções de direção e liderança que a obrigam a atender a todos nas informações de livre trânsito.

Mas o furo, a informação exclusiva, a pedra bruta que se colhe no fundo da mina é sempre resultante da relação de confiança que vai além dos secos contatos profissionais, nas entrevistas coletivas ou no dedo de prosa, em pé, nos corredores do Congresso.

Nos meus muitos anos de militância, cultivei amizades que se estenderam às famílias e conservo pela vida. Como todos os da minha geração.

E, sem o menor constrangimento, sempre dispensei às fontes o tratamento ditado pela confiança.

Para ficar em alguns exemplos. Nos duros anos do governo do presidente Médici, de notícia escassa, censura, Congresso marginalizado, distante do poder, abasteci-me com as informações possíveis da curriola do Palácio do Planalto nas conversas semanais com o ministro Delfim Neto. Às terças-feiras, tinha audiência com o ministro Delfim Neto, no seu gabinete do Ministério da Fazenda, no Rio.

De outro tipo, caixa de segredos franqueada a poucos repórteres da sua confiança, o deputado Thales Ramalho, do seu apartamento na Asa Norte de Brasília, foi o articulador silencioso de jogadas fundamentais da oposição, a linha secreta que costurava conversas e jogadas entre a cúpula do PMDB e os nichos de tempos de chumbo dos governos Costa e Silva, Médici, Geisel e Figueiredo. Nem sempre o que se ouvia, com o compromisso de sigilo, nas conversas no apartamento de Thales e Helena, podia ser divulgado. Às vezes era preciso esperar a hora ou riscar o mapa dos atalhos alternativos para passar o recado da notícia, que nem todos decifravam.

Thales mereceu a confiança irrestrita de quem nunca traiu confidência das principais lideranças que mexiam as pedras no tabuleiro do poder. Do deputado Ulysses Guimarães ao presidente Tancredo Neves, que não tomou posse, ao senador Petrônio Portela, ao general Golbery do Couto e Silva, a ministros, parlamentares de todo o leque de siglas.

Em estilo parecido, mas com suas marcas próprias, Antônio Carlos Magalhães sabia todos os segredos dos cochichos militares e paisanos nos quase 21 anos do regime de exceção. Quanto mais fechada a noite, mais denso o negrume do arbítrio, nos governos trancados com os cadeados do silêncio, sob a vigilância dos esquemas de segurança, ACM parecia deslizar pelas frestas, infiltrar-se pelas portas fardadas e furar todos os segredos.

No seu estilo, uma fonte inimitável. E com a sensibilidade para dosar as informações segundo a confiança nos repórteres. Há um ACM para cada período da ocupação militar do poder, dos espasmos de abertura às recaídas na violência, aos encolhimentos dos atos institucionais, os recessos punitivos do Congresso, as cassações de mandatos, as brutalidades da tortura e as tramóias do casuísmo.

Como os cronistas políticos, seguindo o exemplo de Carlos Castello Branco, defenderam o palmo da informação comentada até as ousadias das análises, colher assuntos, levantar temas para encher uma centena de linhas diárias era um esforço, que à distância parece um milagre. Meia dúzia de fontes, se tanto, pingavam gotas das conversas fechadíssimas das "reuniões das nove" do governo Geisel, ou do murado gabinete do presidente Médici.

ACM tinha conversa para todos os repórteres. Cada qual com acesso a um escaninho diferenciado.

Governador da Bahia, prefeito de Salvador, ministro, diretor de autarquia, em longo reinado que ainda não terminou, ACM foi considerado a melhor fonte em tempos de arbítrio e de abertura.

Até durante a crise que o levou a renunciar ao mandato de senador e a mergulhar nas águas baianas para o recomeço do teste das urnas e da popularidade da sua poderosa liderança.

Amizade entre repórteres e suas fontes, em todas as áreas e especialidades, nunca criou embaraços e constrangimentos a quem se dá o respeito. A ética é límpida, translúcida como cristal.

AS FONTES DE CADA UM

A cada período, como parece evidente, renovam-se as fontes de informação dos repórteres políticos, na reciclagem do poder. Entre as muitas divisões para a classificação das fontes pelos critérios da confiabilidade, da segurança das informações, do acesso ao centro decisório do poder, a primeira aparta o informante vocacional — que se aplica à especulação, que sabe tudo, está sempre atento e sobrevive às mudanças de governo e de situações —, daqueles que, pelas mutáveis circunstâncias da intimidade com os mandantes do momento, desfiam o rosário de confidências aos primeiros ouvidos dispostos a escutá-los.

O tempo e a experiência ensinam a conhecer a fonte em que se pode confiar de olhos fechados. Perdão, com um dos olhos cerrado e o outro entreaberto para a necessidade de testar cada informação. Sempre que possível. Nem sempre é.

Editor de política do *Jornal do Brasil*, recebi a informação, em primeiríssima mão, do pedido de demissão do general Golbery do Couto e Silva da chefia do Gabinete Civil do presidente João Figueiredo, na tarde de 6 de agosto de 1981. Com absoluta exclusividade. Acionei, com os subeditores Dácio Malta e Rogério Coelho Neto, a equipe política do *JB* para o trabalho de pesquisa, levantando a biografia do general, sua participação no processo de abertura durante o governo Geisel e os atritos com o governo, as frases de efeito, a fama de eminência parda. O receio de cair na esparrela do boato, que se desfaria como bolha de sabão, com o desmentido desmoralizante, levou-nos a abrir a guarda e pedir a ajuda da sucursal de Brasília para a confirmação. Claro, a notícia vazou pela malha da comunicação entre parlamentares e jornalistas.

100

Por ironia, a confirmação absolutamente idônea foi obtida através de um repórter da casa, o Paulo Vidal, ex-pracinha, autor de um livro sobre a campanha da FEB na Itália, amigo de muitos anos do presidente Figueiredo e que estava hospedado na Granja do Torto, como fazia com freqüência. Mas só descobrimos isso tarde, quando a notícia da demissão de Golbery incendiava Brasília.

Há fontes perenes, que jamais secam. Cada repórter tem sua caderneta de endereços dos seus cuidados especiais. Com os telefones secretos, que só os íntimos conhecem. E que são o tesouro de cada um.

Mas mesmo as fontes públicas, notórias, a que todos acorrem, controlam as informações pelo grau de confiança no repórter, que só se consolida com o tempo e os testes de cada dia.

Nem sempre a melhor fonte é a mais credenciada pela proximidade com o poder ou pela sua importância no quadro político. Conheci e conheço ministros, presidentes e líderes de partidos que jamais pingaram a gota de uma mísera notícia que merecesse duas linhas de registro. Uns, por excesso de prudência. Outros, pelo intrigante fenômeno da absoluta incapacidade de informar-se corretamente e de transmitir a versão exata de conversas, reuniões, debates a que estiveram presentes e dos quais participaram. Prefiro não dar exemplos de vivos e mortos. Em ambos os casos, pelas humanitárias e compreensíveis razões.

Desde o velho Congresso na antiga capital, venho colecionando fontes, no eterno rodízio político. Algumas, para a exclusiva serventia da entrevista, da declaração entre aspas, como o Carlos Lacerda. Uma frase sua valia manchete; jamais deu uma notícia com o mínimo de isenção.

O PSD foi um viveiro de informantes de primeira ordem. Da minha lista pessoal, cito de memória o senador Benedito Valadares, ele mesmo, sim senhores, sonso, manhoso, reticente, falando por meias palavras, mas que soltava inconfidências que indicavam o roteiro da apuração.

Informante correto, sério, o senador Amaral Peixoto discriminava os jornalistas, fornecendo a cada um o quinhão da sua confiança. Custei a matricular-me entre os distinguidos pela sua estima. Por muitos anos privei da sua amizade e a ele devo uma das mais lúcidas entrevistas, de página inteira do *Jornal do Brasil,* de análise do quadro político, corajosa e articulada, em tempos de ensaio de abertura, no governo do presidente Ernesto Geisel.

Nos domínios do PSD, o deputado Lopo Coelho foi um exemplo perfeito do informante da mais absoluta credibilidade, sempre em dia com o que acontecia na discreta cúpula da sua legenda, atento às manobras nos momentos de crise ou à articulação de fórmulas de acordo e com a vantagem da experiência jornalística, como repórter com anos de tarimba.

Amigo da intimidade do presidente Dutra, a quem foi leal por toda a vida, subchefe da Casa Civil da presidência do primeiro governo depois da derrubada do Estado Novo, com boas amizades na máquina burocrática, ao deputado Lopo Coelho devo o relato completo das reuniões secretas do Diretório Nacional do PSD. Com o requinte das anotações precisas, com o resumo dos discursos, dos debates e dos acertos das clássicas unanimidades do partido que nasceu do governo com a vocação do poder.

Nos últimos meses do mandato do governador Carlos Lacerda, encontrei-me, por acaso, com o deputado Lopo Coelho, quando chegava à Assembléia Legislativa da Guanabara, antes do início da sessão. A campanha sucessória estava na rua, com o candidato da UDN, Flexa Ribeiro, patinando em índices em queda de popularidade, enquanto disparavam os do principal adversário, Francisco Negrão de Lima.

À porta da chapelaria, no seu imaculado terno de panamá branco, camisa de seda amarela, chapéu e charuto entre os dedos, o conhecido bicheiro Arlindo Pimenta, dono de um dos mais disputados pontos na praça Mauá, esperava o deputado Lopo Coelho, de quem era cabo eleitoral eficiente e generoso. A presença do jornalista deixou-o embaraçado, a rodar o chapéu nas mãos, entalado. Até que desembuchou: tinha assunto urgente e confidencial a tratar com o deputado. Lopo Coelho deixou-o à vontade. Além de repórter, eu era um amigo que saberia ser discreto.

Ansioso por dizer ao que vinha, Arlindo Pimenta deu o recado: estava ali em nome dos chefões do bicho para informar ao deputado o resultado de reunião que entrara pela madrugada. Como o deputado não ignorava, os bicheiros ajudavam candidatos, abrindo a carteira para todos, dosando a generosidade pelas cotações na bolsa das pesquisas. Atividade à margem da lei, necessitava da boa vontade dos poderosos para a ordem dos negócios, dentro das regras sabidas.

Acontece — e Arlindo Pimenta baixou o tom da voz, relanceou em torno — que a turma do candidato do governador em apuros vinha aumentando as exigências que atingiram um nível insuportável. Não dava para continuar. E como os apanhadores da propina eram policiais do esquema da corrupção, o pessoal desconfiava que estava sendo achacado pelos que se apresentavam como emissários do governador. E disposto a entrar em greve, paralisando as apostas por tempo indeterminado.

Pensando depressa, Lopo Coelho respondeu em cima da bucha. Não acreditava que o governador da Guanabara estivesse envolvido naquela história. Tanto que se propunha a denunciar a trama suja ao candidato Flexa Ribeiro e ao governador.

Segundos intermináveis de silêncio de chumbo. Arlindo Pimenta não se satisfez com a solução e alegou o embaraço em voltar sem resposta conclusiva. Não ia dar certo retornar aos chefes do jogo com promessas e boas intenções. Com tão pouco, eles não recuariam da greve e do escândalo da denúncia dos seus motivos.

Depois, o deputado devia entender que eles dispunham de argumentos e evidências. Sábado era o dia de visita para o recolhimento das cotas para a caixinha. Se quisesse tirar a prova, poderia assistir à romaria no seu escritório, na praça Mauá.

Foi a vez de Lopo Coelho passar a mão pela careca e alisar os fios de cabelo negros acima da orelha. Rompi o silêncio e me ofereci como testemunha. Era mais fácil disfarçar a presença do repórter do que a do deputado, que não poderia ser flagrado e identificado naquele local e com a agravante das circunstâncias.

Lopo suspirou, aliviado; Arlindo Pimenta aceitou a proposta e eu engoli em seco a ansiedade do furo sensacional.

Acertamos tudo, em detalhe. Eu e o fotógrafo ficaríamos escondidos no segundo andar, uma espécie de saleta coberta pelo telhado sem forro, com acesso pelos fundos e fresta dissimulada que permitia a visão de todo o gabinete no térreo. Dava para ouvir toda a conversa. E fotografar à vontade.

Marcamos hora, local, trocamos telefones. Convoquei o Achilles Camacho, avisando-o para que se preparasse para as possíveis dificuldades com a iluminação escassa.

Três dias de expectativa, contando os minutos. Na véspera, à noite, o telefonema desmanchando o trato, dando o dito pelo não dito. E a explicação esclarecedora: haviam chegado a um acordo. De cavalheiros, naturalmente.

Na seara do PSD, o discreto deputado Joaquim Ramos era a fonte preciosa e exata, em quem se podia confiar de olhos vendados. Irmão dileto e inseparável de Nereu Ramos — governador de Santa Catarina, deputado, senador, presidente da Câmara e do Senado, vice-presidente da República e presidente, com a deposição de Café Filho, candidato à presidência renegado pelo PSD dutrista —, o esguio e elegante deputado Joaquim Ramos conhecia profundamente o seu partido e os dos outros e era analista malicioso das transas políticas.

Dos líderes da bancada do PSD na Câmara, antes da mudança da capital, o deputado Armando Falcão foi o melhor dos informantes nos cinco anos do mandato do presidente Juscelino Kubitschek. Ambicioso e competente no exercício das funções, a versatilidade do seu temperamento adaptava-se às circunstâncias de jovem e ardoroso deputado, ansioso por furar o anonimato e fazer-se conhecido. Amigo de Carlos Lacerda, autor do requerimento de convocação da Comissão Parlamentar de Inquérito para apurar os financiamentos do Banco do Brasil à *Última Hora,* de Samuel Wainer, atencioso com os jornalistas, com a audácia de dissidente no tolerante PSD para a militância oposicionista no governo de Getúlio Vargas, Armando Falcão credenciou-se para a liderança da bancada quando os tempos mudaram e, em 1956, JK assumiu a presidência.

Como líder, ocupou seu espaço e cultivou o hábito de freqüentes contatos com os jornalistas. Passávamos, todas as tardes, pelo seu gabinete, para o balanço do dia e a atualização com as novidades. Armando Falcão não negava fogo: sabia informar-se e passar o que podia sem fazer o jogo das versões.

O ministro da Justiça da Redentora, que no governo Geisel ficaria associado ao bordão do "nada a declarar", foi o oposto do deputado no cenário do Rio e na fase da redemocratização.

Modelos udenistas

É mais fácil ser informante na oposição, que tem todo o interesse em ocupar o maior espaço possível na imprensa e desancar o governo para marcar pontos nos índices de popularidade.

A UDN foi um viveiro de excelentes informantes, cada qual ao seu estilo e os condicionamentos estaduais, os quais, às vezes, tolhiam inconfidências para não prejudicar os interesses das suas bases, dependentes da boa vontade oficial.

Em escolha pessoal, como exemplos clássicos, fixo-me em dois nomes.

Deputado federal em várias legislaturas, governador do Rio Grande do Norte cassado pelo presidente Costa e Silva, líder popular de impressionante carisma em seu estado, colecionando vitórias e derrotas, ministro no governo do presidente José Sarney, Aluísio Alves foi dos mais completos e perfeitos informantes que conheci.

Em muitos anos de vivência, aprendi que não adianta forçar a mão. O bom informante precisa ter o dom que exige conjunto harmonioso de qualidades. O gosto nato, que vem do berço, de informar-se, de saber das coisas, de dedicar horas a apurar o boato, de conferir a versão confrontando depoimentos, circulando por todas as faixas do seu partido e bisbilhotando os partidos dos outros. Dando a todos a atenção de ouvir, mas sabendo hierarquizar os interlocutores.

Completa-se com o respeito a alguns preceitos. O informante não pode mentir e levar o repórter ao erro que o desqualifica perante os chefes e os colegas. Nas cambiantes do jogo sutil entre o político e o repórter, a confiabilidade faz a grande diferença. O jornalista que não sabe proteger as suas fontes, acaba por perdê-las. O relacionamento esfria para as trivialidade das conversas formais. A peneirada nas informações para separar o que merece ser registrado dos penduricalhos dos comentários e ilações distorcidas pela visão partidária não pode deturpar a limpidez da matéria e a transparência do relato dos fatos. O comentarista que assina artigos trabalha as informações para a montagem da sua análise, imparcial, objetiva e de sua responsabilidade pessoal.

Jornalista desde menino de calças curtas, Aluísio Alves fez a baldeação da imprensa do Rio Grande do Norte para a convivência como deputado com os jornalistas da capital e para sua militância na *Tribuna da Imprensa* apurando os ajustes da experiência e do seu agudo senso de observação. Tornou-se informante absolutamente seguro. Ou sabia tudo de tudo ou alguma coisa de tudo. Quando não passava a informação completa, indicava as pistas a serem seguidas.

Magro como retirante, sem o menor gosto ou refinamento pela comida, disponível a qualquer hora graças a prenda da natureza que o permite acordar lúcido, no meio da madrugada, ao primeiro toque do telefone, conversar e retomar o sono e o sonho tão logo pouse a cabeça no travesseiro, durante décadas, como deputado federal, governador, ministro, cassado, Aluísio Alves foi um dos meus modelos do perfeito informante. A ele devo dezenas de informações exclusivas e alguns furos, como o do golpe que não houve no governo do presidente José Sarney, quando, em nota conjunta que eu li e que não foi divulgada, os ministros militares ameaçaram a Assembléia Nacional Constituinte, que se reuniu em 1987 e 1988, de responsável por grave crise institucional se aprovasse o parlamentarismo e reduzisse o mandato de seis anos do presidente. A Constituinte renegou as suas convicções, remendou às pressas o texto constitucional, manteve o presidencialismo e o mandato de Sarney com as conseqüências sabidas: uma Constituição que frustrou o país, prometendo este mundo e o outro de privilégios e vantagens e para o presidente Sarney o martírio do mandato, que se prolongou além do milagre do cruzado e da derrota eleitoral vexaminosa do candidato do PMDB, deputado Ulysses Guimarães, na eleição presidencial de 1989.

O RONDÓ DOS "TRÊS GRANDES"

A sede do velho Partido Republicano (PR) funcionava em pequeno conjunto de salas, com o luxo de razoável auditório, equipado com cadeiras de assento escamoteável dispostas em fileiras como num teatro, em andar alto de edifício de escritório na avenida Antônio Carlos, mais ou menos em frente ao Fórum, no quarteirão espremido entre a avenida Erasmo Braga, no lado da garagem Menezes Cortes, e a avenida Nilo Peçanha.

Ponto centralíssimo do Rio ainda capital, nas últimas décadas dos anos dourados. A um pulo da Câmara dos Deputados: bastava atravessar a rua Primeiro de Março e caminhar alguns passos. A sede vivia às moscas. Ganhava um sopro de vida nas espaçadas reuniões do Diretório Nacional, quando a pauta prometia debates nos comedidos desacertos, em geral sobre temas estaduais. Mineiros, de preferência. Mas o PR também teve o seu dia de manchete nos jornais, provocando crise de amplitude nacional e influindo nos conchavos da sucessão de 1950.

Presidido até a eternidade pelo deputado Arthur Bernardes — ex-presidente da República, ex-governador de Minas e, na última etapa da vida, radical militante da sagrada causa do nacionalismo —, o PR parecia com o seu chefe e dono incontestável. Austero, de poucas palavras, chegado a apoiar o governo, hábil no malabarismo de fiel da balança como terceira força, para valorizar o apoio e os escassos votos da sua disciplinada bancada.

Na estréia da redemocratização, depois da derrubada do Estado Novo, os republicanos apoiaram a candidatura do brigadeiro Eduardo Gomes, carpiram com a UDN a derrota para o marechal Eurico Dutra, que doeu dobrado porque inesperada, e marcharam de corpo mole, sem muita gana, na secura da oposição.

Que não durou muito. A UDN elegeu seus governadores, todos necessitados de ajuda federal. O verdadeiro adversário do presidente Dutra — convertido à democracia, crente nos sortilégios do "livrinho" de 1946 — foi o velho caudilho a quem serviu como ministro da Guerra e condestável do Estado Novo. Getúlio Vargas auto-exilou-se em São Borja, curtindo o isolamento silencioso, purgando o abandono dos amigos dos bons tempos, chocando o retorno no saudosismo que desencadearia a primeira grande campanha popular da nossa história política. Com Getúlio longe, a frágil e confusa bancada do Partido Trabalhista Brasileiro convivia com suas turbulentas contradições e exercitava o oposicionismo discursivo que não chegava a incomodar o Catete. A grande voz oposicionista desse período foi do deputado Aliomar Baleeiro, da UDN baiana.

Da Bahia, o governador Otávio Mangabeira lançou a advertência sobre os riscos que ameaçavam "a plantinha tenra" da democracia restaurada, tecendo os fios da conversa para o acordo interpartidário, que juntou no saco das conveniências da travessia a UDN, o PSD e o PR.

O lance de xadrez, com as peças movimentadas por mão de mestre, revirou o jogo, isolando o PTB de Getúlio na oposição e garantindo sólida maioria parlamentar para o apoio do governo. De braços com o PR, a UDN saltou a linha divisória, mudando de lado e trocando sinais. Virou governo, sem fechar a questão, deixando a cancela aberta para permitir que os inconformados com o arranjo permanecessem nas desfalcadas trincheiras da oposição. Coisas da época, de todas as épocas.

O acordo funcionou satisfatoriamente, facilitando a vida mansa do governo Dutra, de comportada mediocridade e pavimentando a via de acesso dos governadores udenistas aos cofres da Viúva.

Até o meio do mandato não foi difícil remendar os rombos no tecido que começou a puir e esgarçar-se com a abertura das especulações sucessórias. Com a exagerada antecedência de sempre, que tanto irrita o dono do mandato que vai perdendo o prestígio e deslizando para a área sombreada do esquecimento.

Tempos cerimoniosos, em que se cumpriam as regras do protocolo e o ritual dos rapapés do fingimento. Analisado à distância de meio século, é curioso como o filme da sucessão de 1950 exibe erros inacreditáveis de avaliação de líderes de celebrada esperteza, figuras históricas com biografias registrando a malícia, a habilidade e finura na armação de esquemas, na montagem de alianças e, ao mesmo tempo, o reverso da bravura e vigor da atuação no campo limpo da oposição.

Na intimidade doméstica da chamada "copa e cozinha" do governo, o professor Pereira Lira, paraibano talentoso, birrento e intrigante, regeu o coro dos áulicos na derrubada da candidatura do vice-presidente Nereu Ramos, presidente do PSD, amplamente majoritário e indicação natural, lógica, de fácil trânsito em amplas faixas da UDN e do PR e com a prévia certeza do apoio de Getúlio.

Mas a banda do Palácio não queria Nereu, engrossando o veto de Pereira Lira, justificado por desavenças da disputa de comando na seção do PSD da Paraíba. Ninguém acreditava que Getúlio seria candidato nem que ameaçasse a solidez do acordo tripartidário, imbatível com o controle da máquina administrativa e a manipulação do voto largamente praticada nas fraudes dos coronéis dos grotões.

Para carimbar a vitória bastava manter o acordo, protegendo-o do perigo do racha que se insinuava com os ensaios de relançamento da candidatura do brigadeiro Eduardo Gomes, em manobra apadrinhada pelo presidente da UDN, deputado Prado Kelly — orador primoroso, de postura elegante, cultura jurídica e irrepreensível decência.

O PSD contorcia-se nas cólicas da luta interna. As bases rurais que davam o tom do partido, zonzas e sabidas, vigiavam as aparências com a matreirice da dissimulação, a manha de não se comprometer antes da hora, de só decidir depois de pesar e medir vantagens e inconvenientes, de prezar o governo acima de tudo, deixavam-se embalar pela lábia do senador Benedito Valadares, presidente e guru da seção mineira. Valadares sussurrava aos ouvidos de Dutra, agasalhado pelo grupo palaciano. Jogava com pau de dois bicos. Ao mesmo tempo que resistia, sem bater de frente, à candidatura de Nereu, rodava o porrete para armar a candidatura de Minas. A sua, claro, jamais publicamente admitida. Cunhou frase que provocou marola: "Minas não perde essa parada."

E em meio ao rebuliço, o PR marombava, à espera do nó a ser desatado com a candidatura de composição de Arthur Bernardes.

Pois em tal barafunda surgiu a solução de comovedora ingenuidade de delegar aos presidentes do PSD, da UDN e do PR a articulação da candidatura de consenso, da fórmula mágica para salvar o acordo interpartidário, espantando o receio da divisão que abrisse a brecha para as ambições do saudosismo getulista.

Durante meses de conversa jogada fora, os chamados "três grandes" ocuparam generosos espaços no noticiário político. Nada mais tinha importância. A sucessão como que estacou, empacada, à espera da decisão que os presidentes dos três partidos aliados anunciariam ao final dos encontros semanais, que rolavam sem sair do lugar. Estafados do esforço de mascarar o desperdício de tempo em parolagem que encruara na incontornável preliminar de definir as normas para a escolha do partido que deveria indicar o candidato, os encontros tentaram fugir do desconforto e driblar o ridículo, refugiando-se na clandestinidade. A imprensa não mais tinha conhecimento prévio das tertúlias dos sábios, acompanhadas ao longe pela então reduzida turma dos repórteres políticos e pelos fotógrafos que sempre se safavam com flagrantes estampados nas primeiras páginas dos matutinos do dia seguinte. A indigência do texto, temperada pelas declarações vagas, elucubrações sobre conceitos interpretadas como espertos despistes de segredos guardados no cofre dos destinos do país.

A novela parecia não ter fim. Mesmo sabendo-se que não levaria a nada e com a impaciência cobrando o desfecho. Represada, a sucessão procurou seus caminhos. A candidatura de Nereu Ramos, sabotada pelo grupo dutrista, tentava salvar-se conquistando adesões no PSD e esbarrando em resistências esperadas.

Na UDN, a candidatura do Brigadeiro transitava entre apoios sem o entusiasmo de 1946 e hesitações dos que anteviam o novo insucesso eleitoral.

Antes de acabar, o episódio original e nunca repetido da indicação oficial de comissão de três presidentes de partidos aliados para a escolha do candidato comum ainda renderia uma crise e alguns furos, típicos do aprendizado da geração de repórteres políticos que forjou o modelo até hoje em uso, resistindo ao desgaste de décadas, e o estilo de uma época que ficou na saudade.

Atrás do Cabide

De repente, sem aviso ou explicações, interromperam-se as reuniões dos "três grandes". Como não se esperava mais nada das conversas em círculo, não houve cobrança. Buraco no vazio.

Seguiu a roda da vida, com as cochichadas articulações estimuladas pelo grupo palaciano para a escolha do candidato do PSD que barrasse as pretensões do senador Nereu Ramos.

Encorpava, nos pampas, a romaria às fazendas de São Borja e de Itu, nas quais Getúlio cumpria os atos finais do isolamento tático.

O acaso guia os passos do repórter. O horário matinal de trabalho em redação dos vespertinos, começando às sete horas da manhã e encerrando, na corrida do fechamento, depois do meio-dia, obrigava o repórter político a selecionar fontes que, além das credenciais da confiabilidade das informações, cultivassem os saudáveis mas incomuns hábitos de acordar cedo. Raros despertavam com os galos e atendiam o telefone com bom humor.

Com o tempo, era possível enriquecer a caderneta de telefones de senadores e deputados madrugadores com descobertas inesperadas. Como o senador Benedito Valadares, cara de dorminhoco como disfarce de mineiro ansioso que dormia pouco e estava a postos para atender às primeiras chamadas na penumbra do amanhecer.

Acompanhava a rotina mansa do PR com o telefonema diário ao senador Durval Cruz, da seção de Sergipe, amigo e confidente do presidente Arthur Bernardes.

111

Lidos os matutinos, começava a ronda, à caça de informações novas ou do desdobramento dos episódios da véspera. Muitas vezes, redigia a seção política de *A Notícia,* com espaço cativo na segunda página e, dependendo da importância da matéria, com chamadas na primeira página, apenas com o que recolhia em horas a fio pendurado ao telefone. Freqüentávamos as sedes dos partidos para as coberturas das reuniões das cúpulas, as entrevistas, a conversa pessoal mais longa ou reservada, a apuração que exigia consulta aos documentos.

Pois, em manhã de sábado, o senador Durval Cruz atendeu, apressado, ao telefonema. Estava de saída para a reunião do Diretório Nacional do PR, convocada na última hora pelo presidente Arthur Bernardes, sem pauta definida. O senador não atribuía maior importância ao encontro, apesar do inusitado da convocação para a manhã de sábado, quando os mineiros costumavam viajar para os contatos com as suas bases municipais.

Para aproveitar a ida ao centro, Durval Cruz marcou encontro na sede do partido para a caminhada ao restaurante na Galeria Cruzeiro, alongando a conversa durante o almoço.

Chovia forte quando deixei a redação, na avenida Rio Branco, e, com guarda-chuva aberto, andei até a avenida Presidente Antônio Carlos. Estranhei a sala de espera vazia. A reunião continuava. Prestei atenção à voz enérgica e facilmente identificável do presidente Bernardes, aos apartes de apoio. E arregalei os bugalhos de espanto diante da importância do furo que estava ali, ao alcance das mãos. Único repórter presente, e por acaso. Com receio de ser descoberto na espionagem, escondi-me atrás do cabide de modelo antigo, alto e coberto de capas e guarda-chuvas pingando no canto da saleta. E dali acompanhei o final da reunião, anotando frases inteiras do discurso do presidente Arthur Bernardes comunicando ao partido a decisão de romper com o governo, abandonar os entendimentos com os presidentes do PSD e da UDN para a escolha do candidato comum, em protesto contra a indelicadeza do presidente Eurico Dutra, credenciando oficiosamente o senador Benedito Valadares para articular o candidato mineiro. Indignado com a desconsideração, o velho Bernardes solicitava o apoio do partido para a comunicação oficial ao governo do rompimento do acordo interpartidário.

Concluiu, entre aplausos, solicitando aos companheiros o mais rigoroso sigilo sobre a reunião e a deliberação aprovada. Não desejava revidar a grosseria do governo surpreendendo-o com a informação pela imprensa.

O arrastar de cadeiras recomendava a retirada. Disparei de volta à redação, comuniquei o furo a Silva Ramos e batuquei na máquina o texto de uma centena de linhas, com a velocidade possível. Silva Ramos arrancava as laudas pela metade para as correções, entrecortadas por exclamações de entusiasmo. Em meia hora, a reportagem seguia para a oficina para substituir a manchete de primeira página, em títulos garrafais.

Refiz o trajeto de retorno ao PR e encontrei o senador Durval Cruz comentando a crise com alguns retardatários. À minha chegada a conversa murchou e a roda dissolveu-se.

Caminhamos até o restaurante, almoçamos. Durval Cruz continha-se, preso ao compromisso do segredo, no desconforto do despistamento. Aqui e acolá, pressionado pelas provocações, confidenciava, pedindo reserva, a irritação com o comportamento pouco ético do presidente da República. Contive-me para não cair na gargalhada e desmascarar a comédia.

Lá pelas duas horas da tarde, os jornaleiros invadiram a Galeria Cruzeiro, anunciando, aos berros, a manchete de *A Notícia*. Comprei dois exemplares, entreguei um ao senador Durval Cruz e lambi a cria enquanto espionava, com o rabo do olho, a cara de espanto do senador. Estava ali, impresso, o relato fiel, indesmentível da reunião, com frases entre aspas, as reações do plenário, os apartes e aplausos.

O senador Durval Cruz encarou-me firme, desfez a seriedade com a máscara da malícia e bateu firme na testa:

— Foi você quem escreveu isto.

CARBONO CONTRA A LUZ

O acordo interpartidário sobreviveu alguns meses, nos espasmos da agonia, até exalar o último suspiro em tumultuada reunião do Diretório Nacional do PSD.

Como era previsível, a má-criação do Partido Republicano durou mais do que um suspiro, menos do que uma rosa. Rendeu o estrondo da repercussão no fim de semana, preenchendo os vazios das edições de domingo. Entrevistas, tentativas de amenizar a indignação do venerando ex-presidente da República com os clássicos panos quentes das interpretações e recuos nas ameaças de rompimento com o governo.

O balde de água gelada, que esfriou o gesto estouvado e tranqüilizou os arrependidos, foi atirado pelo convite do presidente Dutra ao deputado Arthur Bernardes para a conversa de sucintas explicações e sumário desmentido. Valadares agia por conta própria, na dupla qualidade de deputado e presidente da seção mineira do PSD. Temperamento irrequieto, aliviava os nervos dando tratos à imaginação e armando fórmulas que se desfaziam como fumaça.

O presidente reafirmou apoio e confiança no empenho patriótico dos presidentes dos partidos aliados de buscar a desejada solução conciliatória.

Arrancada do atoleiro, a geringonça arrastou-se aos sacolejos no terreno minado pelas articulações das diversas candidaturas atiradas à aventura da ambição.

Safou-se a UDN da lengalenga paralisante com curta e dura declaração do governador Otávio Mangabeira. Três lances decisivos, na cadência da frustração. O autor do acordo que cimentou a base parlamentar do governo Dutra acalentou o sonho legítimo de sair das tertúlias como o candidato natural, apadrinhado pela simpatia de Dutra, que o paparicava com os agrados de sonso, além de suas âncoras no PSD, de excelentes relações com o PR, com raízes históricas como ministro das Relações Exteriores do governo de Washington Luiz. E com a virtual unanimidade da UDN.

Inquieto e desconfiado com a demora e indefinição de Dutra, Mangabeira veio ao Rio especialmente para cobrar a palavra final do presidente. E, em conversa a dois, mas com versão única, ouviu de Dutra, na dicção picotada que emendava as sílabas acrescentando xis às vogais, a sentença de morte às suas pretensões:

— O candidato deve ser do PSD, que é o partido majoritário.

Do Catete ao seu apartamento cativo no Hotel Glória foi o tempo de ruminar o troco, dado na bucha, em frase redonda, com a força da síntese e o tom de palavra final:

— O candidato da UDN só pode ser o brigadeiro Eduardo Gomes ou quem por ele for indicado.

Cabia ao PSD a vez de sepultar o morto que ninguém pranteou. Para o velório solene e festivo, foi convocada a reunião extraordinária do Diretório Nacional, na ampla sede, que ocupava o 7º andar do edifício Piauí, na avenida Almirante Barroso, esquina com a avenida Graça Aranha.

Reunião do PSD era sempre um acontecimento político. Por todos os motivos. Não apenas por ser o maior partido da época, com a maioria de governadores, mas porque só raramente, e em ocasiões especiais, reunia o seu elenco para os calculados riscos de debates e votações. Cercadas de todas as cautelas, as reuniões do PSD eram secretas e precedidas de entendimentos que consagrassem a fórmula de consenso, fixada no esboço de nota oficial.

Apesar de sabida de véspera, a decisão do PSD forneceu assunto para as colunas políticas durante semanas, enfeitou o noticiário com o registro dos discursos na Câmara e mais raros e ralos pronunciamentos no Senado e as entrevistas que entoavam o coro da unanimidade.

Sede à cunha, com gente sobrando para as salas da secretaria e os corredores. Comparecimento excepcional, garantindo *quorum* recordista. Toda a turma da reportagem política mobilizada para registrar o que estava acertado há vários dias, sem nenhuma previsão de novidade. A crise pipocaria mais tarde, na hora de escolher o candidato.

A insaciável curiosidade pela política, depois de anos de trevas, exigia a descrição de tudo, do cenário aos discursos e debates, com o máximo de detalhes. Secreta ou aberta ao público, reunião de partido nunca teve segredo para o jornalista do ramo. Cada qual tinha as suas fontes, que reconstituíam os debates, às vezes pingando gotas do molho do seu interesse.

Hoje, quando outras são as modas, é difícil entender a apaixonante curiosidade dos leitores pela rotina da atividade política. Valorizando o detalhe, o furo. A emoção envolvia os repórteres na briga, que se renovava todos os dias, pela informação exclusiva, completa, minuciosa.

Na reunião do rompimento do PSD com o acordo interpartidário, mais do que a decisão, importava conhecer os termos da nota oficial para especular em cima do texto, decifrando intenções, analisando dubiedades.

Mas o presidente Nereu Ramos fechou-se em copas. Não se podia divulgar a nota antes de ela ser entregue aos destinatários, os presidentes da UDN e do PR, além de levada ao conhecimento do presidente Dutra.

Nada a fazer. Conformados com a explicação de lógica indiscutível, cada um foi dar seu recado, baseado nas informações das fontes disponíveis.

No dia seguinte, só a *Tribuna da Imprensa* publicou a íntegra da nota oficial do PSD, em matéria assinada por João Duarte Filho ocupando toda a primeira página. Um furo de tontear. E envolto pela cortina do mais impenetrável mistério. Não se sabia como o João Duarte, que entrara e saíra da reunião à vista de todos, arrumara a cópia da nota, com todas as vias trancadas na gaveta de Nereu Ramos.

Anos mais tarde, ouvi do autor a singela história da façanha. João Duarte Filho acompanhou, com olho comprido, a secretária do PSD datilografar a nota com várias cópias tiradas com carbono. E percebeu que ela jogou os carbonos usados na cesta de papel. Espreitou a oportunidade para examinar os carbonos atirados no lixo. Carbonos novos, usados uma única vez. Acondicionados na pasta e levados no colo, com cuidados de babá, até a redação.

Depois, foi só encostá-los na vidraça, contra a luz, e copiar.

A UDN NÃO SOUBE MORRER

A União Democrática Nacional, mais conhecida como UDN, foi o grande partido liberal, centrista, ético, tipicamente de classe média, dos bacharéis e dos lenços brancos, formada pelas forças de resistência à ditadura do Estado Novo, que viveu sua fase dourada no período que se inicia em 1945 e fecha com o golpe militar em 1964.

Como muita gente nessa vida — artistas que não param na hora certa, ainda no apogeu ou aos primeiros sinais de decadência, e teimam em prolongar a carreira quando as rugas marcam o passar dos anos no rosto devastado; craques que brilharam na sua época e mancham a imagem com os penosos testemunhos da desobediência às limitações da idade —, a UDN não soube envelhecer e morreu assassinada no dia 27 de outubro de 1965, pelo AI-2, no governo inaugural dos quase 21 anos de arbítrio, pelas mãos do presidente Castello Branco, udenista confesso. Enterro de indigente, sem velório, choro ou discurso.

A coitada, decrépita e desmoralizada pelos desatinos dos últimos anos de existência desregrada teve o seu fim acertado em complô da família que não mais a suportava. Castello Branco, o presidente udenista, concordou com a solução proposta pelo ministro udenista da Justiça, Juracy Magalhães, de extinguir os partidos para evitar a vitória previsível do Partido Trabalhista Brasileiro, o PTB getulista, na eleição para renovar o Congresso, em 1966. Projeções de analistas políticos, muitos anos depois, refizeram os cálculos e desmentiram o prognóstico, usado como pretexto para acabar com as legendas geradas a partir de 1945, com raízes mergulhadas nas rixas estaduais, com ramificações municipais, muitas com o peso de tradições venerandas da República Velha e que sobreviveram ao jejum político da ditadura de Vargas.

Solteirona atrevida, se depois de morta não foi rainha, deixou herdeira, a desfrutável Arena, justamente definida como "a filha da UDN que caiu na zona". Gerada no ambiente prostituído pelas arbitrariedades e violências da revolução que se perdeu no começo do caminho e não mais se encontrou.

A má lembrança que ficou do torto percurso nos becos da perdição apagou a memória da UDN que plasmou o modelo de oposição parlamentar aos governos de Dutra, sustentada pelo deputado Aliomar Baleeiro e alguns resistentes, apesar da contradição do acordo interpartidário com o PSD e o PR; emendando no de Getúlio Vargas, na volta da desforra pelo voto, e de Juscelino Kubitschek. Daí por diante, com a única vitória em eleição presidencial com a candidatura de empréstimo de Jânio Quadros, em 3 de outubro de 1960 — e que durou menos de sete meses, de 31 de janeiro a 25 de agosto de 1961, com a interrupção da renúncia —, a UDN desfigurou-se e foi virando a sua caricatura.

De 1946 até a mudança da capital para Brasília, em 21 de abril de 1960, a UDN foi o único partido em toda a nossa história política que cultivou o hábito de se reunir semanalmente.

Não era preciso aviso nem convocação. Às 10 horas das quartas-feiras, o Diretório Nacional da UDN realizava a rotineira sessão ordinária, na sua sede, na rua México. Instalações modestas e sóbrias, decentes. Auditório com cadeiras fixas para os assistentes. O espaço nobre do andar ocupado pelo partido, com a secretária, salas para os dirigentes, serviços auxiliares.

Reuniões semanais e abertas à imprensa e ao público. O comparecimento variava com a temperatura da agenda. Dos extremos das sessões rumorosas, quando o partido estalava nos confrontos oratórios dos seus bacharéis, aos dias de escasso interesse, jamais faltou *quorum*. E discurso.

A cobertura das reuniões udenistas incluía-se entre as obrigações dos repórteres políticos. Assíduos ou eventuais, todos os jornalistas da minha geração freqüentaram a UDN. Como quem vai ao cinema ou ao teatro, deliciar-se com o espetáculo e catar informações para encher o noticiário.

Numa delas, assisti ao deputado Carlos Lacerda ser surpreendido, em debate em que saiu em desvantagem, com um então desconhecido provinciano, Osvaldo Pierrucetti, secretário do presidente da seção mineira do partido, Magalhães Pinto.

A célebre metralhadora de Lacerda, num dos giros temperamentais, alvejou o chefe udenista, Magalhães Pinto, acusado de desvios da linha política.

Magalhães Pinto designou o auxiliar de confiança, provado na dedicação, para defendê-lo. Aberta a sessão, Carlos Lacerda entrou rijo no ataque devastador. A eloqüência torrencial soterrou o futuro governador com a avalanche de denúncias de desobediência partidária, o desfile de fatos, o jorro de argumentos, que soavam como irrespondíveis.

Da sua cadeira na mesa, Osvaldo Pierrucetti ouviu impassível, sem uma contração na máscara do mineiro que se resguarda no silêncio. E o advogado afamado em Araguari, no Triângulo, produziu um dos discursos mais impressionantes que jamais ouvi. Valorizado pela surpresa. Um fantástico expositor. Fluente, elegante, correto, desmontou uma a uma todas as denúncias de Lacerda. Com dados precisos de fontes respeitáveis. Falou durante mais de uma hora, sem pausa. Duro, enérgico e educado. Carlos encaixou dois ou três apartes e depois calou-se. E, ao final, com o auditório aplaudindo, levantou-se e cumprimentou o orador.

Claro, nem todas as quartas-feiras tinham o seu *show* de oratória. Sessões sonolentas, de discurseira soporífera, esvaziavam a platéia. Permaneciam, bocejando, os que não podiam dar o fora.

Numa dessas manhãs encaloradas, a sessão prolongava-se pelo começo da tarde. Na tribuna, orador torrencial, em voz monocórdica de falsete, enrolava-se em intriga municipal, contada em seus mínimos detalhes. A lengalenga parecia não ter fim.

Na presidência, o deputado Otávio Mangabeira dissimulava a impaciência apelando para as reservas da cortesia baiana. À sua direita, o deputado Aluísio Alves, secretário do partido, indagou, curioso:

— Doutor Mangabeira, quem é o ilustre orador?

A resposta é um primor de ironia e melhor retrato da velha UDN:

— Não sei. Acho que é um transeunte...

O ENSAIO PARTIDÁRIO DE 1946

O formato do quadro partidário, consolidado pela Constituição de 1946, na verdade começou a ser desenhado com a legislação eleitoral, feita às pressas, para passar a limpo a redemocratização com o banho do voto.

Na linha divisória que demarca o confronto clássico entre governo e oposição não havia o que inovar. Os avanços que cunharam a estimulante experiência ocuparam duas décadas de intensa atividade política. Costuma-se dizer que não acontece nada na pasmaceira política. Basta puxar pela memória para compor a listagem incompleta dos fatos principais que marcam a década da eloqüência parlamentar e da atividade de partidos com raízes municipais: a dramaticidade do suicídio de Getúlio, a tensão revolucionária do antigolpe de 1955 para garantir a posse de Juscelino Kubitschek, o pasmo e a frustração nacionais com a renúncia, aos sete meses de mandato, do aloprado Jânio Quadros, a resistência militar à posse do vice-presidente João Goulart, o ato final da deposição de Jango e a fase seguinte, do corte democrático com as trevas dos quase 21 anos do golpe que renegou seus compromissos democráticos.

Vivemos o terceiro tempo, que remonta à mobilização popular pelas eleições diretas e começa com a nota da tragédia da morte de Tancredo Neves. Segue com os cinco anos de José Sarney, a Constituinte dos avanços e equívocos de 1986, a salada de erros da Constituição de 1988, a eleição de Collor de Mello, em 1989, na estréia da maioria absoluta; a crispação do processo de *impeachment* do presidente eleito numa explosão de esperanças; o jorro das denúncias de escândalos da quadrilha do PC Farias, um governo paralelo, comandado da Casa da Dinda; o êxito eleitoral do plano de estabilidade econômica emplacado pelo governo do presidente

Itamar Franco e que elegeu o sucessor, o ministro da Fazenda do real, presidente Fernando Henrique Cardoso. Reeleito em 1998, no primeiro turno, por maioria absoluta. Um lance de ousadia, embrulhado em grave erro tático e que se consumou com a quebra da centenária tradição republicana contrária à reeleição. Com o requinte da picardia de permanecer no exercício do cargo durante a campanha e a eleição.

A ponta do fio deve começar a ser desenrolada no esforço para entender o ensaio partidário de 1946. Nem antes, nem depois, conhecemos partidos com os defeitos e as qualidades das siglas que se exibiram no palco parlamentar do Rio, nos seus últimos anos como capital, um período que, revisto pelo saudosismo, brilha com o fascínio de tempos que não voltam mais, que nunca se repetirão.

O contraditório ajustou-se às imposições e peculiaridades da transição, com as peças movendo-se no tabuleiro da derrubada do Estado Novo pelo golpe militar, urdido com a intensa participação das forças de resistência organizadas à sombra da UDN recém-fundada e da candidatura do brigadeiro Eduardo Gomes, que ocupou o canto da oposição.

A UDN foi um típico partido de classe média, com a direção empalmada pelas lideranças estaduais antigetulistas. Inútil cobrar coerência nas inevitáveis contradições da improvisada montagem de um partido contra Getúlio. A misturar a carga de ódios, ressentimentos dos punidos pelo golpe ditatorial que fechou o Congresso, impôs a Carta de 1937 por decreto do ditador, dissolveu os partidos e censurou a imprensa. Dos que purgaram o ostracismo nas rancorosas desforras municipais, a demissão sumária de empregos estáveis, as prisões nas fases de turbulência.

Pois a UDN era tudo isso e um pouco mais. A legenda dos lenços brancos exerceu atração poderosa sobre a juventude acadêmica, que desafiou a vigilância policial e encheu as ruas nos comícios das muitas campanhas que agitaram o país.

A ela se deve, em boa parte, o interesse popular que garantia a lotação das modestas galerias do Palácio Tiradentes e, em dias de gala, do Monroe. A oposição que provocava a bancada da maioria governista para os debates de todos os dias úteis da semana, que começava na segunda-feira e terminava sexta-feira. A semana brasiliense de três dias é uma das muitas novidades planaltinas, com a sua contribuição significativa para a impopularidade do Congresso.

Antes de cair, no entreato cômico da desastrada nomeação do mano Bejo Vargas para a chefia de Polícia, quando já se escorava pelas tabelas, Getúlio completou o golpe de mestre de criar dois partidos para abrigar os desalojados do Estado Novo. A história é conhecida. O Partido Social Democrático (PSD), de legendária manha, bom senso, habilidade e competência no manejo do jogo do poder, instalou-se herdando a estrutura burocrática, agarrada como ostra à máquina que aprendera a pilotar em anos de sossegada ocupação. A solidez da base rural assegurava o controle das ferramentas do poder em todos os níveis.

O PSD foi um grande, notável partido. Resistiu à implacável demolição da bancada udenista. E sobreviveu sempre, na crista da onda. Não chegou a amargar o vexame da decadência: o AI-2, de 27 de outubro de 1965, executou o partido com o tiro de misericórdia na véspera do infortúnio eleitoral previsível nas urnas de 1966.

Durante os anos de fastígio, o PSD purgou a desdenhosa qualificação como o partido reacionário, do conservadorismo empedernido, governista por vocação e mesquinhos interesses. Exageros da exaltação da época. O PSD não era nem mais nem menos conservador que a UDN. Ambos rachavam os espaços do centro, com o PSD saboreando o pedaço mais saboroso, da carne e da gordura do governo.

O contraditório partidário estava claramente demarcado pelo confronto entre governo e oposição, com os dois lados ocupados pelas duas maiores legendas conservadoras — o PSD governista e a UDN da oposição —, com programas semelhantes, convicções idênticas e diferenciados pelas virulentas querelas municipais, cultivadas no ódio que separava famílias marcadas pela tragédia de assassinato e, no plano nacional, pelos posicionamentos durante o Estado Novo. A UDN remoía o rancor ao ditador Vargas, que a empurrara para os cantos do ostracismo durante 15 anos do "curto período" da qualificação do ditador. Contra a ditadura, a UDN empunhava a bandeira da liberdade e da democracia. Esses são os temas da sua pregação na tribuna parlamentar e nos comícios das campanhas na fase mais brilhante, da fundação à eleição de Jânio Quadros.

Leva a assinatura da avaliação pelos critérios marxistas, a definição de Luiz Carlos Prestes, secretário-geral do Partido Comunista Brasileiro, de que as candidaturas de Dutra e do Brigadeiro eram absolutamente iguais, representantes das forças reacionárias e submissas ao capitalismo internacional, liderado pelos Estados Unidos.

Como tantas outras declarações desastradas de Prestes, a mistura no mesmo desapreço do candidato que acenava com o lenço branco da liberdade, da restauração democrática e o condestável do Estado Novo, o ministro da Guerra da ditadura levantou a UDN na indignação da repulsa à heresia da provocação.

Prestes dispunha de pouco espaço na imprensa. Usava mal a tribuna, com o discurso monocórdico, de irrespirável ortodoxia, montado em cima de *slogans* repetidos à exaustão. Não sabia explicar-se e pouco adiantava remoer suas razões, que ricocheteavam na imprensa conservadora, fechada nas suas posições.

Na serenidade da distância, com as arestas polidas pela lima do tempo, a classificação de Prestes fixa o ponto de partida para a análise dos partidos e do jogo parlamentar, sobrevive ao naufrágio da utopia comunista e à lista das muitas tolices que espalhou da tribuna e nas entrevistas de um notório desastrado, a merecer o respeito pela coerência de uma longa vida e pela epopéia da marcha da Coluna que leva o seu nome. A UDN não era igual ao PSD. Pelo menos, aos olhos dos repórteres que freqüentaram o Congresso e acompanharam os grandes duelos oratórios. A postura, os discursos da UDN eram diferentes, afinados pelas teses da consolidação do regime democrático e da solidez das instituições. Em tempos em que as preocupações sociais não eram prioritárias e raramente chegavam à tribuna, em discursos de reduzido interesse. A classe média vivia a paixão política, intensa e fugaz.

A UDN e o PSD cultivaram seus aliados de estimação. A mineirice do Partido Republicano, a mais forte base estadual da legenda presidida pelo mineiro Arthur Bernardes, e a identificação na luta anti-Vargas justificam a aliança com a UDN, com as oscilações pendulares de realinhamentos posteriores.

No mesmo grupo, em convivência mais firme e duradoura, formava o Partido Libertador, o PL do respeitável e santo Raul Pila, o incansável pregador do parlamentarismo. O gaúcho Raul Pila, sem nenhuma das características do estereótipo do caudilho dos pampas, foi uma figura singular, cercada pelo respeito da Câmara. O seu partido vazava do Rio Grande do Sul para outros estados, abrigando dissidências da UDN, como na Bahia.

O deputado Raul Pila foi um parlamentar dedicado, com intensa atuação nas comissões e freqüente na tribuna parlamentar. Alto, magro, um pouco vergado como quem olhava o chão, cabeleira branca e rala, a fisionomia com o sorriso fixo do surdo, escravo do aparelho auditivo com o fio enroscado na orelha, circulava pelo plenário com o passo lento, parava, atencioso, para atender aos repórteres que o estimavam. Presente e distante, como se pairasse sobre o plenário, os corredores. Invariavelmente, em todo início de sessão legislativa apresentava a emenda constitucional instituindo o sistema parlamentarista. No lento giro das comissões rendia os debates repetidos até chegar ao plenário, para a temporada oratória que fechava com a derrota. Por diferenças que encolhiam à medida que inflava o desencanto com o presidencialismo.

Injusta peça do destino. O parlamentarismo foi conquistando o Congresso, recebendo adesões significativas, como a do senador Afonso Arinos, presidencialista histórico, com o peso da tradição da família ilustre. Dobrou o cabo da maioria sem chegar ao *quorum* constitucional. E acabou sendo aproveitado, a contragosto de Raul Pila, alinhavado como remendo à fórmula duramente negociada com a resistência do esquema militar à posse do vice-presidente João Goulart, como a saída de emergência para a crise da renúncia de Jânio Quadros, que ameaçou o país com o horror da guerra civil. Nunca estivemos tão perto de um confronto com as forças armadas divididas.

Remédio aviado às pressas, o parlamentarismo, paixão e mania de uma vida, foi entregue às mãos inconfiáveis de seus desafetos. Durou pouco, derrubado pelo golpe de mão do plebiscito antecipado, que alçou Jango à presidência da virtual ditadura do presidencialismo, que seria a sua perdição.

A UDN, o PR, o PL formavam o bloco da oposição parlamentar, minoritário no Senado e na Câmara, colecionando derrotas para a bancada compacta do PSD e seus aderentes.

Maioria ganha no voto; a oposição faz discursos, resiste, obstrui e costuma ganhar o debate. A tribuna parece tratar melhor o orador oposicionista, que a ocupa para fustigar o governo com o vigor das denúncias, a aspereza das críticas, a astúcia das insinuações.

A grande fase da eloqüência parlamentar desse período, dos debates que lotavam o Palácio Tiradentes, rendia manchetes nos jornais e se desdobrava em dias de repercussão, girava, fundamentalmente, no contraditório entre governo e oposição, ambos assumidamente conservadores.

Novo modelo ideológico

O fermento ideológico foi introduzido pela pequena, aguerrida bancada comunista de breve e bulhenta existência. Extinto o Partido Comunista do Brasil, em decisão arrancada do Congresso pelo governo de Dutra com impaciente respaldo militar, e cassados os mandatos dos parlamentares da legenda banida da legalidade para a sobrevivência nos porões da militância clandestina, poucos e esparsos deputados de outros partidos ousavam o enfoque socialista nos debates engessados pelo confronto clássico.

Pouco a pouco, o Partido Trabalhista Brasileiro foi superando os vícios de origem, limpando as manchas do peleguismo e, por entre tropeços e ásperas rixas internas, buscando a afirmação como a legenda que fugia do formato conservador e buscava renovar-se inspirando-se nas suas origens. À seção do Rio Grande do Sul, e especialmente à projeção internacional do senador Alberto Pasqualini, deve o PTB a mudança da sua imagem. Era clara e nítida a linha divisória que separava o partido. Além de Alberto Pasqualini, a bancada gaúcha revelou nomes que se destacaram, como o caudaloso Rui Ramos, orador à antiga, de vasta cabeleira, figura imponente na tribuna, de mímica teatral, voz poderosa e modulada com o acento dos pampas e as imagens da literatura popular gauchesca. Capaz de falar durante horas seguidas, varando as madrugadas, para multidões de admiradores ardentes dos comícios do partido.

José Diogo Brochado da Rocha, general reformado, nervoso, agitado, fumante inveterado, proibido pelos médicos de tragar a fumaça adaptou o vício à extravagância de cheirar o cigarro aceso, que balançava na frente do nariz. Foi líder da bancada, no governo constitucional Vargas. Rompeu com Jango e Brizola na campanha de 1954, filiando-se ao PSP, disputando na legenda ademarista o governo do Rio Grande do Sul, sendo derrotado por Ildo Meneghetti, do PSD.

Cara de menino, jeito de escoteiro, Fernando Ferrari é outro típico exemplo da turbulenta acomodação do PTB. Chegou a líder da bancada, assíduo na tribuna, que ocupava sem brilho mas com insistente exuberância. Rompeu com o PTB, fundou o movimento das Mãos Limpas para lançar-se candidato avulso à vice-presidência, em 1960, com a clara intenção de desviar votos trabalhistas de Jango.

O PTB começou anêmico, não era levado a sério como aliado a contragosto do PSD, no governo Dutra, cresceu de importância e aumentou a bancada com a eleição de Getúlio, em 1950, assumindo a vanguarda da defesa do governo. Na crise de 1954, que incendeia com a Comissão Parlamentar de Inquérito para apurar o financiamento favorecido para a instalação de *Última Hora,* o vespertino de Samuel Wainer, a bancada do PTB passou pelo teste de fogo de defender o governo, acuado pela maioria parlamentar com a massacrante cobertura da imprensa, que cerrou fileiras contra o concorrente que balançava as normas estabelecidas no interesse dos proprietários.

A heterogênea bancada trabalhista na Câmara dispunha de poucos oradores de qualidade, mas contava com um grupo de briga para os muitos incidentes que tumultuaram o plenário em fase de crescente excitação. Percebia-se que o governo começava a desabar, como se o cupim corroesse as suas instáveis estruturas.

Na CPI, Carlos Lacerda, diretor da *Tribuna da Imprensa,* esticou seu depoimento por horas de tolerância do presidente, deputado Castilho Cabral, e concordância do relator, o honrado e obstinado deputado Frota Aguiar.

A escolha de Anésio Frota Aguiar, deputado pelo PTB fluminense, ex-delegado que deixou fama de íntegro e implacável caçador de bandidos, com atuação destacada no desbaratamento da organização internacional que explorava o lenocínio, foi uma manobra tática do líder da bancada, deputado Brochado da Rocha, que virou pelo avesso.

Brochado da Rocha imaginou engasgar a oposição com a indicação de nome acima de suspeita, com fama de policial competente, com todas as aptidões para levar a apuração das denúncias ao fim da linha. Mas o líder jogava limpo, de boa-fé, certo de que o presidente Getúlio Vargas, de inatacável honradez pessoal, apresentaria provas e explicações definitivas para as transações entre a *Última Hora* e o Banco do Brasil, patrocinadas pelo seu presidente, Ricardo Jafet.

O chamado escândalo da *Última Hora,* que comparado aos de hoje parece traquinagem juvenil de rapaz que cata níqueis na carteira do pai, ampliado pela poderosa oratória de Carlos Lacerda e com repique parlamentar pelos oradores da Banda de Música da UDN, ganhou repercussão nacional e o apoio da classe média.

Frota Aguiar viveu seu drama de consciência. Trabalhista, getulista com carreira parlamentar de fidelidade à legenda, balançou na corda que bambeava da enxurrada de provas documentadas do favoritismo político ao jornal lançado para apoiar o governo e os seus deveres éticos de relator. Produziu relatório conciso, arrasador. Não pôde continuar no partido.

Da CPI para o atentado da Toneleros foi um pulo na mesma disparada. O assassinato do major da Aeronáutica, Rubens Vaz, e a bala no pé de Carlos Lacerda provocaram a instalação da República do Galeão e as revelações do arquivo do tenente Gregório Fortunato, chefe da guarda pessoal de Vargas.

A luta depurou o PTB, criou o partido que cresceu na defesa do seu patrono e inspirador, passou por maus momentos, fez oposição ao governo do presidente Café Filho e voltou ao poder com Jango Goulart, eleito vice-presidente na chapa de Juscelino Kubitschek.

Em tempos tormentosos, o PTB teve vida agitada. No quatriênio de JK, fartou-se à tripa forra com seu quinhão na partilha que Jango garantiu para os seus cupinchas: o Ministério do Trabalho e Previdência Social com os penduricalhos de todos os institutos e autarquias a ele subordinados. E foi uma farra, um descalabro de nomeações, de nepotismo, de roubalheira e de calamitosa incompetência e improbidade administrativa. Só para dar um exemplo que conheço bem: o Serviço de Alimentação da Previdência Social (SAPS) foi criado no Estado Novo, no formato demagógico de fornecer alimentação barata aos trabalhadores, além de outros serviços sociais complementares, como propaganda educativa sobre bons hábitos alimentares e o setor de pesquisa alimentar.

Como de praxe, começou pequeno, modesto, sem muitas pretensões. Mas o sucesso do restaurante popular, servindo, na bandeja, almoço e jantar a preços ínfimos, naturalmente subsidiados, a milhares de freqüentadores, estimulou o crescimento do SAPS, com a construção de novas instalações, nos moldes do órgão central, na praça da Bandeira. Na fase pioneira de implantação, um dos seus primeiros diretores, Edson Pitombo Cavalcanti, capixaba que chegou a suplente de senador pelo PTB, deixou fama de administrador operoso, com capacidade de iniciativa, e de cuidadoso com o dinheiro público.

No governo do presidente Dutra, depois de algumas experiências de resultados duvidosos, o SAPS encontrou no então major, hoje general reformado Umberto Peregrino Seabra Fagundes, o diretor que comandou a revolucionária administração que transformou o órgão burocrático no modelo de amplo atendimento social. Os restaurantes populares passaram a integrar um conjunto de serviços aos trabalhadores, que incluíam biblioteca, discoteca, espetáculos folclóricos representados por funcionários e trabalhadores, coro orfeônico e, orquestra, além de regional, também compostos por servidores e freqüentadores, sessões semanais gratuitas de cinema e *shows* mensais no restaurante da praça da Bandeira, com o salão lotado por mais de dois mil trabalhadores.

Isso no governo Dutra, que não era chegado a tais preocupações. A volta de Getúlio em 1950 devolve o SAPS ao PTB e ao mesmo diretor, Edson Pitombo Cavalcanti. E foi um descalabro. A tacanha mentalidade de destruir a obra do antecessor cevou-se no mesquinho desmonte da autarquia modelar, sucateada até a liquidação.

O PTB deu nova volta por cima dos erros, atravessou às cambalhotas os seis meses do aloprado governo do Jânio Quadros, com Jango na vice roendo o osso da marginalização. O governo caótico de Jango expôs duplamente o PTB, com o descalabro administrativo, a desabusada corrupção e a insanidade da luta interna pelo poder com o cunhado que não era parente, Leonel Brizola. Como partido, o PTB perdeu mais do que os ossos que roeu com apetite de faminto. O partido reencontrou seu caminho na resistência à ditadura de 64, depois da provação das primeiras listas de cassações que dizimaram a sua bancada e os seus quadros dirigentes.

Na primeira linha da oposição, o PTB conquistou espaços no desencanto com as medidas restritivas do governo do presidente Castello Branco. E embora recentes projeções, na avaliação de analistas, desmintam a previsão de que o partido seria fatalmente majoritário no Congresso na próxima eleição, foi este o medo ou o pretexto utilizado para justificar o crime do AI-2, de 27 de outubro de 1965, que dissolveu os partidos e impôs o bipartidarismo de chocadeira, com a Arena obesa pelas adesões em massa dos pulhas e o esquálido MDB, ensaio de frente oposicionista, da oposição consentida, sob o controle dos atos institucionais, das cassações, da suspensão dos direitos políticos, do arbítrio, mas necessária para a simulação internacional da democracia do rodízio dos generais-presidentes.

O PTB acabou no seu melhor momento. Expurgado do peleguismo, afirmando-se como a experiência de um partido de massa com embasamento doutrinário da social-democracia, pronto para ser testado no governo, depois de muito bater a cabeça nos equívocos da imaturidade.

PRECURSOR DO POPULISMO

O Partido Social Progressista, mais conhecido pela sigla — PSP —, e seu chefe, guru e proprietário, Adhemar de Barros, foram precursores do populismo no modelo que ainda hoje faz sucesso eleitoral, cunhado na contradição da impostura. Populismo de direita, conservador, reacionário. O discurso e a mímica eram da mais descarada macaqueação popular, no fingimento das preocupações com a miséria, a pobreza, as angústias dos marginalizados da vida. No governo, a conversa não mudava, mas a linha de atuação costurava a conciliação entre a realização de grandes obras públicas, como hospitais, rodovias, escolas, e o perfeito entendimento e cuidados com os interesses da burguesia encastelada nas empreiteiras, nas fábricas, nos negócios, na roda do dinheiro público que gera comissões, gorjetas, partilhadas nas falcatruas de sempre.

O populismo ademarista foi liquidado pelo golpe que o partido apoiou. Adhemar foi cassado, o PSP extinto pelo AI-2. As tentativas de ressuscitar a legenda deram em nada. De algum modo o modelo populista do velho Adhemar sobrevive, com as devidas adaptações, no surto de fantástico sucesso de adesões e de enriquecimento das igrejas evangélicas e na demagogia das campanhas eleitorais.

O PSP cuidava de política, as igrejas evangélicas operam com a religião. No abismo das diferenças e de épocas, as semelhanças forçam comparações. A começar pela habilidade da receita que mistura o discurso que vende a ilusão da solidariedade com a pobreza e o sofrimento e o realístico enquadramento no oficialismo institucionalizado. O PSP fazia o jogo conservador; as igrejas evangélicas respeitam a ordem, entendem-se com o governo para negociar o apoio da sua bancada aos projetos do interesse do esquema, sem entrar no exame crítico do conteúdo delas. Ambos servem ao sistema na medida em que controlam as massas populares. O crente evangélico não cria problemas para o governo. É ordeiro, disciplinado na sua conduta política. O PSP ajudava a formar a barreira que resistia à adesão ao comunismo, o fantasma da época.

E, afinal, o PSP e os cultos evangélicos descobriram que o mapa da mina dos votos e das contribuições leva ao bolso raspado dos pobres.

Mas para entender o populismo é indispensável conhecer um pouco da figura, do jeito, do estilo político único de Adhemar de Barros, que inspira o tipo cultivado por muitos bispos e pastores e por aspirantes a líder. A imitação fica longe da realidade, é a sua caricatura. E por uma fundamental diferença entre o original e a cópia.

O Adhemar que conheci e cuja carreira acompanhei na travessia democrática de 1948 até a melancolia da decadência e do ostracismo, era de embaraçante autenticidade. Alto, corpulento, os anos acumularam gordura em volta da cintura que foi arredondando, forçando o equilíbrio no desaprumo para trás, como se fosse cair de costas, e que se acentuou com a hérnia imensa que estufava as largas calças, sustentadas por suspensórios elásticos de cores vivas.

Rosto marcado pelas bochechas vermelhas, de sangüíneo que não resistia aos excessos na mesa. A nenhum excesso. Olhos miúdos, apertados no riso fácil ou na gargalhada freqüente e escandalosa. Andava gingando, pés espalhados para compensar o balanço do ponto de apoio. Calorento, inaugurou a moda da camisa social sem manga, gravata frouxa de laço descuidado, paletó dobrado no braço.

E o mais informal, espontâneo e envolvente comportamento em todas as circunstâncias. Ou em quase todas, como se vai contar. Linguagem solta, sem travas na língua, Adhemar foi um personagem que enriqueceu o anedotário político, teve atuação decisiva em episódios importantes. Foi interventor de São Paulo, no Estado Novo, governador eleito, prefeito da capital, duas vezes candidato à Presidência da República. Alvo de acusações dos adversários, respondeu a processos cabeludos sobre denúncias de desonestidade no trato do dinheiro público. Livrou-se da cadeia, driblou condenações fugindo para o exterior, mas não da fama que arranha sua memória.

Para os repórteres, Adhemar era a garantia da entrevista desabusada, com o condimento do pitoresco, de modesta repercussão, sem densidade política. Nem sempre era possível contar direito as histórias e registrar as palavras exatas, em tempo de linguagem policiada.

Raspo a memória para recordar as que resistiram ao tempo.

-1-

Governador de São Paulo, candidato eterno a presidente, lá pelas alturas de 1949 Adhemar veio ao Rio e hospedou-se no Anexo do Hotel Copacabana Palace.

Manhã escaldante de verão, sol a pino, meia dúzia de repórteres o esperava na cobertura de rotina. Paletó no braço, sai do elevador e é cercado pelos jornalistas. Pára, conversa, esbanja bom humor e simpatia.

Um grupo de rapazes bem compostos espera por ele na rua. É visível a timidez e o constrangimento. Cercam-no e o mais desembaraçado dá o recado: são formandos da turma da Faculdade de Odontologia de Niterói. E comunicam que Adhemar foi eleito patrono da turma.

Sorriso escancarado, Adhemar agradece, indaga se a festa já tem data certa e local definido.

O mais falante enrola as mãos e a língua em embaraçado constrangimento. Mas percebe que ou dava o recado na hora ou não teria outra oportunidade. Cata as palavras que saem num fio de voz. Expõe a pobreza da turma, as despesas com a formatura e não chega a concluir.

A gargalhada moleque desmancha a pose, acaba com a solenidade e repõe as coisas na exata moldura da vulgaridade. Com o polegar e o indicador da mão direita arma o alicate que aperta as bochechas do formando aparvalhado, sacode-as com vivacidade e solta a frase avacalhante:

— Então, seus sacanas, o que vocês querem é gaita?

E na mesma toada, deu a solução adequada:

— Falem ali com o Macedinho que ele vai ver o que pode fazer.

Para não deixar pedra sobre a dúvida, recomendou:

— Peçam pouco. Não venham com exploração...

-2-

Adhemar mantinha modesto apartamento na rua da Glória, em edifício antigo, sala e três quartos pobremente mobiliados, onde se hospedava quando não queria ser localizado pela imprensa, seja pela conveniência de algum encontro político ou pela companhia feminina.

Em manhã escaldante do verão de 1950, fui entrevistar Adhemar na sua toca. À porta do elevador, encontro o vice-presidente Café Filho, recém-eleito como candidato do PSP ademarista na chapa de Getúlio Vargas. Impecável no terno de linho branco bem passado, chapéu na mão e a cordialidade de sempre com a imprensa.

Subimos junto no elevador moroso e apertado. Tocamos a campainha do apartamento. Pelo olho mágico, o mordomo identificou-nos e passou nossos nomes ao governador. Abriu-se a porta, entramos e nos defrontamos com uma cena insólita. Mesmo para o Adhemar. A sala única, com mesa de madeira sem toalha, exibia os restos do café da manhã. Xícaras usadas, pedaços de pão espalhados, nacos de queijo com marcas de dentadas, uma manteigueira de metal, fatias de bolo.

À cabeceira, derreado em cadeira sem braço, peito nu, descalço, vestido apenas por uma calça de pijama sobre a pele, a braguilha escancarada, Adhemar equilibrava sobre a perna direita uma moça gordota, coberta com um penhoar, o rosto amarfanhado pelo sono da noite, cabelos presos por uma travessa.

Café Filho não conseguiu ou não quis dissimular o embaraço. Ficamos os dois, em pé, parados durante aquele minuto que não acaba.

Só Adhemar não perdeu a naturalidade. Riu com gosto, desmontou a parceira do colo, empurrou-a com o pé para o quarto e soltou o comentário grosso, mas adequado:

— Vai, minha filha. O nosso vice é muito envergonhado para assistir a essas coisas.

Encerrou o assunto, no mesmo traje concedeu-me a rápida entrevista. Na outra ponta da mesa, o vice-presidente e depois presidente Café Filho esperou meia hora, conversando com os companheiros da noitada do presidente do seu partido.

-3-

Ex-presidente da República, ex-governador de Minas, presidente do Partido Republicano, o deputado Arthur Bernardes era uma figura de solene respeitabilidade, reverente ao formalismo, sério, grave, pouco dado a expansões e a intimidades. Vestia-se com apuro, fiel à moda do seu tempo. Não dispensava o terno de cores escuras e completo, com o indefectível colete, a camisa branca, de punhos e colarinho engomados, a gravata de laço grosso, o pincenê acavalado no nariz forte, a bengala de castão folheado a ouro.

Eu gostava de conversar com o austero chefe republicano nos intervalos das sessões da Câmara, puxando reminiscências da velha política mineira. Uma tarde, encontrei-o visivelmente transtornado. Em poucos minutos, desfiou o desabafo. Estava voltando, de trem, de São Paulo, onde fora encerrar a Convenção Estadual do PR. Fora pelo noturno e ao desembarcar na estação da Luz, além dos correligionários que foram recepcioná-los, identificou-se, fardado, o chefe do Gabinete Militar do governador Adhemar de Barros para apresentar, em seu nome, as boas-vindas.

Em dia afanoso, Arthur Bernardes esgotou a agenda dos seus compromissos partidários. Levantou-se muito cedo no dia seguinte, escravo dos seus hábitos de madrugador e, antes de pegar o trem, passou pelo Palácio Campos Elísios para deixar, pessoalmente, como recomendava o protocolo, o cartão de agradecimento ao governador.

Recebido com todos os salamaleques pelo assessor, disse ao que viera, desculpando-se pela falta de tempo que o impedira de cumprir, na véspera, em hora conveniente, o dever de retribuir a amabilidade do governador.

Parecendo embaraçado, sem saber o que fazer, o hesitante assessor ligou o telefone interno, balbuciou o recado e voltou-se para Bernardes com o rosto aberto em sorriso:

— Presidente, o governador faz questão de recebê-lo.

Bernardes ponderou o inconveniente da hora matinal. Mas o assessor cumpria ordens terminantes. E o cada vez mais intrigado visitante foi sendo guiado para as intimidades do Palácio. Até que o assessor bate a uma porta, anuncia-se e introduz o ex-presidente Arthur Bernardes, com pincenê, chapéu, bengala e colete no banheiro de estilo antigo e vastas proporções. No meio da peça, nu, deitado de bruços, coberto por uma toalha grossa que escorregava descobrindo o corpanzil peludo, o governador Adhemar de Barros castigava as banhas com vigorosa massagem aplicada por profissional musculoso, de calção e busto desnudo.

Paralisado de espanto e com a indignação pela cena debochada avermelhando o rosto, o decoroso Bernardes fez menção de retirar-se.

Adhemar quebrou o embaraço com a desculpa descarada:

— Presidente, desculpe-me recebê-lo assim. Eu não podia fazer esperar um presidente da República.

A carranca fechada, seco e duro, assistiu a Adhemar mandar o assessor puxar o banco onde se sentou. Banquinho esmaltado de banheiro, de três pés. Equilibrou-se como pôde, gaguejou agradecimentos, enrolou meia dúzia de palavras e alegou pressa para não perder o horário do trem.

O pincenê balançando no nariz grosso, a voz mais alta do que de hábito, encerrou o assunto com o comentário definitivo:

— Não tem compostura para ser presidente da República.

A DANÇA DOS ERROS E AZARES

Se a História não segue roteiro lógico nem caminha em marcha batida e linha reta, também não necessitava exagerar tanto na armação de imprevistos, na sucessão de inesperados, no seriado de azares que mudaram o seu curso, invertendo o rumo natural para os descaminhos dos desastres, as quedas nos mundéus das crises geradas pelo caiporismo de recorte perverso.

Tão atrativa ou mais do que a história acontecida que se conta pelos métodos tradicionais é a tentativa de reinventá-la seguindo o enredo do que poderia ter sido, seguindo-se o fio do raciocínio lógico pelas picadas abandonadas.

Todo o ciclo que começa com a derrubada do Estado Novo e a deposição de Getúlio Vargas, em 29 de outubro de 1945, e que ainda não se sabe como nem quando terminará, só como exceção, raras exceções, comportou-se na racionalidade do previsível.

O fim do período ditatorial estava programado com agenda oficial e as primeiras etapas superadas. A campanha empolgava a população que recuperara o direito de votar, de influir na escolha do governo, de participar de comícios.

Como não havia pesquisa, os palpites buscavam identificar os favoritos cotejando o comparecimento aos comícios, medindo o entusiasmo das campanhas, atentando para as conversas na rua, nos bondes, nos café, nas esquinas. Por tais índices rudimentares, que desconheciam os princípios da amostragem, o favoritismo da candidatura do brigadeiro Eduardo Gomes antecipava-se como favas contadas e por diferença acachapante.

Além do teste visual dos confrontos, sua lógica assentava no princípio da gangorra. Depois de sete anos de ditadura assumida, de censura, de violência policial, de restrições às liberdades, a explosão de euforia com o desmanche do Estado Novo pressupunha votação maciça no candidato que representava a resistência e a afirmação dos ideais libertários.

Mas Vargas tentou a saída pela portinhola da reconciliação com a democracia. Dele não se esperava mais que o apoio à candidatura do condestável do Estado Novo, o marechal Eurico Dutra, seu último e confiável ministro da Guerra. Pelo menos, até a deposição com o apoio de Dutra. E a encolha para esperar o desenrolar dos acontecimentos antes de tomar posição.

Os lances de desespero e oportunismo que precipitaram a deposição contradizem a celebrada esperteza do bruxo, de imagem construída pela propaganda massificante, protegida pelo DIP que amordaçava a imprensa e proibia a crítica.

As manobras suicidas da Constituinte com Vargas, o apoio surpreendente do Partido Comunista do Brasil, o ato final da nomeação de Benjamin Vargas para a chefia de Polícia armaram o desfecho da deposição sumária, o exílio em São Borja, a entrega do poder ao ministro José Linhares, presidente do Supremo Tribunal Federal (STF), e o fortalecimento da candidatura do Brigadeiro. Tão evidente quanto enganosa, como logo se constataria.

À distância razoável de mais de meio século, o espasmo de crise, com intervenção militar apoiada pelas lideranças políticas, estimula a avaliação crítica com o severo julgamento do erro de Getúlio.

O primeiro, que conduziu ao segundo. Amargurado pela traição dos áulicos, Vargas ruminou no exílio as suas frustrações. Abandonado na solidão dos pampas, convivendo com os peões e sob a vigilância de Gregório Fortunato, visitado por poucos amigos, sem informações qualificadas, deixou-se envolver pela lábia de Hugo Borghi, que o azucrinou pintando o quadro de perseguições que se seguiria à vitória udenista. Denúncias de escândalos, processos, a escalada do ódio revanchista acumulado e que destamparia com a fúria da desforra.

Getúlio virou a eleição pelo avesso com o recado reduzido à frase de impacto, reproduzido em milhões de cartazes: Ele disse: "Vote em Dutra." A receita completa-se com o condimento de apimentado apelo popular da famosa intriga que deturpou uma frase infeliz, posta na boca do Brigadeiro, em discurso redigido pelos bacharéis da UDN, de que dispensava os votos do marmiteiros.

Eleição polarizada, com a candidatura de Iêdo Fiúza, lançada pelo Partido Comunista, inaugurando a moda da esquerda de muito barulho na rua e pouco voto na urna, elegeu-se o marechal Eurico Dutra por folgada diferença.

Vitória indiscutível na sua legitimidade, apesar do espantoso percentual de fraude do processo eleitoral sem fiscalização eficiente, manipulado pelos coronéis do interior, donos dos currais de votos. Quando a população do interior alcançava 75%, com apenas 25% para a população urbana. A inversão demoraria, intensificando-se a partir da década de 1960.

Não se questiona aqui, nem teria cabimento, a legitimidade do resultado das urnas de 2 de dezembro de 1945 para a presidência da República e o Congresso, que se instala como Assembléia Nacional Constituinte.

O que chama a atenção é a linha torta, que enverga a lógica e inverte as expectativas. O governo Dutra mereceu julgamento severo, abrandado com o correr dos anos. Como marca positiva, o respeito à Constituição democrática de 1946, seu livrinho de cabeceira. No outro prato da balança, chumbo do peso de erros clamorosos, que vão da ilegalidade do Partido Comunista do Brasil, com a cassação dos mandatos da brilhante bancada liderada por Luiz Carlos Prestes ao veto à candidatura natural do vice-presidente Nereu Ramos. E um quatriênio morno, cinza, da mais depressiva mediocridade.

As futricas da copa e cozinha palaciana, a solidão do casmurro e calado presidente Dutra, agravada pela viuvez, com a morte da esposa, D. Santinha, personalidade forte, influente nas conversas e armações domésticas, somaram-se na montagem de uma desastrada jogada política, que mudaria os rumos do país e o destino de muitos dos envolvidos na trama.

CAMINHOS TRUNCADOS

Desde os primórdios das articulações e conversas exploratórias sobre a sucessão de Dutra, estava armado o cenário para a entronização da chamada solução natural.

Dutra não tinha candidato nem gosto para a especulação política. Foi um dos seus erros, ampliado com o envolvimento pelos áulicos da chamada turma da copa e cozinha, que se encontrava todas as tardes, depois do expediente, nos espaços do Palácio do Catete reservados para a hospedagem do presidente, e tecia a longa trança das intrigas.

Antes de peneirar os nomes palatáveis, que freqüentavam as listas dos palpites, o governo necessitava entender-se com os três principais partidos que se agruparam no famoso acordo interpartidário, costurado pelo governador da Bahia e também candidato Otávio Mangabeira: o PSD, a UDN e o PR.

Não era fácil contornar as pretensões udenistas de indicar o cabeça de chapa. Ruminando as frustrações da inesperada derrota de 1945, que pulverizou o favoritismo triunfalista da candidatura do brigadeiro Eduardo Gomes, a UDN cultivava um canteiro de ilustres pretendentes. A começar pelo próprio Brigadeiro, com a mais destacada biografia e a legenda de herói sobrevivente da epopéia dos 18 do Forte de Copacabana, em 5 de julho de 1922.

Otávio Mangabeira corria em outra faixa. Era o nome para atrair o apoio do presidente Dutra, desestabilizando as candidaturas pessedistas. Convivia bem com o presidente, seduzido pela sua fluência verbal, o encanto da prosa no cantante e macio sotaque baiano e a gratidão pelas facilidades criadas ao seu governo, no Congresso, com o acordo dos três grandes.

Mas era evidente que a viabilidade da candidatura de conciliação, que injetasse oxigênio na aliança da UDN, do PSD e do PR, dependia vitalmente da aceitação da chamada solução natural, a única capaz de fechar o consenso. O nome respeitado do vice-presidente Nereu Ramos, presidente do Senado e presidente do PSD, unia facilmente o partido, absorvendo as resistências que se alimentavam nas intrigas do Catete.

O chefe do Gabinete Civil, professor Pereira Lira, centralizava as restrições à candidatura de Nereu. Paraibano com ambições políticas no seu estado, bateu de frente com o presidente do partido, que prestigiou a chefia local na rixa provinciana pelo comando da legenda.

Se era naturalmente complicado carregar o andor, na procissão da UDN, do candidato Nereu Ramos, de personalidade forte, feio e carrancudo — respeitado, mas com longa fieira de desafetos estaduais e federais, preterindo os santos da legenda, e arrastar o PR, que armava o lance jogando na crise entre os aliados, para empurrar, com mão de gato, a candidatura de conciliação do seu presidente Arthur Bernardes —, sem o amparo do presidente Dutra é que ela não sairia do lugar.

Nereu deixou-se enredar nas malhas da acumulação do exercício da presidência do partido com as suas notórias ambições de candidato. Ao seu redor, zumbia a colmeia dos amigos impacientes, exigindo a definição, o passo à frente na afirmação do candidato. Que se esquivava pretextando o constrangimento de articular o próprio nome.

Enquanto rolava o tempo, desperdiçado nas intermináveis reuniões dos três grandes — Nereu, Prado Kelly e Arthur Bernardes —, empenhados na tarefa impossível de montar a pauta das normas teóricas para a escolha do nome de acordo, encorpava no Sul a romaria saudosista do Queremismo, com a fila dos devotos levando os apelos, os pedidos, o pranto, a imposição da candidatura de Getúlio Vargas.

E que marombou até a última hora, e diga-se a verdade histórica, resistiu até o último instante. Não queria interromper o descanso na imensidão dos pampas. Discípulo que aprendera as tretas e manhas na velha cartilha política, não acreditava na vitória sem a sustentação da estrutura partidária que manipulasse os votos dos currais do interior.

A oscilante montagem de peças que não se encaixavam, desmoronou em acidentes em série. A novela da parolagem dos três grandes foi encerrada, em corte ríspido, quando descambava para o ridículo.

Libertaram-se os partidos para cuidar dos seus interesses. Na UDN, como era inevitável, repetiu-se a pedra da vez, com o bis da candidatura do brigadeiro Eduardo Gomes. Em clima chocho, morno, sem entusiasmo, na antevisão da segunda derrota seguida e que arrastaria a grande legenda libertária para os porões do golpismo.

O PSD perdeu-se nos descaminhos da candidatura mineira de Cristiano Machado, pinçado em lista de cinco conterrâneos: Israel Pinheiro, Bias Fortes, Ovídio de Abreu e Carlos Luz. A legenda pagou a conta injusta da derrota do candidato, embrulhada na acusação de que o traíra para aderir, em debandada do seu eleitorado, ao aceno da vitória certa com a avalanche nacional da eleição de Getúlio, no banho da reparação eleitoral pelas urnas.

E que acabaria na tragédia do suicídio em 1954.

É longa e terrível a lista dos erros políticos que desviaram o país dos trilhos da normalidade para os desastres das aventuras ditatoriais.

Não é preciso forçar a mão para reconhecer que a eleição do brigadeiro Eduardo Gomes, em 1945, pavimentaria a estrada da sua sucessão, quatro anos depois, para a eleição do candidato do provável acordo do PSD com o PTB. Nereu ou outro nome que se afirmasse na oposição parlamentar, o palco nacional onde se encenava o jogo do poder. Poupando a vida de Getúlio e mudando o risco da História.

Em 1950, um pouco mais de visão política do presidente Dutra e de sua corte selaria a eleição de Nereu Ramos, com apoio da UDN ou de parte dela. E o de Getúlio, prometido ao próprio, em encontro em São Borja, que testemunhei como deslumbrado repórter, engatinhando na cobertura política.

A VOLTA PELOS PAMPAS

A volta triunfal de Getúlio Vargas foi uma trama tecida com o fio da paciência. Getúlio sabia esperar. Eleito com votação consagradora, em 1945, senador e deputado federal por vários estados, não escolheu, entre os mandatos à sua disposição, o que melhor se ajustava aos seus interesses políticos.

De fato, dele não necessitava. Aguardou, em casa, fumando o charuto de todas as tardes, chupitando o canudo na cuia de chimarrão, que a Constituinte, aplicando critérios obscuros, o convocasse para assumir o mandato de senador pelo Rio Grande do Sul, onde fora eleito por uma montanha de votos.

Ensaiou a freqüência esporádica às sessões do Senado e do Congresso, para logo constatar que o clima de paixão, aquecido pelas labaredas das urnas, rasgara fundos lanhos de ressentimento na frustração udenista, que contava como certa a eleição do brigadeiro Eduardo Gomes.

Em áspero bate-boca com o deputado Euclides Figueiredo, general e pai do presidente João Baptista Figueiredo, ousou o desafio para o desforço pessoal. Bravata de gaúcho. Euclides Figueiredo era um homenzarrão de quase dois metros de altura, peito largo dos exercícios na caserna, bíceps de praticante de luta livre. E um vozeirão que estrondou no plenário da Câmara, em tarde de sessão do Congresso, aceitando o acerto de velhas contas, sem mais tardança, no espaço livre da rua.

Parlamentares e seguranças mobilizaram-se para evitar o desforço desigual e caricato: dois senhores entrados nos anos, de cabelos brancos e pança acolchoada de banhas, trocando sopapos ou tiros à porta do Palácio Tiradentes não era espetáculo que se recomendasse à severidade do presidente Nereu Ramos.

Getúlio aproveitou a lição e retraiu-se. Silenciosamente, sem aviso nem despedida, enfurnou-se na sua fazenda de São Borja e sumiu de circulação. Por dias, meses, anos.

Lá estive por quatro vezes em épocas diversas e assinaladas por profundas diferenças. A primeira oportunidade surgiu a convite de Danton Coelho, o pombo-correio que fez e refez o trajeto Rio–São Borja–Rio incontáveis vezes. Um caso curioso de obstinação. Alto, magro, a pele trigueira, fumante inveterado que queimava cinco maços por dia de cigarros americanos de tamanho gigante, Danton transformou a antiga sede do Jóquei Clube, na esquina de avenida Rio Branco com a avenida Almirante Barroso, no seu escritório sem paredes, sem portas nem janelas. Ali passava o dia, da manhã até alta madrugada. Nos tempos de boemia, jogando pôquer. Pelos começos de 1949, quando o movimento queremista da volta de Vargas ensaiou os primeiros passos tímidos em meio à indiferença cega dos partidos, Danton Coelho intercalava as sestas do costume gaúcho, depois do almoço, com uma infindável série de contatos. Escapava para encontros fora, viajava e, a espaços, marcava o ponto nas estâncias dos Santos Reis e do Itu.

Na rotina da cobertura da sucessão ainda verde, três minutos de papo com Danton incluía-se na agenda da prudência. Muitas vezes, não rendia nada, além da conversa agradável e o cafezinho, consumido a intervalos de minutos. Não convinha facilitar. Fonte confiável e acessível, Danton Coelho sabia das coisas. Embora a cautela recomendasse dar um desconto e checar as informações envolvendo terceiros.

Uma manhã, passei pelo Jóquei e recebi de chofre o convite inesperado e que iluminou de alvoroço a alma do repórter novato, no duro aprendizado do batente:

— Tu queres ir comigo a São Borja? Vamos visitar o velho Getúlio.

E sem esperar resposta, apressou-me:

— Te apura que vamos levantar vôo dentro de duas horas, do Santos Dumont, em avião especial.

Combinei detalhes, peguei um táxi e disparei para a rua das Laranjeiras. Avisada por telefone, Regina, minha mulher, ajeitou algumas peças de roupa em maleta e raspou o dinheiro disponível para a minha primeira entrevista com o ditador do Estado Novo, que abominara na exaltação da militância na política universitária e que nunca vira de perto.

O seguro e ronceiro DC-3, com poucos passageiros, consumiu mais de três horas até o aeroporto de Porto Alegre. Horas perdidas em cochichos com lideranças gaúchas. Pousamos no campo de terra na planura sulina lá pelas cinco horas da tarde. Todos roxos de fome e eu com o coração disparado nos batimentos da ansiedade.

E fui firmando a vista míope para fixar o cenário sem fim dos pampas verdes que desfilam planos de beleza desconhecida, de arrepiar os pêlos dos braços, e que continuam no infinito do horizonte iluminado pelo sol do entardecer, misturando todos os tons do vermelho.

Acercamo-nos da casa. Modestíssima, padrão de classe média da cultura missioneira, castigada pelas revoluções que obrigavam a fuga das famílias e invadiam os cômodos abandonados.

Na varanda larga, Getúlio equilibrava o corpo roliço, enganchado na rede, as pernas curtas, pés gordos calçados de chinelos, pendurados nos dedos. O único toque de intimidade. No mais, a vestimenta típica, limpa e com sinais de uso nos puídos das mangas e do colarinho. Bombachas, blusão folgado, o cinturão largo cingindo a barriga volumosa e proeminente, que o obrigava a caminhar buscando o equilíbrio, o busto envergado para trás e o balanço cadenciado, na ginga característica que os documentários popularizaram nos cinemas e, depois de 1950, nas filmagens para a televisão.

Não se levantou da rede. Esticou a mão para Danton, distribuiu cumprimentos com afabilidade contida. E dominou a conversa com a arte de legendário contador de casos e de anedotas, com o ponto final na gargalhada solta, mas breve.

A sucessão fervia na corte. Desfeito o acordo interpartidário, a UDN fechava com a candidatura do brigadeiro Eduardo Gomes, enquanto o PSD se enrodilhava no novelo da fórmula mineira.

Danton atualizou informações, confidenciou conversas, desfilou nomes. Getúlio abatia um a um com frases cortantes e alta dose de irreverência. Não convém mexer com mortos que não podem se defender.

Nas conclusões do relato verbal, Danton engatilhou a entusiasmada defesa do lançamento da candidatura de Vargas, uma exigência do povo que se mobilizava por todo o país. Candidatura eleitoralmente invencível.

Getúlio paralisou o rosto na máscara de bronze. Não mexeu um músculo, não piscou, não disse uma palavra. Só os olhos brilhavam com o lume da dúvida a conter arrebatamentos antes da hora certa de montar no cavalo selado, à sua espera, mordendo o freio de impaciência.

O churrasco de cordeiro, delicioso, inesquecível, matou a fome de mais de 12 horas de absoluto jejum. A bordo do DC-3 não serviram nem uma bolacha ou um copo d'água.

A conversa vadia entrou pela noite. Getúlio ordenou ao tenente Gregório Fortunato que servisse uísque a quem quisesse. Apareceu uma garrafa pela metade e, em prato de sopa, pedaços de gelo picados a facão. Na bandeja redonda de metal pintado com cores vivas e desbeiçada pelo uso, equilibrava-se uma dúzia de copos de tamanhos, feitios e cores as mais variadas.

Getúlio empunhou uma caneca verde, lembrança de alguma festa de fazenda, cruzada por faixa pintada com duas palavras: Amizade e Saúde. Serviu-se de uísque puro, em dose de três dedos, e completou o copo com pedras de gelo. Bebia devagar, sorvendo goles a espaços espichados. Lá pelas tantas, uma mosca caiu no seu copo. Ele não se alterou. Com o dedo mindinho esticado, catou o inseto afogado, livrou-se com um piparote do cadáver e continuou a conversar e a tomar sossegadamente o seu uísque.

Como não havia quartos nem camas para todos, providenciaram-se acomodações em hotel em Paso de los Libres, do outro lado da fronteira.

Aproveitei a brecha para bisbilhotar a casa. Pequena, sala e três quartos, cozinha e um banheiro. Móveis velhos, descascados, bambos.

O quarto de Getúlio lembrava a modéstia de catre de pensão de estudante. Encostada à janela, a cama patente de molas frouxas, colchão com as depressões de anos de uso. Roupa branca, de fazenda áspera de má qualidade. Lençóis e fronha de tropeiro.

Encostado na parede livre, armário de duas portas, sem espelho, que pelo estado precário seria recusado por belchior. Olhei em volta. Ninguém. Abri as duas portas folheadas do armário. Num pau roliço, fixado de um lado ao outro, uma dúzia de cabides com as bombachas, as camisas do sumaríssimo guarda-roupa do ex-ditador que mandara no Brasil durante 15 anos e estava na rota da volta ao Catete.

Procurei por livros. Poucos, empilhados sem ordem, em cômoda ao lado da porta. Folheei alguns. Todos com derramadas dedicatórias dos autores e algumas dezenas de páginas abertas. Naquele tempo, a maioria dos livros ainda saía da gráfica com as páginas simplesmente dobradas em cadernos. Para lê-los, era preciso separar as folhas com uma espátula. Desligado do mundo, solitário, o obstinado leitor da mocidade, dono de respeitável biblioteca, dominando o francês e o italiano, não lia nada. Passava os olhos nos jornais que chegavam com atraso.

Na outra ponta da cômoda, a vitrola portátil, tocada a manivela, atendia as exigências do freqüentador habitual de teatro de revistas, no roteiro da praça Tiradentes. Uma dezena de discos de 78 rotações do sanfoneiro Pedro Raymundo, que teve a sua época de sucesso.

E ali, durante quase três anos, sozinho, tendo por únicas companhias o tenente Gregório Fortunato e a peonada, o chefe da Revolução de 1930, o ditador do Estado Novo, o senador que não exerceu o mandato, esperou, com paciência de eremita, que o fossem buscar. Na hora certa.

RODEIO DO RETORNO

Alguns meses depois, voltei à estância dos Santos Reis para cobrir o encontro de Nereu Ramos, presidente do PSD e candidato entalado, com Getúlio.

Viagem diferente da primeira em tudo e por tudo. Austero e formalista, Nereu Ramos carimbou a conversa com o selo oficial. E apesar das excelentes relações pessoais consolidadas quando foi interventor, com elogiada administração, em Santa Catarina, nos tempos nem tão distantes do Estado Novo, fez questão de deixar claro que viajava como presidente do PSD, a serviço do partido, em fase tumultuada da sucessão. E, portanto, para articular apoio do dono e senhor do PTB para um dos cinco gasparinos da extravagante lista mineira de candidatos matriculados no cartório do partido: Israel Pinheiro, Bias Fortes, Carlos Luz, Ovídio de Abreu e Cristiano Machado — que não desconfiava que estava escorregando para o ridículo da traição, em corrida adesista do eleitorado e dos chefes do seu espertíssimo partido.

Em duas palavras, Nereu foi a São Borja pedir o apoio de Getúlio para um candidato do PSD. Só a severidade da sua figura poupou-o do grotesco do triste papel. O PSD, cabresteado pelo Catete, descartara a sua candidatura, a única realmente viável. E os encargos de presidente da legenda impunham o sacrifício da canseira inútil.

Viagem curta, ida e volta no mesmo dia, vôo direto em avião especial. O cenário mudara do refresco aguado para o conhaque que desce queimando a garganta.

Na manhã deslumbrante, de sol intenso iluminando a planície pampeira, a mesma casa modesta e de mobiliário rústico não sugeria a solidão do exílio voluntário que aduba os tufos de capim diante da porta de uso doméstico. A corrente de pressão, como caudal engrossado pelas chuvaradas nas nascentes, iniciava seu lento e incessante desfile. Visitantes, em grupo ou caravanas, chegavam de todos os pontos do Rio Grande do Sul, de Santa Catarina, do Paraná, do Rio, de São Paulo, de todo o Brasil. Com a mesma mensagem, o apelo emocionado, que ficava preso na garganta e explodia em torrentes de lágrimas, no choro sacudido, nos abraços, na imposição do desespero.

Getúlio despistava, não anunciando o sim esperado nem desestimulando com a negativa peremptória. Rodeava, alegava a idade, o cansaço, o peso das ingratidões.

Não era a hora. O quadro tumultuado pelo nervosismo da capital sacudia a pasmaceira da província. A UDN empunhou os lenços brancos da candidatura do brigadeiro Eduardo Gomes, marchando às cegas para a segunda derrota. O PSD era um caldeirão de intrigas e ambições. Vetado o candidato natural, todos os pretendentes de segundo escalão se engalfinhavam pela vaga sem dono.

Ninguém acreditava ou fingia acreditar na candidatura de Getúlio. E nessas horas, torce-se a lógica para extrair a gota que pinga dos argumentos do interesse que enxerga o que quer ver. Getúlio não seria louco, setentão e desencantado, de trocar a tranqüilidade dos pagos, de onde continuaria a manipular os cordéis dos amigos, pelos riscos de campanha de resultado incerto, imprevisível. Enfrentando o veto dos militares que o apearam do governo em 1945. Depois, popularidade não garantia eleição nacional pelo voto majoritário. Indispensável a sustentação da grande legenda, com estrutura nacional e a malha dos diretórios municipais para a distribuição das cédulas individuais de votação.

Se, apesar de todos os obstáculos, se elegesse, teria que enfrentar a desanimadora perspectiva da terrível oposição da brilhante bancada dos bacharéis da UDN, espumando de ódio e babando de frustração.

Mas, há quase meio século de distância, acredito na sinceridade do velho Getúlio na versão da conversa que recolhi de Nereu, na viagem de volta. Com seca objetividade, expôs a Getúlio a sua missão: pedir seu apoio para um dos cinco candidatos da lista do PSD. O que ele indicasse seria referendado pelo partido.

A resposta de Getúlio ou foi um galeio de esperteza ou a expressão da mais límpida objetividade:

— Não tenho condições de levar o PTB a apoiar nenhum dos nomes da lista. Traga-me a indicação do seu nome pelo PSD que terá o meu apoio. E eu não serei candidato.

Segundos de silêncio. Ao meu lado, o repórter Antônio Viana, de *O Globo,* amigo íntimo de Nereu, fechou-se, o rosto de máscara. Nereu deu o arremate:

— Não posso levar este recado ao PSD. Vão dizer que fui incorreto, pedindo apoio para mim. E vocês não publiquem esta parte. Se publicarem, desminto.

Fungou em seco, um gesto típico, para dissimular o constrangimento. Atendemos ao pedido ou à ordem de Nereu. Nunca se trai a confiança de uma fonte. Nem de ninguém.

A DESFORRA NO VOTO

Duas vezes mais voltei a São Borja. Uma, na caravana do governador de São Paulo, Adhemar de Barros, presidente do PSP, quando foi selado o acordo que produziu duas conseqüências imediatas, ambas de elementar obviedade: a renúncia de Adhemar à sua candidatura e a garantia da indicação pelo PSP do companheiro de chapa de Vargas. E que seria escolhido mais tarde, depois de muito rebuliço, premiando o deputado Café Filho, do Rio Grande do Norte.

O entendimento tinha sido fechado entre Danton Coelho e líderes do PTB e a turma de confiança de Adhemar: Erlindo Salzano, Paulo Lauro, Arnaldo Cerdeira, Carvalho Sobrinho e outros do mesmo gabarito. Nomes que o pó do tempo cobriu, mas que tiveram os seus dias de prestígio. Todos empacotados no saco da sagacidade do velho caudilho. Na hora de assinar o acordo PTB-PSP, depois do jamegão de Adhemar, Getúlio passou o papelucho a Danton Coelho:

— Tu assinas pelo PTB. Foste o articulador deste acerto.

Adhemar engoliu em seco o golpe de mestre. Na hora, não passou recibo. Desabafou, em linguagem desabrida, no avião, de volta.

A última viagem, depois da eleição consagradora, dias antes da posse, rendeu pequena e explosiva entrevista, que alcançou grande repercussão, com as galas de manchete da primeira página de *A Notícia* e uma inesquecível lição sobre os extremos a que chega a sabujice, a serviço do interesse mesquinho, rasteiro, de bajular para levar vantagem no futuro que batia à porta as pancadas do presente.

Nos três anos de reclusão voluntária no sul, depois do sossegar a alma e do repouso do corpo, a monotonia da rotina de raras novidades, o apetite de comilão

150

que se pelava pelos nacos gordos de churrasco de ovelha ou de terneiro, das sestas preguiçosas na rede chupitando o chimarrão pelando de queimar os beiços, da vida mansa, dos dedos de prosa vadia com os peões, do sono profundo com o cair da noite, depois de ouvir o noticiário pelo rádio rouquenho ou de botar na vitrola portátil, pela centésima vez, um dos discos do sanfoneiro Pedro Raimundo, Getúlio engordou mais de 30 quilos. A fisionomia repousada, a cor sangüínea das bochechas, o bom humor transmitiam viva impressão de saúde.

Mas a balança advertia para os riscos dos excessos à mesa e pela lombeira que repelia exercício. Uma ou outra volta a cavalo pelos arredores, repasso para ver o campo e olhar o gado e caminhadas de passos lentos ao redor da casa esgotavam o programa de atividades físicas.

Da minha querida amiga Alzira Vargas do Amaral Peixoto ouvi, mais de uma vez, o seu inconformismo com a candidatura do pai. O velho não tinha idade nem saúde para enfrentar o furacão que se armava. Anos mais tarde, em conversa, conferi com dona Alzira os seus temores da volta de Getúlio. Afinal, o desfecho trágico do suicídio parecia justificar os receios de filha. Com a fortaleza de lutadora, dona Alzira retificou a avaliação temerosa. O pai redimira-se com a consagração do voto, fora coerente com suas idéias e cumprira seu destino, embutindo seu nome na História para a eternidade.

Mas voltemos a Itu. Danton Coelho convocou-me à viagem de dois dias para observar a outra face da moeda. Do ostracismo amargo à peregrinação dos fiéis, e, agora, a corrida despudorada dos áulicos.

A viagem de Danton justificava-se pelo mais prosaico dos motivos. O presidente vestira durante toda a campanha o único terno que, reformado às pressas para alargar a circunferência da cintura, dava para disfarçar, deixando o jaquetão aberto.

Presidente eleito, com posse marcada, urgia renovar o guarda-roupa: dois ou três ternos, com a maior urgência, e a casaca solene para a recepção.

Amigo e freguês de alfaiate famoso na época, o seu Azevedo, português de trato, boas maneiras e celebradas habilidades com a tesoura, Danton o arrastou para servir ao cliente ilustre. E lá fomos nós, com o avião lotado.

São Borja regurgitava. Gente por todos os cantos, churrasqueando no galpão, enquanto a cuia de chimarrão passava de boca em boca.

Na sala apertada não cabia uma mosca. No meio, em pé, Getúlio fruía, gota a gota, o cálice doce da desforra. A descontração do interior explica a simplicidade dos hábitos. Como não havia outro espaço desocupado, ali mesmo, no meio da sala, seu Azevedo puxou a fita métrica, o livro de anotações, e tomou as medidas avantajadas do baixinho gordote. Depois abriu as coleções encapadas de amostras de fazenda. Getúlio pediu sugestões para a escolha de fazendas leves, frescas para suportar o calorão de dezembro carioca. Acabou escolhendo um corte de tropical inglês escuro, outro de linho pardo, mais um de casimira fina e a fazenda preta para a casaca.

Pediu que seu Azevedo fizesse o orçamento. Econômico até a usura, Getúlio perdera a noção do valor do dinheiro. Não comprava nada, nunca puxava a carteira para as miúdas despesas de estancieiro.

Depois de alguns cálculos na munheca, com Danton zumbindo nos ouvidos as exigências de descontos, o nosso profissional enunciou alto, com forte sotaque luso, a respeitável quantia de 32 contos de réis.

Getúlio espantou-se. E reagiu contra o preço absurdo, acima de suas previsões.

Nisto, lá do outro fundo da sala, uma voz esganiçada pela aflição soltou o berro da sabujice:

— Presidente, faço questão de pagar. É uma gentileza da empresa.

E, aos saltos, pisando em calos e esbarrando em quem não se arredava da frente, o empresário rico e conhecido, diretor de poderosa companhia seguradora, já falecido, de talão de cheque e a caneta em riste, preencheu o cheque e o entregou, triunfante, às mãos de seu Azevedo.

O velho Vargas dissolveu o constrangimento num sorriso amarelo, canto da boca tenso, o rosto coberto pelo véu de desprezo e nojo.

Nunca esqueci a cena, gravada em bronze nos meus 26 anos de descobertas do mundo, que a profissão faria conhecer nas suas misérias e nos raros exemplos de desprendimento.

UM TIRO MUDA A HISTÓRIA

Não faço História, conto o que vi. O abafador do tempo e os muitos erros de períodos turbulentos lançaram para os fundos da memória a virulência dos debates, o furor das discussões e os tumultos que sacudiram o Congresso, no período que vai da posse ao suicídio de Getúlio Vargas.

A bancada udenista estremeceu nas bases com a segunda derrota consecutiva e partiu para o ataque com a veemência cevada pelos ressentimentos dos agravos impostos pelo Estado Novo. Era mais do que uma oposição vigorosa, mas uma tropa que atacava disparando todas as armas para derrotar o inimigo.

Na perspectiva dos anos, o julgamento do governo democrático do ditador redimido pelas urnas limou arestas e dourou o balanço com várias iniciativas importantes, com marcante afirmação nacionalista, como a criação da Petrobras, embasada pelo monopólio estatal. Paradoxalmente, graças à emenda do deputado udenista Bilac Pinto, em estocada sortuda encaixada num descuido do projeto de iniciativa do governo que nunca foi convincentemente esclarecido.

Mas, tentando resgatar a lembrança viva daqueles tempos, o que vem à tona é a clara sensação do galopante fracasso do governo e a conseqüente impopularidade do presidente Vargas.

O custo de vida disparou no rodopio da espiral inflacionária. As promessas de campanha, que arrastaram multidões fantásticas por todo o país, não puderam ser cumpridas, desmanchando esperanças no caldo azedo da decepção. Baratear a vida do pobre, baixar os preços dos gêneros de primeira necessidade foram compromissos repetidos e que a realidade desmentiu. Ao invés de baixar, os preços dispararam.

O governo preveniu-se, compondo folgada maioria no Congresso, com o apoio do PTB, do PSP ademarista e do PSD, que sacudiu a poeira do remorso pela derrota do seu candidato oficial, Cristiano Machado, para sacramentar a traição do eleitorado com a eleição de Amaral Peixoto, genro de Vargas, para presidente da unidade da legenda, entronizada no Catete.

A UDN ganhava na notícia, comandando o espetáculo da oratória parlamentar no crepúsculo da eloqüência. Quem não viu, nunca mais verá nada igual. Novos tempos, outros valores e costumes. Os últimos anos da Câmara dos Deputados no Palácio Tiradentes, que hoje abriga a Assembléia Legislativa do Rio de Janeiro, e o Senado, no belo e nobre edifício do Monroe, derrubado sem mais nem menos no governo Geisel, a pretexto de tirá-lo do caminho para a construção do metrô carioca, foram dos mais brilhantes e agitados de toda a história republicana.

RADICALIZAÇÃO

A bipolarização radical, rachou ao meio o Congresso entre governo e oposição, com as nuanças ideológicas que tingiam o fundo do quadro, mas não influíam na definição dos dois campos: o governo, sustentado pelo seu leque de aliados, e a oposição, comandada pela *banda de música* da UDN e mais os aliados do Partido Libertador, nem sempre do PR, e os desgarrados eventuais do aprisco situacionista.

O núcleo não sofreu alterações fundamentais ao longo da áspera luta parlamentar e dos seus episódios culminantes, desencadeados a partir da denúncia do favorecimento de verbas pelo Banco do Brasil para a fundação da *Última Hora,* o brilhante e renovador vespertino de Samuel Wainer, que revolucionou a imprensa, sustentou o governo até o suicídio de Getúlio e foi a sua perdição.

A impopularidade corroeu, lentamente, dia a dia, o carisma do bruxo das manobras diabólicas, o sedutor que envolvia os adversários e os atraía com a mesma fria habilidade com que derrubava os amigos que se atravessavam no caminho dos seus planos.

Inflação esburacando o bolso do povo, raspando o prato vazio do pobre, comia pelas beiradas a popularidade do presidente, em desgaste perceptível nas ruas, nas manifestações populares em tempos em que as pesquisas engatinhavam e estavam longe do prestígio de hoje.

Da tribuna da Câmara começou a escorrer para a rua o esguicho das denúncias de escândalos. Ruidoso, mas sem maior repercussão no eleitorado trabalhista, o chamado escândalo do Banco do Brasil criou grandes embaraços ao governo e respingou na autoridade moral de Vargas.

O deputado José Bonifácio, da UDN mineira, de estilo pitoresco que o aproximava do populismo, misturava o sangue da estirpe ilustre dos Andrade, presença histórica desde o Império, com o jeito de líder estudantil das arruaças da política acadêmica. Dominava a tribuna com as artes de expositor fluente, espirituoso, ferino nos apartes e nas respostas e um ar de irresponsabilidade leviana nas afirmações.

Quando estourou a notícia de negociatas cabeludas apuradas em sindicância interna do Banco do Brasil, a bancada da UDN mobilizou-se no rodízio da tribuna da Câmara para exigir a divulgação do documento, resguardado pela classificação de confidencial.

Mãos prestimosas de servidor do Banco, Sr. Manhães, incomodado com a desmoralização pública da instituição, fizeram chegar ao deputado José Bonifácio cópia do calhamaço. E o Zezinho serviu-se, promovendo um *show* que durou semanas, dosando a divulgação pelos jornais e a tribuna das dezenas de casos de favorecimento ilícito, desvios de dinheiro e toda sorte de irregularidades.

Como de costume, não deu em nada. Forneceu munição para duras acusações ao presidente Vargas, embora grande parte das patifarias fossem herdadas do governo Dutra.

Mas foi o caso da *Última Hora* que desencadeou a crise, que se alastrou como incêndio em capim seco morro acima. E que assumiu a clara dimensão de fim de governo com o atentado da rua Toneleros, contra o jornalista Carlos Lacerda.

Dezenas de livros, centenas de entrevistas e de depoimentos contam, com abundância de pormenores, a história da tragédia que, uma vez mais, entortou o fio da História.

Resumo as minhas lembranças das horas finais. As que ficaram indeléveis na memória. Os jornais e revistas pagavam salários de fome, na fase de transição, por caminhos de curvas e desvios dos tempos dos vales, que pingavam quando a caixa enchia com a entrada de publicidade política. Para o jornalista, a profissão desqualificava-se como um bico que ajudava a compor o orçamento ou a gazua para a cavação de sinecuras ou de outras vantagens bem-remuneradas. A afirmação profissional do jornalista político é conquista da minha geração.

Para equilibrar as despesas era preciso dançar na corda bamba, trabalhando em dois, três jornais, além de eventuais serviços extras em mercado rudimentar.

Cheguei a redigir três reportagens políticas diárias, acumulando funções múltiplas nas seções políticas do *Diário de Notícias,* de *O Dia* e na sucursal carioca de *O Estado de S. Paulo.* E andei pela *Tribuna da Imprensa,* pela Rádio Nacional, pelas mesas-redondas da TV-Rio, da TV-Tupi, até o contrato para participação diária no revolucionário *Jornal de Vanguarda,* de Fernando Barbosa Lima.

A ONDA QUE VIROU O BRASIL

Todo este giro, a que fui levado pelos labirintos da saudade, busca traçar o cenário em que acompanhei a crise que levou Vargas ao suicídio, no plantão que emendava as horas do dia, desde a madrugada no expediente dos vespertinos até a virada da noite nos matutinos e a volta para casa, de bonde, em disparada na madrugada da cidade vazia.

A véspera do 24 de agosto de 1954 foi extenuante. A tensão acumulada em dias de agitação crescente, que se agravava com a sucessão de evidências do envolvimento do governo no atentado contra Lacerda, atingiu o limite do suportável.

Daquela noite, Getúlio não passaria. Insones, atulhados de informações que envelheciam com novos relatos, enfrentamos o serão na redação do *Diário de Notícias,* em velho prédio na rua da Constituição, quase esquina da praça Tiradentes. Oficina no térreo, ampla e sombria. Quando as rotativas começavam a funcionar, por volta da meia-noite, faziam um barulho infernal, que invadia a redação aberta. Calor, poeira impregnada de tinta, de óleo, que grudava na pele, deixando camada pegajosa e cinzenta.

Odylo Costa, filho chefiava a seção política que sustentava a coerência da linha oposicionista de virtual unanimidade da imprensa nacional. Equipe do primeiro time: Heráclio Salles, que deixara o *Correio da Manhã,* escritor de texto excepcional e repórter de fontes cultivadas em anos de cobertura do plenário da Câmara e que, quando Odylo deixou o jornal, assumiu naturalmente a chefia; Osório Borba, cronista, escritor, de ranheta intransigência com a mediocridade e a safadeza, e excelente contador de casos; e eu, recém-promovido do jornal popular para um dos matutinos de maior prestígio do país. Por pouco tempo, nessa época, Pedro Gomes completou a equipe, com seu estilo requentado e o pessimismo crônico com que analisava a vida e a política.

Na noite que entrou pela madrugada do 24 de agosto de 1954, a evidência de que o fecho da crise estava por horas mobilizou a equipe para acompanhar a última, histórica e dramática reunião do ministério, no Palácio do Catete, convocada pelo presidente virtualmente deposto, encurralado pelos militares, para decidir sobre a resposta ao ultimato fardado.

A história da reunião está contada e recontada em diferentes depoimentos dos seus participantes. Tento rememorar o clima na seção política de um dos mais importantes jornais do país. Difícil, impossível qualquer contato direto com o Catete. Muito mais tarde, os relatos destacaram detalhes reveladores da quebra do rígido protocolo que limitava o acesso ao alto escalão do governo, em severa obediência à hierarquia. A percepção do fim próximo dissolveu a disciplina e afrouxou a severidade do controle palaciano. Se as portas não foram escancaradas, quem estava no Palácio ganhou as credenciais da confiabilidade escassa e teve acesso às horas finais, para testemunhar a queda do governo. Alzira Vargas do Amaral Peixoto, a filha preferida, atravessou a baía com o marido, o governador do Rio de Janeiro, Ernani do Amaral Peixoto, e teve participação ativa e atrevida nos debates, interpelando os ministros militares e reclamando a reação armada contra a conspiração golpista, que exigia a deposição do seu pai, presidente legitimamente eleito.

Um repórter furou o cerco e acompanhou de um canto do salão o desfecho. Amigo pessoal de João Goulart, com livre trânsito nas intimidades palacianas, Doutel de Andrade — que faria carreira política destacada como deputado federal pelo PTB e anos mais tarde, pelo PDT, e com marcante atuação parlamentar — viveu a rara emoção de único jornalista a testemunhar as hesitações de ministros que se encolheram, os recuos e volteios dos cautelosos e os raros exemplos de fidelidade até o último instante. Imagino a sua excitação ao tomar notas apressadas e a ansiedade de disparar para a redação de *O Jornal,* dos Diários Associados, para redigir a grande reportagem da sua vida.

Mas a decisão de licenciar-se da Presidência não pingou o ponto final. O tiro que mudou a história não foi ouvido por Doutel. Iria surpreendê-lo na redação, batucando na máquina. A grande reportagem cedeu a manchete, deslocada para a página interna como matéria especial, de significação histórica. Recolhi do Doutel, na convivência de trabalho, muitos dias depois, a confidência da sua frustração.

A edição do *Diário de Notícias* foi fechada nas primeiras claridades da manhã, com cobertura consistente, bem apurada, da reunião ministerial e da queda de Getúlio. O jornal formava na linha de frente dos vencedores, com participação significativa e assumida identificação com a vanguarda udenista e com as suas principais figuras, como Otávio Mangabeira, Afonso Arinos, Adaucto Lúcio Cardoso, o libertador Coelho de Souza e ligações com fontes em todos os partidos. Inclusive os da oposição.

Guardo da noite que não terminou, emendada na virada do dia seguinte, a viva lembrança da volubilidade da opinião pública. Na pausa da madrugada, desci os degraus de madeira do velho prédio para enganar a fome com sanduíches de queijo e presunto no botequim da esquina da rua da Constituição com a praça Tiradentes. A vadiagem da freqüência da praça mal-afamada, então conhecida como o reduto da pederastia e da prostituição barata, ocupava duas ou três mesas do boteco escuro e sonolento. No balcão, o proprietário atendia aos pedidos de cerveja e cachaça da freguesia escassa, no passo arrastado do cansaço crônico.

Debrucei-me no balcão, encomendei os sanduíches para os parceiros da vigília. Enquanto cortava os pães murchos e as fatias de queijo e de presunto, seu Manuel aproveitou as boas relações com o jornalista, freguês de todas as noites, para colocar em dia as suas informações: afinal, o velho caía ou o bruxo daria mais um drible nos seus inimigos?

Resumi numa frase conclusiva o resultado de uma noite de telefonemas, conversas, confirmações: Vargas não era mais presidente. Renunciara, apertado pelos militares.

Seu Manuel não resistiu à tentação de exibir prestígio e berrou para a dezena de notívagos: "O amigo jornalista está a informar que o doutor Getúlio foi deposto."

O boteco despertou para as comemorações improvisadas com goles de pinga e copos de cerveja. Fui cumprimentado como o portador da boa nova. Com o embrulho de sanduíches, refiz os poucos metros de volta à redação, galguei a escada, ruminando a cena e conferindo o seu óbvio significado: o velho ditador estava liquidado, com a popularidade em frangalhos até entre os bêbados das últimas faixas do pecado e do vício. Contei o que assistira ao grupo reunido na sala da reportagem política e as reações misturavam espanto com os primeiros sinais de reverência piedosa com o destino cruel do velho, repudiado pelo povo que o resgatara da primeira queda, trazendo-o de volta ao Catete com milhões de votos.

Fui o último a sair. Estiquei a demora relaxando os nervos, lavei o rosto, fazendo hora para emendar com o segundo tempo, em *A Notícia*. A pé, andando devagar, atravessei a praça Tiradentes e dobrei a esquina com a avenida Passos. Logo adiante, do rádio de uma loja, a voz poderosa de Heron Domingues, em edição extraordinária do Repórter Esso, começava a virar a cidade com a notícia do suicídio de Getúlio Vargas e a leitura da carta-testamento.

É como se estivesse vendo ou revendo filme antigo. Uma senhora escura, gorda e baixote, modestamente vestida, estacou como se varada por um raio. Emergiu do estupor com os olhos esbugalhados de trás dos óculos tortos, inchou como se fosse arrebentar e explodiu num ataque de ódio, de patética violência, xingando aos berros e uivos os inimigos que forçaram o amigo dos pobres a pôr fim à vida, varando o coração com o tiro fulminante e anunciando desgraças e infortúnios de arrepiar.

Não era uma louca. Mas a profetisa das turbulências que sacudiram o Rio e se alastraram por todo o país, na descarga emocional que misturava remorso com a reconciliação com o ídolo, o bruxo que balançava, mas sempre se reerguia. A lição elementar e repetida da volubilidade das massas e, ao mesmo tempo, da constância da sua fidelidade aos líderes com raízes no coração do povo.

E a cidade virou diante dos meus olhos de testemunha. Reação instantânea, pipocando em todos os pontos, confluindo para os ataques aos jornais de oposição e todos os redutos identificados como inimigos, responsáveis pelo suicídio. Explodiu em pranto e lágrimas, nos gritos que anunciavam a fúria da vingança.

Incêndios, depredações, saques, quebra-quebra, arruaças esvaziaram a emoção popular. Multidões desfilaram diante do caixão e o acompanharam até o aeroporto Santos Dumont, para o embarque para São Borja.

O último golpe do ditador do Estado Novo e do presidente do mandato interrompido. O suicídio mudou o curso da história. Um ato político, calculado com a frieza de analista que antevê os lances futuros e os induz. Mesmo à custa da própria vida, que não valia mais nada, pois perdera o encanto e o sentido.

Ali a UDN perdeu a eleição que tinha tudo para ganhar. Se não começasse a ensaiar os primeiros passos no caminho do golpismo da sua perdição.

E só muito mais tarde, nas reflexões das paixões amainadas, a UDN reconheceu que ela começou a morrer com o suicídio de Vargas. Sem o adversário que polarizava o contraditório político, foi perdendo o gás, a motivação. E percorreu o calvário da decadência, aliando-se a Jânio Quadros por oportunismo e entregando-se ao golpe militar de 64, na renúncia aos seus princípios. Não era mais a UDN, mas a sua negação desmoralizada pelo desvio de linha que a atirou no abismo.

O MITO JÂNIO

Jânio Quadros foi o personagem mais exótico e indecifrável que riscou, como meteoro, a vida política nas quatro décadas em que foi tudo — vereador pela capital paulista, deputado estadual, prefeito, governador, presidente da República que renunciou ao mandato antes de completar sete meses de exercício, cassado, prefeito e candidato derrotado ao governo de São Paulo.

Mas será que o extravagante, original e surpreendente Jânio mereceu a curiosidade, justificou o entusiasmo delirante da maioria do eleitorado que o carregou das urnas ao Palácio do Planalto, na Brasília que detestou? O esquisitão solitário das noites do Palácio da Alvorada, povoadas pelos mocinhos das fitas de faroeste da sua predileção, vistas e revistas vezes sem fim, provocou a curiosidade de intelectuais, políticos, jornalistas de todo o país, que o discutiram com paixão em debates que jamais fecharam no consenso. Seguido sempre pela fidelidade de raros amigos e, depois da renúncia, pelo desprezo da maioria, que jamais entendeu o gesto insensato e nunca o perdoou.

Os que o acompanharam nas fases de maior exposição da fulminante disparada, atropelando prazos e interrompendo mandatos para o salto ao degrau mais alto, até o topo da escada, sabem tanto dele quanto os que guardam a imagem esmaecida pelo tempo e pelo desinteresse.

Enquanto durou, ou, mais precisamente, até a renúncia inesperada que traumatizou a população e abriu a picada para o golpe de 1964 e os quase 21 anos de ditadura militar, foi o ator que dominou o palco com desempenho de canastrão, mas com a chama fingida ou verdadeira que incendiou a mais empolgante campanha a que assisti. De perto, do palanque ou da rua, como repórter de *O Estado de S. Paulo.*

Não cheguei a vê-lo no gabinete presidencial, de safári de mangas curtas. Depois da renúncia, por duas ou três vezes cruzamos por acaso. Sua figura já não me despertava o menor interesse.

Conheci-o como prefeito de São Paulo, logo no começo do mandato, depois da eleição que venceu, correndo em faixa própria, como azarão que atropela os favoritos. Magro como um faquir em final de jejum, o olho vesgo girando por trás dos óculos de lentes grossas, terno amarrotado, calças frouxas desabando sobre os sapatos. A gravata bamba parecia amarrada no pescoço fino de gogó saliente como uma tira de pano ensebada. Foi amável com os jornalistas cariocas que o visitavam. Mas não desperdiçou o tempo precioso, apertado por urgências não explicitadas. Cunhou algumas frases rebuscadas, escandindo as sílabas com a pronúncia sincopada que era uma de suas marcas e a construção gramatical correta e pernóstica, de um jeito que ninguém falava, o largo consumo das mesóclises intercalando pronomes átonos no meio dos verbos, como truque para embasbacar os papalvos.

Mas, diferente, instigante, exemplar único e inimitável. Escalou a popularidade batendo duro no governador Adhemar de Barros, senhor de milhões de votos cativos, com seu estilo desabusado de populista por fora e conservador na prática administrativa. Jânio pintou o diabo com Adhemar. Os dois pareciam combinados para dividir a fatia mais gorda do eleitorado, empurrando os partidos de centro, como a UDN e o PSD, para o canto minoritário.

Tolice de viciado em teoria a tentativa de identificar Jânio e Adhemar, seja no discurso ou na linha de governo, com as etiquetas de direita ou esquerda. Nem uma coisa, nem outra.

Ambos caçavam o voto com o estilingue do oportunismo. Eram atores sem escola, improvisados na luta para envolver o eleitor.

Já trabalhava como repórter da sucursal carioca de *O Estado de S. Paulo,* que apoiou Jânio na campanha presidencial de 1959, na sucessão de Juscelino Kubitschek. Na verdade, desde a articulação de sua candidatura que agitou a UDN, forçada à decisão dramática de derrotar a candidatura do presidente do partido, Juracy Magalhães, para atirar-se de cabeça e de olhos fechados na aventura que prometia a vitória.

As pesquisas engatinhavam, ensaiando os primeiros passos, começando a ganhar credibilidade com os acertos das previsões que contrariavam os palpites dos entendidos.

Em relação a Jânio, nunca houve qualquer dúvida. À sua fama de vencedor, de invicto e de imbatível, contrapunha-se a evidência da absoluta falta de jeito do adversário, o marechal Teixeira Lott, pesado como caixão de chumbo, durão, sem jogo de cintura, dizendo o que pensava com a aspereza do tom de comando em ordem unida e escorregando em bobagens, colecionadas no anedotário da campanha.

A UDN tinha todos os motivos para embarcar na candidatura de Juracy Magalhães, o presidente que sacudiu a legenda, arrastando-a para a rua em reuniões, debates, comícios por todo o país. Candidato assumido, buscou popularizar a legenda sacudindo o pó do elitismo que a afastava do voto popular, isolando-a no reduto da classe média.

Mas Juracy era a dúvida, o medo da derrota. De mais uma, a quarta da série amaldiçoada: Dutra, em 1945; Getúlio, em 1950; JK, em 1955. E Jânio a certeza da vitória que lavaria a alma. E foi só por isso que a UDN derrotou a candidatura do seu presidente, na tempestuosa e apoteótica Convenção Nacional, realizada no Palácio Tiradentes, sede da Câmara dos Deputados, no crepúsculo político do Rio como capital do país. Conduzida pela eloquência de vigor incendiário do governador Carlos Lacerda.

Foi a maior Convenção da história da UDN. A de mais ardente disputa, com previsão de crise rachando a legenda. E a única vez em que a UDN apoiou um candidato à Presidência da República que ganhou a campanha e venceu a eleição. Candidato de empréstimo, articulado na barganha do oportunismo, mas que precisava da estrutura nacional do partido para penetrar no interior, em época em que a televisão não cobria campanha, pois não arredava o pé do estúdio.

Antes da campanha, as suas preliminares.

Bom de copo

A candidatura de Jânio à sucessão de JK estava lançada e era uma certeza desde a sua eleição para governador de São Paulo. A popularidade do exótico personagem, com suas esquisitices, abanada pela fama de bom administrador, enérgico e honesto, espalhou-se pelo país.

O namoro com a UDN, em enredo de paparicos e amuos, começou cedo, mas custou a atrair o partido e a conquistar as suas principais lideranças. A avassaladora adesão de Carlos Lacerda, candidato a governador da Guanabara, arrastou a UDN com o aceno da vitória certa, que lavaria a alma das derrotas amargas de três eleições seguidas.

Não foi fácil a articulação do apoio. De ambos os lados, um trajeto pontilhado de intrigas, explosões temperamentais, embaraços e contradições.

Jânio precisava da UDN para a campanha nacional, amparada pelo segundo partido em votos e estrutura nacional ramificada na malha dos diretórios municipais, das lideranças estaduais e o peso de uma elite parlamentar que era a marca da legenda. Mas odiava a UDN, que o fustigava em São Paulo e dificultava suas manobras de bastidores para rachar o bloco adversário. Arrepiava-se com o temor de que o carimbo udenista de partido dos ricos, com forte penetração na classe média, mas intrigado com os pobres desde a campanha de 1945, o contaminasse com a maldição do desprezo aos marmiteiros. Jânio queria os votos e a companhia da esquerda. A aceitação e o reconhecimento pelas lideranças populares.

Respeitava o seu companheiro oficial de chapa, Milton Campos, indicado pela UDN e a quem sempre tratou com as devidas reverências. Desconfiando do carisma do impecável homem público — culto, letrado, íntimo dos clássicos da literatura francesa, escritor de excepcional bom gosto, com a limpidez do texto preciso e de alta qualidade literária — na dura briga pelo voto, no tumulto dos comícios.

Dissimulava, sonso e esquivo, até o momento de expor-se nos limites da imprudência. Açulou o deputado Fernando Ferrari, egresso do PTB, jeito e comportamento de escoteiro que se lançou candidato solitário a vice-presidente, por uma legenda inexpressiva e com a bandeira do Movimento das Mãos Limpas — indireta explícita ao vice-presidente João Goulart, candidato à reeleição, na chapa do marechal Teixeira Lott.

Fez mais. Em trança equívoca, jamais renegou a jogada do Jan-Jan (Jânio-Jango), que colou cartazes nos muros de todo o país.

Ainda no período de sondagens e conversas da aproximação com a UDN — uma praça ocupada pela candidatura do presidente, Juracy Magalhães —, Jânio veio ao Rio para contatos, cumprindo agenda que incluía um encontro na casa do deputado Castilho Cabral, parceiro da primeira hora e articulador do Movimento Popular Jânio Quadros, que apoiou a traição explícita do Jan-Jan.

Convidado, compareci. Sala entupida por uma fauna heterogênea, misturando lideranças sindicais, parlamentares e desconhecidos movidos a entusiasmo exuberante.

O anfitrião apresentou-me, enfatizando a qualificação profissional de redator de *O Estado de S. Paulo*. Jânio caprichou na amabilidade e teceu os mais rasgados elogios ao jornal que tanto o maltratara na meteórica carreira, mas com quem celebrara as pazes, com a solene recepção na casa quatrocentona do doutor Júlio Mesquita Filho. Longa história de sedução, com lances pitorescos, conduzida, do lado do *Estadão*, pelos manos Ruy e Luiz Carlos Mesquita, o Carlão da minha saudade comovida.

Zanzei pela sala, desinteressado, esperando a oportunidade da retirada. E sou surpreendido pelo convite misterioso do deputado Castilho Cabral para acompanhá-lo ao segundo andar. Na escada, sussurrou-me que o Jânio tivera a iniciativa da conversa a dois.

No pequeno gabinete do dono da casa, Jânio esperava-me, sentado diante de mesa redonda, adornada por garrafa de uísque intacta, balde de gelo, dois copos.

Pretextando a necessidade de fazer as honras da casa, Castilho Cabral retirou-se. Jânio serviu-se de dose generosa de uísque, instando para que o acompanhasse. Acautelei-me, espaçando os goles.

Durante mais de uma hora e uma garrafa de uísque esvaziada até a última gota, ouvi Jânio contar a história de sua vida, cada lance da ascensão política, as muitas crises e ásperas discussões com vereadores e deputados de goela insaciável e escrúpulos discutíveis, que o cercavam com os pedidos mais absurdos. "Nenhum pleito de interesse público. A ronda da mesquinharia despudorada."

Laivos avermelhados marcavam o rosto, ensopado de suor abundante que pingava do queixo. A voz afinou, alguns tons abaixo, intercalados com explosões de indignação. Em nenhum momento o monólogo perdeu a coerência, em cochilo do raciocínio.

Um espetáculo para um único espectador.

Para o redator de *O Estado de S. Paulo.*

Matei a charada simples. Admirei a obstinação e reverenciei a competência.

Conselheiro a muque

Véspera da Convenção Nacional da UDN, convocada para o Palácio Tiradentes, sede da Câmara dos Deputados.

Apesar do franco favoritismo de Jânio, o clima ganhou o colorido da tensão e da dramaticidade com os prenúncios de inconformismo de Juracy Magalhães, presidente do partido e que recusara todos os apelos e ofertas de acordo para a retirada do seu nome. Temia-se que, no impulso da derrota certa e por ampla diferença, rompesse com o partido.

Jânio veio para o Rio com a antecedência apertada de três ou quatro dias, hospedando-se no Hotel Glória, com pequena assessoria pessoal: Quintanilha Ribeiro, Augusto Marzagão e poucos mais.

Durante dois dias inteiros, trancafiou-se na suíte em intermináveis tertúlias com dirigentes sindicais do segundo time, pelegos notórios, e ignorou olimpicamente a UDN.

À tarde, ao chegar à Câmara, reconheci os sinais de descontentamento e revolta que lavravam na bancada udenista como fogo em mato seco. As figuras mais respeitáveis do partido mostravam-se atônitas com o menosprezo do candidato às vésperas de Convenção disputada, não demonstrando o mínimo interesse em ouvir as ponderações dos que se empenhavam para evitar o pior e desperdiçava o tempo em encontros com ativistas sindicais sem expressão. De alguns, mais exaltados, ouvi ameaças do troco à grosseria com o voto em Juracy Magalhães.

Não exagerei nas tintas na crônica que ocupou o quadro em duas colunas no alto da terceira página de *O Estadão*. Analisei as razões da surda rebelião que agitava as entranhas udenistas para avançar na conclusão de que, se por enquanto a vitória de Jânio não estava ameaçada, a diferença minguava a olhos vistos, esvaziando a significação do resultado, com possíveis estímulos à oficialização do racha na legenda.

Às primeiras horas da manhã sou acordado por telefonema de Augusto Marzagão: Jânio queria falar comigo, com urgência. O próprio empunhou o telefone e a voz inconfundível reforçou o recado com o apelo pessoal.

Concedi-me o luxo do táxi e em menos de uma hora cheguei ao Hotel Glória. Da portaria identifiquei-me e recebi o sinal verde para subir. Na suíte de Jânio fui recebido em cenário montado com o evidente objetivo de impressionar-me. Sentado diante da mesa redonda, a fisionomia vincada por graves preocupações, Jânio relia o artigo, marcado por riscos de lápis vermelho, com trechos sublinhados, no exemplar de *O Estado de S. Paulo*, dobrado ao meio. Encarou-me por alguns segundos silenciosos e recitou a frase, separando as palavras:

— O jornalista despertou-me com um grito de alarme. Estou verdadeiramente surpreso e preocupado. Quero ouvi-lo.

Nada tinha a esconder. Ampliei o registro jornalístico, enriquecendo com pormenores, dando os nomes dos exaltados, especulei sobre as prováveis conseqüências. Jânio ouviu com atenção religiosa, sem um comentário, balançando a cabeça em sinal de aprovação. E foi com todos os dengues da humildade que agradeceu o favor "que jamais esqueceria" e pediu meu conselho sobre como resolver o mal-entendido:

— O jornalista conhece a UDN melhor do que eu.

Aproveitei a deixa para repetir que, bem ponderadas as coisas, a UDN estava coberta de razão. Desconsiderada pela desatenção ostensiva do candidato que evitava contatos com o partido, preferindo convocar pelegos para reforçar a imagem de engajado nas causas populares. Havia tempo para emendar o erro. Em dois dias, o candidato poderia convidar os dirigentes udenistas mais influentes e envolvê-los com as deferências que estavam sendo negadas.

Concordância imediata, seguida das providências. Quintanilha foi incumbido de limpar a agenda entupida.

Ditei para Augusto Marzagão a lista dos udenistas que deveriam ser convidados para o ciclo da reconciliação do candidato com o partido. Marzagão foi despachado para fazer os convites.

À tarde, ao chegar à Câmara, encontrei o ambiente desanuviado. E ouvi os relatos dos primeiros a serem recebidos pelo candidato, a esbanjar sorrisos e simpatia.

Foi das raríssimas vezes em que tive participação ativa num acontecimento político, deixando o lugar cativo de observador em que sempre gostei de ficar.

ENTRE O VERDE
E O VERMELHO

A campanha de 1960 foi, em vários estados, simultânea para presidente e governador. Os mandatos de governadores eram fixados pelas Constituições estaduais, variando de quatro a cinco anos.

Parceiro para a caça ao voto tem suas vantagens e desvantagens. Depende do acerto entre os dois esquemas, que nem sempre ou muito raramente se ajustam. Quando o acaso junta desavenças estaduais entre facções ou partidos no apoio ao mesmo candidato presidencial, a encrenca é certa. O folclore das campanhas para as eleições diretas, à época em que a comparação entre os comícios media o prestígio das lideranças locais e o peso do ator nacional, enriquece-se com muitos incidentes pitorescos, nos quais os riscos de pancadaria e de rachas requeriam prodígios de habilidade para serem contornados.

O DC-3 da Varig que levou Jânio e a mutante caravana por todo o país aterrou em Natal e encontrou a capital em polvorosa. A UDN, dividida ao meio, engalfinhava-se em briga de cores, ofensas, denúncias cabeludíssimas, em odiento e alegre alvoroço que bulia com todas as camadas da população.

O então governador Dinarte Mariz, em final de mandato, jogava todas as fichas na candidatura do deputado Djalma Marinho, doce figura de boêmio, parceiro certo nas rodas de pôquer, inteligente e culto, com o gosto pela leitura de um devorador de livros nas madrugadas insones.

A corrente dinartista ganhou e perdeu eleições enfrentando a dissidência udenista liderada por Aluísio Alves. Nas campanhas mais criativas, originais e empolgantes desse período de apaixonada participação popular, que a revolução esmagou com a sua incompatibilidade com a prática da democracia e a violência arbitrária e parcial das cassações e da censura.

O Rio Grande do Norte vestia-se de verde dos Alves e do vermelho dos dinartistas. As casas em todo o estado enfeitavam-se com bandeiras distintivas do alinhamento das famílias. Para evitar dúvidas e dissabores.

Candidato a governador, em 1960, o jovem deputado Aluísio Alves construiu e consolidou sua liderança popular, revolucionando o estilo de campanha com achados imaginosos e que pegaram. A começar pela escolha do verde da esperança, como a cor oficial. Bandeiras, faixas, cartazes, camisas em todos os tons, identificavam correligionários na paixão que ultrapassava os limites para descambar no fanatismo. Mais tarde, eleito, mandaria pintar de verde desde o Palácio até a frota de carros oficiais.

Iniciando a campanha sem base partidária, explorando a popularidade de deputado com intensa atuação nas áreas pobres de Natal, de Mossoró e dos municípios visitados com assiduidade, Aluísio apelou para fórmulas tradicionais, renovadas com o toque do inesperado. Percorria bairros inteiros a pé, parando à porta de todas as casas para cumprimentar os moradores.

À medida que a campanha encorpava, ganhava impulso e esticava a polarização, o verde tingia a maior parte da capital, e começaram as caravanas. O candidato subia num velho caminhão, com sistema de som, e percorria a cidade inteira, dias e noites seguidas, sem pausa nem descanso, seguido por multidões que cresciam e encolhiam na estafa das noites ou no calor escaldante do sol nordestino. Nos locais previamente anunciados, improvisava rápido comício. Discursos dos candidatos a mandatos legislativos e, para encerrar, o do candidato a governador. Vinte, trinta, cinqüenta discursos, com a voz rouca, em maratonas de emendar dias e noites.

Nas paradas, os moradores esperavam o candidato e o seu séquito com bandejas de sanduíches, refrescos, copos de leite, doces caseiros.

As marchas a pé, que se intercalavam com as caravanas no caminhão, percorriam distâncias inacreditáveis, juntando milhares de caminhantes nas estranhas procissões políticas por ruas calçadas ou de terra.

Não vi em nenhum outro estado campanhas como a do Rio Grande do Norte.

E foi esse caldeirão fervente que esperava Jânio, no desafio à sua habilidade, com dois comícios, em locais próximos e em clima de guerra. Dinarte contava como certa a definição de Jânio de apoio à candidatura de Djalma Marinho, lançado pela seção estadual da UDN, oficializada pela Convenção do partido.

No campo aberto da dissidência, Aluísio Alves não exigia apoio explícito, mas a neutralidade do candidato. Do contrário, não teria como justificar seu apoio.

Jânio não era de desperdiçar voto. Avião na pista, porta aberta, recebeu emissários e o ultimato do governador Dinarte Mariz. Respondeu curto e grosso: não pisaria em terra sem que os inimigos aceitassem a sua neutralidade.

O deputado Castilho Cabral foi incumbido de articular a trégua e costurar o estranho acerto. Ninguém mais pôde sair do avião, por ordem terminante de Jânio. Esperamos mais de uma hora, suando de empapar camisa, no suplício do tubo de aço sob o sol a pino do Nordeste.

Acordo fechado, Jânio fez o mesmo discurso nos dois comícios, sem tocar na pendenga estadual. Nem verde, nem vermelho. O branco desmaiado do escapismo.

Frustrou os assistentes das duas manifestações. Chegou a amargar algumas vaias. E provou que podia servir a dois senhores ou a receber a reverência de desafetos.

SUPERSTIÇÕES

Pouca gente se lembra ou sabe que, em Minas, José de Magalhães Pinto foi mais votado do que Jânio.

O candidato à Presidência da República e o presidente da UDN e candidato a governador de Minas cumpriram roteiros juntos, visitando várias regiões. No DC-3 de sempre, com a novidade de, em alguns trechos mal servidos de campos de pouso, apelarem para o trem especial, de dois ou três vagões puxados pela locomotiva a lenha, parando em cada estação para os rápidos comícios, de meia hora, às vezes menos.

Na plataforma traseira do último vagão, a precária aparelhagem de som garantia o microfone e os alto-falantes para os oradores. Segundo o rígido esquema: falavam os candidatos locais, Magalhães e Jânio. Comícios em lugarejos, vilas, distritos, municípios minúsculos, mas que atraíam muita gente com a novidade que quebrava a pasmaceira da rotina provinciana.

Guardo dessas excursões a viva lembrança de curioso e inusitado episódio. Espiava, distraído, a paisagem pela janela, quando a jovem e bela filha de Jânio, Tutu, senta-se ao meu lado. Depois de breve diálogo sobre trivialidades, entra no assunto que a sufocava. Em voz baixa, séria e tensa, desfiou a confidência:

— Com o senhor posso conversar que papai não zanga. Ele o considera muito, aprecia sua seriedade.

Balbuciei o agradecimento, cutucado pela curiosidade. Tutu fez um rodeio:

— Reparou como sou a única mulher no trem?

173

E no embalo, sem esperar a resposta:

— Nem eu nem mamãe estávamos programadas para esta viagem, cansativa e desconfortável. Ontem, à noite, o tempo ferveu lá em casa. Sabe que eu namoro o Alaor, seu colega, radialista em São Paulo. Queremos ficar noivos e papai deu de implicar com o namoro. Não tem o que dizer do Alaor. Ontem, papai foi dar uma entrevista na emissora em que o Alaor trabalha. Sem que ele soubesse, os colegas combinaram encostar papai contra a parede. Lá para o fim da entrevista, um deles, muito nosso amigo, desfechou a pergunta combinada, à queima-roupa: "Governador, por que o senhor não gosta de jornalistas?" Você sabe que papai não se aperta, mas ficou meio sem jeito, sem entender o porquê da pergunta. Desmentiu a alegada má vontade e ia mudar de assunto, quando o jornalista deu o recado: "Então, por que o senhor é contra o namoro da sua filha com o Alaor, um rapaz sem defeitos, de quem todos gostam?"

Tutu conferiu meu interesse e a seriedade com que a escutava. E foi em frente:

— Nem sei com que explicações papai, de cara fechada, encerrou o assunto e a entrevista. Chegou em casa chutando a porta, possesso, sentindo-se desrespeitado pela molecagem dos cafajestes, do bando de mal-educados que se conluiaram para expô-lo ao ridículo, levando a público um assunto doméstico. Acusou-me de estar metida na armação e, como castigo à criança que faz má-criação, ordenou que o acompanhasse nesta viagem de uma semana. A única mulher na comitiva, deslocada e passando constrangimento até para ir ao banheiro.

Enrolei as palavras que me vieram à boca, pretextando a tensão a que estava submetido um candidato em campanha. Tutu não me deu a menor atenção. Fungou o nariz, enxugou as lágrimas e entrou no melhor da história:

— Foi a nossa última tentativa de arrancar o consentimento dele para o noivado. Vou contar o nosso segredo, preciso contar a alguém. E sei que posso confiar na sua palavra de que não dirá nada a ninguém. Eu e Alaor vamos fugir. E quero ver se papai consente ou não no casamento da filha que fugiu de casa para dormir com o namorado.

O rosto da moça, tomado pela emoção, exprimia determinação e revolta contra a tirania paterna. Mas a cabeça feita do repórter político avaliou a gravidade do compreensível estouvamento dos jovens apaixonados e a repercussão do escândalo, explorado com inevitável sensacionalismo. Ponderei, com cuidado para não quebrar a louça:

— Entendo a sua indignação e a de Alaor, que não conheço pessoalmente. Mas vocês precisam ter mais juízo e bom senso que o seu pai. Você sabe que Jânio está eleito presidente da República, com os votos e as esperanças de milhões de brasileiros. E a exploração da fuga de vocês será um prato feito para a oposição. Seu pai está com a cabeça na campanha e os nervos em pandarecos. Esperem até a eleição...

Tutu cortou-me a frase: estava tudo acertado e não esperariam nem mais um dia.

Espertei a imaginação e sugeri a alternativa que consegui armar:

— Já que vocês estão determinados a desafiar a fera, façam o seguinte: fujam, mas não para hotel ou apartamento. Um de vocês deve ter parente de confiança na casa de quem possam esconder-se. E de lá você telefona para o seu pai e impõe a alternativa: ou ele concorda com o casamento ou vocês somem no mundo.

A reação de Tutu foi desconcertante. Desanuviada, riu, encerrou a conversa com o arremate dúbio:

— O senhor parece tão doido quanto nós...

Não tocamos mais no assunto nos muitos e breves encontros durante a viagem.

Poucos dias depois, li a notícia do noivado de Alaor e Tutu. E do casamento, em cerimônia simples, antes da eleição.

Muitos anos depois, de um confidente da família, ouvi a história da birra de Jânio com o futuro genro, a intransigente oposição ao namoro, o veto ao casamento e a trama dos apaixonados para saltar a muralha da negativa sem explicação, uma cisma de temperamento dado a tais rompantes. Tintim por tintim o enredo da conversa do trem.

E nunca mais, em tempos de casada, de divórcio e outras andanças da vida, ouvi de Tutu uma palavra sobre o desmiolado conselho do repórter, com idade para ser seu pai, nos sacolejos do trem especial, cortando o interior mineiro e parando em cada estação, para a repetição dos mesmos comícios e dos mesmos discursos.

Acho que ela esqueceu. Eu também.

PERFUME DERRAMADO

Quarenta anos desmancham conveniências, amolecem compromissos de guardar sigilo, desde que se adotem as cautelas que não deformam os fatos, mas protejam a privacidade de pessoas, envolvidas, por acaso, em incidente constrangedor.

É preciso recuar não apenas no tempo, mas aos costumes recatados do interior e as características da cobertura jornalística das campanhas. Só havia uma maneira de o repórter acompanhar o candidato no roteiro de vários comícios por dia, com paradas em cidades de acesso difícil, espaçado: era incorporar-se à comitiva. Na condição de convidado, com as restrições óbvias e as facilidades que viabilizavam o trabalho.

Claro, ninguém era pressionado a escrever matérias de encomenda, na pauta do interesse do candidato. De resto, com o engajamento político dos jornais, o tom da cobertura refletia a linha de cada órgão.

O bom senso de cada um ajudava a encontrar o meio-termo entre o compromisso profissional com a verdade e o enquadramento na posição do jornal.

A rotina da campanha não costumava criar embaraço ético nas matérias objetivas sobre os fatos que aconteciam diante do público.

Mas, lá uma vez ou outra, o imprevisto fazia das suas.

Reta final da campanha de Jânio e Magalhães Pinto. Jânio embalado pelo favoritismo absoluto: Magalhães Pinto disputando com Tancredo Neves, candidato do PSD, a maior máquina do país e soberana no estado. Briga à parte, de resultado incerto.

Tancredo disparara na frente para perder terreno com o esvaziamento da candidatura do marechal Teixeira Lott. Mas em Minas a parada era muito dura. Pelo menos, parecia.

O DC-3 pousa no campo do município da Zona da Mata, de forte presença udenista. Multidão no aeroporto, que se organiza em corso barulhento, de foguetório e carro de som até o centro da cidade.

Na praça central, o comício com mais de dez mil pessoas, sob sol inclemente de meio-dia de verão, rolava no compasso de espera desde as 10 horas da manhã, sucedendo-se na tribuna a fina flor dos oradores locais. Elenco esgotado, já se apelava para suplente de vereador.

Campanha sempre atrasa. Na esquina da praça, em frente ao palanque, a comitiva pára à porta da casa do chefe udenista, respeitado, ganhador de eleições, com voto, dinheiro e generosidade.

A hospitalidade mineira preparara um banquete para os candidatos e acompanhantes. Mesa posta, farta e variada, com os quitutes das prendas domésticas.

Pequena e rápida reunião define o programa. Desaconselhável espichar o comício, com duas horas de discurseira. Convinha aproveitar o entusiasmo com a chegada dos candidatos e deixar o almoço para depois.

Jânio, que comia pouco com o apetite da sua magreza, surpreende com a confissão da fome:

— Estou com o estômago a dar horas. Depois, não podemos deixar a dona da casa à nossa espera.

Osvaldo Pierrucetti, presidente da seção mineira da UDN, advogado afamado no Triângulo, que fez brilhante carreira no estado, temperamento enérgico e categórico, anunciou a solução:

— Presidente, o comício não pode parar. Os deputados que chegaram na comitiva se revezarão até que o Dr. Magalhães Pinto e o senhor sejam chamados para o encerramento. Teremos tempo para o almoço tranqüilo.

Saiu comboiando a primeira turma de atores estaduais e nacionais. Com o sangue novo o comício ganhou embalo.

Em meia hora, matamos a fome. Jânio e dona Eloá foram dos primeiros a deixar a sala, aos cochichos com o dono da casa.

Repórteres, políticos, gente da terra, distribuímo-nos pelas mesinhas no jardim, à sombra de árvores centenárias. Dali, acompanhávamos o desfile de oradores e a movimentação do povo.

Nos fundos, separado da casa, num chalé de hóspedes, Jânio e dona Eloá repousavam, com sentinela à porta para não serem incomodados.

Mais meia hora, 40 minutos de falatório e esgotou-se a munição. Passava das três horas da tarde, mais de cinco horas seguidas de entusiasmo cívico, primeiros sinais de esgotamento e de retirada dos exaustos.

No palanque, Magalhães Pinto buscava o tom coloquial de conversa de mineiro para suprir as graças da eloqüência. A oratória não era o seu forte.

Pisando firme, passo apressado, Osvaldo Pierrucetti procura por Jânio. E marcha para o esconderijo, onde o candidato sesteava. O fiel escudeiro, que acompanhava Jânio, mordomo bem mandado, de mil utilidades, conhecedor das manhas do patrão, avisou que "o presidente não gostava de ser acordado".

Pierrucetti afastou-o, com um definitivo "eu assumo a responsabilidade".

Esmurrou a porta uma, duas, três vezes. Voz irritada de quem é despertado no melhor do cochilo, alta o bastante para ser ouvida pela meia dúzia de repórteres atentos à cena:

— Quem é?

— Presidente, é o Pierrucetti. O comício está terminando, esperamos pelo senhor. Por favor, não demore.

Seca e curta a resposta:

— Já vou.

Intervalo de segundos e de dentro do quarto de hóspedes ouve-se a barulheira de vidros estilhaçados, gritos de zanga, parecendo discussão, áspera. Mas, no quarto, apenas o casal.

Abre-se a porta, Jânio sai com passo estugado, seguido pela mulher, de olhos no chão, vexada, esvaindo-se em vergonha.

Vistoriamos o quarto, que espalhava perfume a léguas de distância. No chão molhado, cacos de vidros, cadeira derrubada, cama em desalinho. Cenário de um ataque de nervos, do chilique clássico da perda do controle emocional e do mergulho fundo no desatino.

Jânio não gostava de ser acordado. Bem que o mordomo, que o conhecia, avisou.

O episódio foi contado com as cerimônias de repórteres convidados. Mas, com a fama de biruta de Jânio, não provocou o espanto merecido.

Um sinal a mais de advertência do desequilíbrio que levaria à renúncia do presidente eleito, com menos de sete meses de mandato.

Marco inicial do abalo das instituições e que desabariam com o golpe militar de 31 de março de 64.

A MORTE ADIADA

Repórter também não morre de véspera. Por duas vezes escapei de desencarnar em acidentes de avião nos quais ninguém se salvou.

Um dos primeiros contatos com titular do primeiro time que consegui, não me lembro exatamente como ou em que circunstâncias, foi com o ex-ministro do Trabalho e da Aeronáutica, senador Salgado Filho, militante do PTB, amigo pessoal de Getúlio Vargas de velhos laços de família. Rico, ao menos na aparência, bem-posto, elegante, com largo círculo de relações com os principais líderes do PSD e da UDN, com ativa participação nas muitas tentativas de acordo na montagem da campanha para a sucessão do presidente Dutra, em 1950.

Nada deu certo. Enrolado pelas intrigas palacianas, como já vimos, o PSD abandonou a candidatura natural do senador Nereu Ramos, facilitando o lançamento da candidatura de Getúlio para a desforra nas urnas da deposição de 1945.

Salgado Filho saiu candidato ao governo do Rio Grande do Sul e lançou-se à campanha. Costumava vir ao Rio para matar as saudades da família e atualizar-se com as novidades na política nacional. Nessas ocasiões, eu sempre o procurava. Pessoalmente, quando a conversa prometia alongar-se; por telefone, para conferir informações ou catar notícias.

Dois dias antes de embarcar para a viagem fatal, falamos ao telefone. Engolfado na campanha, Salgado Filho esbanjava otimismo com a sua eleição e a de Getúlio. Antes de desligar, o senador disse-me que viajaria no dia seguinte para Porto Alegre, trocando o avião da Varig por outro menor, contratado, para visitar o amigo Getúlio

179

Vargas, na sua fazenda de São Borja. A candidatura de Getúlio fora oficialmente lançada pela Convenção Nacional do PTB, em 17 de junho, havia menos de duas semanas. E o candidato prolongava a longa temporada de desterro voluntário, antes de começar a campanha.

Na mesma toada da conversa especulativa, convidou-me a acompanhá-lo a São Borja e em dois ou três dias de campanha. Aceitei em cima do laço, sem um instante de hesitação. Recebi as instruções para madrugar no dia seguinte no aeroporto do Galeão.

À noite, meu filho mais velho, Marcos, despertou queimando em febre. Preocupado e sem atinar a razão da súbita elevação de temperatura, telefonei ao senador e desculpei-me: não podia viajar daí a algumas horas, sem levar o menino ao médico.

Salgado Filho não insistiu. Ficaria para a próxima vez. E brincou, na última frase que dele ouvi: "Isso são manhas de pai de primeira viagem."

Um dente de leite que custara a romper as gengivas provocou a febre e o inchaço nas bochechas de Marcos. Horas depois, brincava normalmente. Com os meus botões, lamentei a viagem perdida e a oportunidade de uma entrevista exclusiva com o ex-ditador solitário que traçava o roteiro da volta.

À tarde de 30 de junho de 1950, o rádio noticiava a tragédia, com detalhes. O candidato e sua comitiva demoraram-se em contatos no aeroporto de Porto Alegre. O tempo fechou, com nuvens de chumbo reduzindo a visibilidade e ameaçando chuvarada.

Precavido, o comandante Kramer, com anos de prática na região, aconselhou o adiamento da viagem para a manhã do dia seguinte. O trecho até o campo de terra da fazenda de São Borja tinha as suas dificuldades, com três morros traiçoeiros fincados nos pampas. E a rota não dispunha de recursos para a orientação. Só o olho treinado de piloto seguia o caminho pelos acidentes do terreno.

O senador levantou os olhos para o céu, desdenhou os avisos das nuvens, decidiu com a autoridade que não admitia contestação:

— Não há mau tempo para um ex-ministro da Aeronáutica.

O piloto voou acima das nuvens, na direção certa. Às cegas. Calculou que estava nas proximidades da fazenda de São Borja e iniciou a descida para orientar-se. Desceu em cima de um dos três morros. Bateu de frente, o avião explodiu, incendiou-se.

Morreram todos. O avião estava com a lotação completa.

Alguém morreu em meu lugar.

O BOATO DA MORTE
ANUNCIADA

O maranhense Odylo Costa, filho, tinha fundas raízes de amizade de família, mais sólidas que as de parentesco, com o ex-presidente José Sarney. Fora amigo do pai de Sarney, as famílias curtiam relações que permeavam várias gerações e se consolidaram na dura luta política estadual, em oposição ao senador Vitorino Freire, íntimo de presidentes e com cultivadas relações com militares.

Tipo pitoresco, o senador Vitorino era excelente contador de histórias, com seu fundo de verdade e o largo molho de fantasia, celebrando a esperteza e a fina malícia do presidente Eurico Dutra, no desmentido à fama e ao rosto que parecia talhado em tronco de madeira de Mato Grosso, impassível e impenetrável talvez pela ausência de mistério.

Mas o vitorinismo era execrado pela campanha da oposição, enfeitada pelo brilho de jovens intelectuais como, além de Odylo e Sarney, Neiva Moreira, Ferreira Gullar, o poeta Bandeira Tribuzzi, o poeta e escritor Franklin de Oliveira, com militância na imprensa, infernizando o soba que controlava a máquina dos votos, elegia governadores em votações sempre acusadas da mais despudorada fraude.

A virada maranhense com a eleição surpreendente do candidato José Sarney a governador enlouqueceu São Luís e incendiou o estado em comemorações que emendavam os dias e as noites, no pipocar de milhares de foguetes e com o povo na rua, no desfile sem fim, entoando as marchas da campanha.

Amigos de alma lavada, com a desforra da série de derrotas, montaram uma festança de arromba para as cerimônias da posse. Programa que começava com a alvorada, às primeiras luzes da madrugada, e emendava na missa na bela matriz da capital das ladeiras, dos telhados inclinados, dos azulejos que colorem a frente das velhas casas e sobrados conservados no centro histórico. Depois, o banquete com a deliciosa cozinha maranhense, das mais saborosas e variadas do país. Posse, discursos e festas nas ruas até o último fôlego.

Claro, Odylo era presença obrigatória, o amigo mais chegado, sócio da vitória. Acomodei-me na bagagem, como convidado pela cordialidade amiga do governador.

Mas, naqueles tempos dos seguros e ronceiros DC-3, bimotores com velocidade de carroça, seguros como jegues, a viagem do Rio a São Luís durava um dia inteiro, com escalas em todas as capitais e sem hora para chegar.

O cerimonial armou a alternativa estratégica para encurtar nossa viagem, a tempo de comparecer à missa das 11 horas. Vôo direto em quadrimotor Constelation, de linha internacional, saindo cedo do Rio, deixou-nos em Belém antes das nove horas. Lá um monomotor de aluguel deveria esperar-nos para a hora e pouco de vôo direto em cima da floresta compacta até São Luís.

Mas cadê o aviador que deveria aguardar-nos no aeroporto? O aviãozinho lá estava, de portas trancadas. Indaga daqui, pergunta acolá e descobrimos que o avião aterrara na véspera, à noite, e o aviador fora tirar uma soneca no hotel, depois de algumas doses de uísque. Afinal acordamos o dorminhoco e levantamos vôo com atraso de horas.

A deslumbrante paisagem da floresta sem fim, com as nuanças do verde e as manchas de cores, aliviou a tensão e entramos no clima de festa. E que era o que não faltaria.

Mas a demora e a falta de notícia criaram o boato de que o avião com os convidados do Rio perdera-se na selva, possivelmente espatifando-se na queda. Com a morte do piloto, do Odylo e deste sobrevivente.

O governador José Sarney torcia as mãos na angústia da tragédia que marcaria a sua posse. Já se cogitava de simplificar as solenidades, cancelando as festas populares.

Chegamos à matriz no fim da missa. Nossa entrada provocou o zunzum da surpresa, com parada para os abraços e as explicações. O governador José Sarney reconheceu-nos no meio do bolo, esqueceu a pompa do momento, apressou o passo e envolveu-nos no abraço de soluços que sacudiam o despejo das emoções reprimidas, enquanto as lágrimas desciam pelo rosto e pingavam do queixo.

Das várias mortes que escapei, a da posse do governador José Sarney foi a mais emocionante e sem nenhum risco. Um qüiproquó que inflou o boato da morte anunciada.

A VIDA POR UMA SAUDADE

O senador Lúcio Bittencourt não chegou a enterrar raízes no Monroe e era uma presença freqüente no Palácio Tiradentes para as conversas com os amigos de quatro anos do mandato de deputado, de 1950 a 1954.

Mineiro de Juiz de Fora, magro, alto, um tanto desengonçado no andar, trocando o prumo a cada passada, gostava da prosa descuidada sobre as futricas políticas e das conversas mais sérias sobre os destinos e os desafios do trabalhismo. Fundador do Partido Trabalhista Brasileiro, em 1945, alinhou-se entre os teóricos do pequeno grupo, liderado por Alberto Pasqualini, que resgatou a legenda da má fama das origens no peleguismo sindicalista, com as pragas do empreguismo desvairado, a gula pelas verbas das autarquias do sistema previdenciário e o cafajestismo amolecado do período de consolidação do partido na secura da oposição no governo Dutra.

Lúcio Bittencourt conquistou o respeito da Câmara e da reportagem. Não era uma boa fonte: nem freqüentava o governo nem integrava o grupo que manobrava a bancada petebista, sem peso decisivo na balança parlamentar.

Elegeu-se senador em 1954, graças ao acordo mineiro do PSD com o PTB, que também emplacou a outra vaga, abocanhada pelo ex-governador, senador Benedito Valadares, principal liderança do pessedismo estadual, e do círculo íntimo do Catete, desde os tempos do casmurro presidente Dutra.

Inquieto, com temperamento de luta, Lúcio não se entrosava com a cúpula gaúcha do PTB nem desfrutava da intimidade com o presidente Getúlio Vargas.

Depois da crise de agosto de 1954, com o suicídio de Getúlio, com Café Filho na presidência de governo ocupado pela UDN, as contradições se exacerbaram.

Marginalizado, a um passo da dissidência, discordou da aliança nacional do PTB com o PSD, tecida para o apoio da chapa encabeçada pelo ex-governador de Minas, Juscelino Kubitschek, com o presidente nacional do PTB, Jango Goulart, na vice-presidência.

Em lance romântico, assumiu os riscos da discordância pública, articulando o restabelecimento da Frente Populista formada pelo PTB e o PSP e que, em 1950, elegera Getúlio, com Café Filho para vice. O movimento não chegou a rachar o partido e mereceu repercussão escassa, apesar de lançar chapa completa para a sucessão presidencial, composta por Adhemar de Barros e Danton Coelho, trabalhista histórico, mas de rompantes temperamentais e em choque frontal com Jango.

Manobrando com habilidade e sustentando a proposta sedutora da candidatura própria, Lúcio Bittencourt furou o acerto das cúpulas nacionais para o apoio ao candidato pessedista José Francisco Bias Fortes e conseguiu que a seção mineira do PTB lançasse a sua candidatura a governador.

Azarão, sem nenhuma chance, hostilizado pela direção do partido, com recursos recusados pelos empreiteiros, tradicionais financiadores de campanhas, Lúcio atirou-se à aventura com dedicação integral. Todos os fins de semana subia no monomotor de meia dúzia de lugares com a equipe minúscula e percorria largos trechos do território mineiro, dividido nos planos de cobertura de todo o estado.

No fim de sessão da Câmara de uma sexta-feira de setembro de 1955, encontro o senador nos corredores do Palácio Tiradentes. Paramos numa das sacadas que dá para o belo edifício de onde Pedro I anunciou que não atenderia às ordens da Coroa portuguesa e ficaria no país que libertaria, para a conversa com tema obrigatório. Mais por amabilidade do que por curiosidade, perguntei pela sua candidatura aventureira, de desobediência romântica.

Com a polidez bem-educada, sem alterar a voz, Lúcio Bittencourt desfiou seu rosário de queixas. Sem esconder a amargura ressentida pelo silêncio da reportagem política pela campanha de escoteiro a que se entregava com paixão consciente, para marcar o inconformismo com a manobra dos donos dos partidos, espezinhando pretensões justas de seções estaduais. Pouco a pouco, na peregrinação obstinada, colhia os frutos de despertar o povo da apatia. Os comícios não reuniam multidões, mas a cada semana registrava maior participação, entusiasmo e a adesão aos pontos do seu programa. Não prometia ganhar a eleição contra a estrutura poderosa do PSD e o reforço da fatia do PTB cevada no cocho milionário do sindicalismo corrupto. Mas surpreenderia os repórteres políticos agarrados como ostras às fofocas da capital.

Apesar de descrente do milagre, entendi que valia a pena ver de perto. Propus-me acompanhá-lo na primeira excursão.

Lúcio pegou na palavra: no dia seguinte, sábado, viajaria de manhã para Belo Horizonte e, trocando de avião, no monomotor alugado, percorreria o norte de Minas, a zona mais pobre do estado, pousando em uma dezena de municípios para pequenos comícios e articulações com as lideranças locais. Emendou no convite, com ar de provocação:

— Você aceita trocar a praia para conhecer a miséria e a fome da rica Minas Gerais?

Não tive saída nem procurei desculpas. Acertamos a hora do encontro, recebi as informações sobre o roteiro, fechamos o compromisso. Era para a conversa acabar aí. Não sei por que esticamos a prosa vadia. E porque manifestei a vontade de voltar ao Triângulo Mineiro, especialmente a Araguari, onde meu pai, Merolino Raymundo de Lima Corrêa, fora juiz na fase dourada dos meus tempos de estudante ginasiano e universitário, nos primeiros anos do curso de direito.

Partiu de Lúcio a sugestão da troca. Na semana seguinte visitaria exatamente o Triângulo Mineiro, com comícios marcados para Uberaba, Uberlândia, Araguari e Tupaciguara. Em região mais rica e povoada, eu teria condições de exata avaliação das proporções que a campanha quixotesca, que não estava sendo levada a sério, começava a alcançar.

Acerto refeito e fechado de pedra e cal. Na próxima semana, de sexta a domingo, viraríamos o Triângulo pelo avesso. E ele daria um jeito de pernoitar em Araguari, para que eu matasse as saudades de amigos de tempos de férias de moços, no acolhedor e repousante ambiente interiorano, na transição da província para a grande, moderna e progressista cidade que só iria rever muitos anos depois. Com a troca de planos, eu fiquei e ele foi.

No fim da tarde daquele sábado de 19 de setembro de 1955, no crepúsculo cinzento de céu carregado de nuvens anunciadoras de chuva, no campo de terra batida do município de Cruzeiro do Sul, o candidato Lúcio Bittencourt travou um breve diálogo com o piloto de confiança que o conduzia nas rotas da aventura.

Viagem de candidato sempre atrasa e, àquela hora, com tempo ameaçador, não era possível levantar vôo para os 40 minutos, às cegas, sem instrumentos, até Pedra Azul. Antes de chegar lá, a noite apagaria os sinais para a orientação visual.

Candidato em campanha só enxerga o voto. Lúcio alegou que havia muita gente esperando por ele, o comício fora marcado com antecedência e não havia tempo a perder.

O piloto obedeceu. Com 15 minutos de vôo mal se enxergava o chão. A experiência de piloto tarimbado indicou a única saída: acompanhar a estrada de terra, risco tingido de barro vermelho no verde- escuro da mata fechada. Mas não deu para enxergar os fios condutores de eletricidade entre os postes.

Choque seco, a poucos metros de altura. O monomotor despencou, bateu no chão, incendiou-se.

Morreram todos. Lúcio Bittencourt e acompanhantes que os registros da imprensa carioca não identificaram. Lotação completa.

Alguém morreu em meu lugar.

LOAS À REDENTORA

Pelo viés torto do contraditório, a reportagem política consolidou o amadurecimento do modelo da minha geração nos anos de chumbo de censura e de tortura da Redentora. E que se delimitam pela data precisa do AI-5, de 13 de dezembro de 1968, o golpe dentro do golpe que desestabilizou o governo do presidente Costa e Silva e terminou aos poucos no governo do presidente Ernesto Geisel, com o fim da censura à imprensa, em 26 de janeiro de 1975.

O desmonte da tortura nos aparelhos especializados dos DOI-CODIs precede e antecipa o fim da censura. Em janeiro de 1975, em documento secreto, encaminhado ao Centro de Informações do Exército, o temível CIEx, o presidente Geisel começa o cerco ao aparelho repressivo que se desmandara na prática rotineira da violência, chamando a atenção para o exagero de oficiais do Exército servindo nos órgãos de segurança: 12 tenentes-coronéis, 24 majores, 47 capitães, de um total de 708 homens. Assinala que "é válido dizer que a luta contra a subversão ainda permanece uma atribuição específica das forças armadas, em particular do Exército, o qual, tendo a supervisão dos CODIs e o comando dos DOIs, estabelece o *modus faciendi* muitas vezes deformado pelo escalão executante que, dispondo de já larga experiência e liberdade de ação, sabe também usá-las, quando necessário, para livrar-se do eficiente controle dos comandos superiores, o que, nos últimos dois anos, tem conduzido a situações delicadas até o nível presidencial" (pág. 174, do livro *História indiscreta da ditadura e da abertura,* de Ronaldo Costa Couto).

O golpe mortal é aplicado com a demissão sumária e brusca do general-de-exército Ednardo d'Ávila Mello do comando do II Exército, em São Paulo, em 20 de janeiro de 1976, depois dos assassinatos, sob tortura, nas sinistras dependências do DOI-CODI, do tenente José Ferreira de Almeida, da Polícia Militar de São Paulo, em agosto de 1974, dado como enforcado na mesma cela em que o jornalista Wladimir Herzog, a 25 de outubro de 1975, também foi pendurado numa corda, na montagem da farsa do suicídio, e do metalúrgico, Manuel Fiel Filho, em 17 de janeiro de 1976.

A Redentora — do apelido dos pronunciamentos militares — morreu devagar, em lenta agonia, acompanhada pela expectativa da sociedade e de recaídas no arbítrio. Expira os últimos suspiros nos seis infindáveis anos do mandato do presidente João Figueiredo, que fechou a porta da frente da ditadura e escafedeu-se pelos fundos do Palácio do Planalto para não passar o governo ao vice-presidente José Sarney, o vice que exerceu todo o mandato do presidente Tancredo Neves.

A revolução de 31 de março ou de 1º de abril de 1964 começou a saltar dos trilhos dos compromissos ainda no governo inaugural do presidente Castello Branco. O desastrado AI-2, de 27 de outubro de 1965, que extinguiu 13 partidos formados à sombra da democrática Constituição de 1946 e, ao acabar com o pluripartidarismo, impôs o bipartidarismo com legendas fictícias, sem raízes nem tradições, foi um brutal recuo, o passo atrás no endurecimento. Devolve ao presidente o poder de cassar mandatos e direitos políticos, permite a decretação do estado de sítio e, na pancada mais dura, estabelece eleições indiretas para presidente e vice-presidente da República pelo Congresso, em sessão pública e votação nominal, com exigência de maioria absoluta.

O segundo ato institucional arromba a portinhola bamba das promessas de redemocratização dos pronunciamentos de posse e das entrevistas do presidente, que não agüentou o tranco do endurecimento. Novos atos, em cascata, tornam indiretas as eleições para governadores e dispõem sobre a formação dos dois partidos de chocadeira: a Arena, majoritária, escoadouro do adesismo, e o MDB, arrancado a fórceps da minoria da resistência. Para atender ao número mínimo de senadores, foi necessária a ajuda do presidente da Arena, senador Daniel Krieger, emprestando dois das sobras da sua bancada.

Do então ministro da Justiça, general, senador, ex-governador da Bahia, Juracy Magalhães, recolhi o depoimento, com a franqueza e a honestidade habituais na reverência à verdade, que a razão decisiva, a fundamental entre muitas outras do receituário do casuísmo, para a edição do malfadado AI-2, foi a convicção de que o Partido Trabalhista Brasileiro (PTB) elegeria a maior bancada no Congresso nas eleições que se aproximavam. O esquema revolucionário não absorveria a desmoralizante derrota para a legenda inimiga, a sigla de Jango Goulart e de Leonel Brizola. Projeções posteriores de especialistas corrigem a previsão que justificou o desvio arbitrário do governo inaugural da ditadura. O PTB amargava o declínio com a crescente desestima popular. Tarde demais para evitar o pior. O mal estava feito e suas conseqüências funestas, ainda hoje, são responsáveis pela desordem do quadro partidário.

Treze partidos morrem para desocupar o berço que receberia os monstrengos gerados pelo arbítrio: a Aliança Renovadora Nacional (Arena) e o Movimento Democrático Brasileiro (MDB), registrados em 24 de março de 1966. Por expressiva coincidência, no mesmo dia em que, no Rio, os estudantes, em protesto nas ruas do Centro, enfrentaram a violência da Polícia Militar.

A revolução, que começara com apoio maciço da classe média e altos índices de aprovação popular, mostrava as unhas da linha dura, pressionando o governo, que se equilibrava no muro da indecisão.

Não chegou a ser um divisor de águas turbulentas. Mas o empurrão seco para a resistência ao cerceamento das liberdades e que sempre leva de cambulhada a censura à imprensa.

O confronto clássico de governo contra oposição, ambos de nítido posicionamento centrista, amortece a tentativa de mudança para o debate ideológico, na trégua da frente ampla contra o arbítrio.

O modelo ideal da reportagem política imparcial e interpretativa começou a freqüentar, como ensaio de inspiração espontânea, as conversas dos intervalos de folga, nas reuniões de fim de semana, em todas as oportunidades de encontros que se iniciavam ou acabavam nos obsessivos temas profissionais. A autonomia da cobertura política, a luta individual pela conquista do palmo de espaço livre receberam o empurrão do aprofundamento na resistência à censura, ao arbítrio e, pelos meios e maneiras possíveis, à tortura.

Com as poucas exceções dos que não se decepcionaram com os recuos da revolução e com a escalada do endurecimento e da violência, a virtual unanimidade dos profissionais que militavam nos seus postos de trabalho foi tangida pela incompreensão, pelos preconceitos e pelo conhecimento direto dos horrores da rotina dos porões da ditadura, à posição de repúdio consensual.

Não havia alternativa decente. O jornalista que se preza abomina a censura como uma ofensa pessoal. O seu trabalho de profissional, com anos de tarimba e de constante aprendizado, é espezinhado pelo arbítrio, passa pelo crivo de censores dos mais diversos níveis culturais, alguns de abismal e cômica ignorância e que julgam o resultado de horas de apuração e de cuidadoso esforço para a redação de texto claro e objetivo, lendo por cima, com a cara crispada pelas dúvidas e hesitações, para apor o veto sumário e inapelável, segundo critérios subjetivos ou normas absurdas.

Por todas as redações, nos transes do longo túnel da tortura, desfilaram testemunhas das mais abomináveis crueldades, as vítimas do sadismo de monstros criados nos DOI-CODIs, durante as sessões de espancamentos, dos paus-de-arara, dos choques aos requintes dos estupros e das abjeções sexuais. Ouvi relatos com a prova das cicatrizes, das manchas roxas ao redor dos olhos semicerrados pelo inchaço das pálpebras.

Não era possível aceitar as justificativas oficiais ou os desmentidos mentirosos. O arbítrio sem freios só começou a purgar os seus remorsos depois que perdeu o apoio da opinião pública. Pela primeira vez a tortura ganhou *status*. Diversificou-se. Não se restringiu, como no Estado Novo, às violências contra pobres, pretos e analfabetos, operários e lideranças sindicais, com as exceções de costume dos intelectuais comunistas ou como tal fichados no Departamento de Ordem Política e Social (DOPS).

O inimigo identificado nas passeatas estudantis, como a dos Cem Mil, no Rio, em 1968, espalhou-se pela classe média. Formadora de opinião pública, com acesso à imprensa, com representantes, amigos, parentes, militantes das redações.

A sociedade custou a reagir. Desinformada pela censura, com a cabeça feita pelo competente uso das técnicas de mistificação da propaganda, anestesiada pelo milagre econômico trombeteado em coro incessante e sem contraditório, pelos êxitos setoriais dos anos de conjuntura internacional favorável que refresca o governo Médici até a crise do petróleo de 1973, ofuscada pelas facilidades de emprego nas áreas industrializadas, a massa de manobra da população foi moldada pelas espertezas do sistema.

Utilizou-se largamente o fantasma do comunismo, que se enxergava em todos os cantos, infiltrado em todas as brechas, dos estudantes aos sindicatos, dos intelectuais aos operários filiados às legendas lançada na clandestinidade. Quando a roda da sorte gira ao contrário no fim da mágica, o povo já estava começando a tomar conhecimento da banda escura da repressão e da tortura. A classe média é diretamente atingida. Nas capitais era difícil encontrar família que não tivesse um parente, um amigo, um conhecido que não fosse vítima da tortura e testemunhasse as brutalidades sofridas com a prova das marcas das sevícias.

A virada da opinião pública não se representa por curva ascendente. Mas pelo ziguezague dos altos e baixos, das fases em que a censura à imprensa e os êxitos administrativos badalados por todos os sinos da publicidade dirigida e sem contestação lançaram o país no torpor da euforia. Lentamente, abaixo da superfície, a difusão no boca a boca dos testemunhos corroía a infiel que traíra seus compromissos democráticos.

A imprensa, testemunha e participante da resistência, cumpriu seu papel. E a reportagem política, na convivência compulsória com o governo e com os seus representantes parlamentares, resguardou-se com a fidelidade aos seus valores éticos.

A imprensa reagiu como pôde à censura. Mas, coube ao Estadão e ao *Jornal da Tarde* a rebeldia extrema de recusarem-se à autocensura. Durante meses, os censores liam todas as matérias, impondo os vetos mais obtusos. Nos espaços vetados, o Estadão publicava versos camonianos de *Os Lusíadas* e o *Jornal da Tarde* receitas de quitutes. Poucas vezes testemunhei tão orgulhosa solidariedade da redação com a linha do jornal.

Examinada à distância, uma época rica de experiências e afirmação de princípios. Quando o regime de exceção desabou às vésperas da maioridade dos 21 anos, com exatos 20 anos, 11 meses e 15 dias, estávamos preparados e vacinados para enfrentar o que viria pela frente. Das ilusões da redemocratização, perdidas pela incompetência, a ambição e a inconsistência dos planos administrativos, desmoralizados pela demagogia e o empreguismo, à invasão ideológica, a distribuir crachás de identificação com a leviandade e o ódio do radicalismo.

TEMPOS DE IDEOLOGIA

Entre os muitos erros políticos cometidos pelos teóricos revolucionários, o enterro do pluripartidarismo, com a extinção de 13 partidos de geração espontânea, e a experiência do bipartidarismo com siglas de mentira foram os de mais duradoura e calamitosas conseqüências.

Pagamos a fatura do AI-2, de 27 de outubro de 1965, com a desarrumação partidária do Congresso e o radicalismo ideológico que dividiu o país pela linha falsa do confronto polarizado entre direita e esquerda, capitalismo *versus* socialismo, mais tarde entre estatismo e privativismo, globalização contra nacionalismo.

Mania nacional, esperteza política, truque de campanha, a distribuição de etiquetas, com a ligeireza leviana da irresponsabilidade foi, em boa parte, resultante do bipartidarismo que cancelou alternativas e impôs o simplismo maniqueísta do racha entre o lado de lá e a banda de cá, entre a Arena governista e a oposição na convivência forçada do MDB. E a calda azeda de direita *versus* esquerda derramada sobre o bolo. O cacoete pegou como sarna em presídio e deixou algumas bocas com o queixo torto em deformação mental irrecuperável. Durante o período de irredutíveis intransigências dos quase 21 anos de negrume que se prolonga nas campanhas presidenciais e ainda remanesce com claros sinais de exaustão, a nota ideológica foi a mais forte na escala dos debates.

Com a implosão do bipartidarismo, pela Lei Orgânica dos Partidos Políticos, de 20 de dezembro de 1979, o quadro começa a mudar. A oposição diversifica-se em várias siglas, como o PDT de Leonel Brizola e o PT de Lula. O imenso balaio da Arena que virou o PDS esfacelou-se na luta interna pelo poder.

Governo nem sempre é de direita; oposição não é necessariamente de esquerda. Na maioria dos cenários traçados pelo voto foi assim que se fixaram as marcas, na simplificação artificial e sumária. Com o passar dos anos, o esmeril do tempo limou arestas, abrandou asperezas e foi misturando os contrários na improvisação de alianças eleitorais tingidas pelos interesses locais, pelas armações municipais que não costumam colocar as convicções ideológicas acima das desavenças provincianas.

A imprensa foi contaminada pela epidemia ideológica, na hierarquização que manteve a fidelidade das direções à coerência histórica com o conservadorismo, enquanto as redações, remoçadas com a safra dos diplomados foram conquistadas pelas teses da esquerda e suas preocupações com as injustiças sociais. A reportagem política preservou-se, resguardada pela experiência acumulada em contato direto com o jogo do poder e a atividade partidária, pelo conhecimento dos personagens e dos papéis de cada um no enredo e pelo desencanto com os governos. Com as exceções, que não impõem o dever das ressalvas.

Tratamos dos profissionais tarimbados na reportagem política. E que não são muitos. A especialidade reclama, além dos requisitos de adaptação, o estágio de experiência insubstituível. Nos períodos de campanha eleitoral ou de crise, o inchaço das equipes com os bem-vindos reforços de outros setores muda o quadro. A compreensível preferência por candidaturas com a coloração ideológica que tinge a paixão transfere-se para a cobertura. Impossível deter a onda com a muralha de pedra da isenção. Quando editor de política do *Jornal do Brasil,* tive que devolver um entusiasmado fotógrafo que se apresentou para cobrir a entrevista de candidato da sua desestima, com a camiseta de campanha do seu escolhido. Com a sigla em duas letras do partido e a verônica enfeitada pela barba do candidato.

Nem todos mantêm a imparcialidade nos momentos de exasperação. Nem é exatamente do que se trata. Nos seus espasmos de violência, repressão e tortura, a militância na resistência exigiu mais malícia e habilidade para infiltrar informações proibidas nas entrelinhas da censura do que a bravura suicida da luta armada, com a brutal desigualdade de forças.

À distância, nos seus depoimentos, todos os presidentes do rodízio de generais queixam-se de que a incompreensão oposicionista, as provocações das guerrilhas, dos atentados, dos seqüestros de embaixadores e cônsules adiou as boas e recônditas intenções, acalentadas no íntimo da alma, de iniciar o processo de abertura. O presidente Castello Branco foi atropelado pela linha dura fardada, com a imprensa livre e o movimento estudantil misturando as tintas para pintar o rosto. Nada justifica a cassação do mandato de senador e a suspensão dos direitos políticos de Juscelino Kubitschek pelo general-presidente, que solicitou e recebeu o seu voto na eleição indireta pelo Congresso. Apoio procurado, prometido, cumprido e depois agradecido em encontro no apartamento do deputado Joaquim Ramos. E traído sob a pressão da linha dura. Em transigência que compromete a biografia.

O muro das lamúrias foi inaugurado pelo presidente Costa e Silva, cujas antigas fragilidades cardíacas, diagnosticadas por especialistas ilustres, não resistiram à pressão da linha dura, desatinada com a determinação, que o levou ao derrame e à morte, de assinar a revisão da Constituição, revogando o AI-5, elaborada pela comissão coordenada pelo vice-presidente Pedro Aleixo.

O episódio do golpe de mão dos ministros militares, que se aproveitaram do afastamento de Costa e Silva para traí-lo, empalmando o governo no caricato triunvirato composto pelo general Lyra Tavares, ministro da Guerra e um temperamento fraco, levado de roldão pela agressividade ditatorial do almirante Augusto Rademaker, ministro da Marinha, e o apoio do brigadeiro Márcio de Souza e Mello, ministro da Aeronáutica, acrescentou a nota do ridículo e da absoluta falta de compostura e de respeito pelas regras do jogo, e cortou os tênues fios de credibilidade da cúpula revolucionária em seus compromissos com a sociedade. Em dois meses de usurpação do poder, de 31/08 a 30/10 de 1969, a Junta Militar cometeu todas as insânias e violências. É o espasmo mais vexaminoso do arbítrio.

Dos Três Patetas da terrível qualificação popular não se ouviu um pio sobre abertura.

O presidente Castello Branco preservou a liberdade de imprensa, resistindo às pressões para manter a censura, utilizada na crispação das crises, com a calhordice do oportunismo casuístico. Censura, só para quem fala mal do governo. A reportagem política mereceu do presidente Castello Branco tratamento respeitoso e cordial até a crise da última eleição direta, em 3 de outubro de 1965, para governadores dos 11 estados cujas Constituições fixavam o mandato em quatro anos, seguindo o modelo federal. As urnas rebeldes dos estados da Guanabara e de Minas elegeram governadores do PSD, apoiados por alianças oposicionistas, respectivamente

Francisco Negrão de Lima e Israel Pinheiro, ambos de temperamento conciliador. Com a derrota de dois líderes revolucionários civis, os governadores Carlos Lacerda, da Guanabara, e Magalhães Pinto, de Minas Gerais.

Na espuma da lição do voto, a linha dura articulou-se na Vila Militar para enquadrar o presidente Castello Branco, impondo a intervenção em Minas e na Guanabara e a anulação das eleições. A irrupção do radicalismo revolucionário, em momento de grande tensão militar e de exasperação política, teve profundas conseqüências. Enfraqueceu o presidente Castello Branco e firmou a liderança militar do ministro da Guerra, general Costa e Silva, que desmontou o ensaio de resistência na Vila Militar, consolidando suas ambições presidenciais. O ministro-candidato testa e consolida de uma tacada a liderança e a candidatura, articulando o acordo entre moderados e radicais em improviso candente, de extrema veemência, em que afirma falar em nome do presidente Castello Branco na reafirmação dos compromissos revolucionários. Grita para a tropa na Vila Militar: "Eu lhes garanto que não retornaremos ao passado. O presidente da República autorizou-me a dizer-lhes que não retornaremos ao passado." Embala, reafirmando que o retorno é impossível porque as forças armadas estão unidas. Desmente, o que classifica de intriga, que o presidente esteja articulando o continuísmo. E bate no peito: "O presidente é um homem digno. E que merece o nosso respeito. E há de ter este respeito por bem ou por mal."

As duas fases distintas do governo do presidente Castello Branco demarcam a mudança do seu relacionamento com a imprensa. Os jornalistas políticos não mais foram convidados pelo chefe da Casa Civil, o escritor, acadêmico, com bagagem literária de excelentes biografias, Luiz Viana Filho, de velhas e sólidas amizades com o nosso grupo, cultivadas nos muitos anos da longa carreira parlamentar, como deputado federal, senador e governador da Bahia, para os agradáveis almoços com o presidente.

O que foi uma pena. Castello era um conversador agradável, malicioso e bem-humorado. A conversa respeitosa não rendia grandes novidades, embora o presidente estimulasse a especulação sobre temas políticos, inclusive sobre a prorrogação do seu mandato. Para desmentir sempre, invocando o argumento da sentença que recolocou em circulação: "De insubstituíveis os cemitérios estão cheios."

Virtualmente deposto pela rebeldia militar, mantido na presidência pelo seu ministro da Guerra, general Costa e Silva, candidato da linha dura com sua desaprovação, a segunda e melancólica fase do seu mandato prorrogado ficou manchada por penosas composições. Engoliu o AI-2 de 27/10 de 1965 que acabou com a UDN da sua confessada preferência partidária e precipitou o inevitável rompimento com o governador Carlos Lacerda, em desespero com a derrota, na Guanabara, do seu candidato, Flexa Ribeiro. E que se consumaria, ruidosa e violenta, com a prorrogação do seu mandato e a mudança das regras do jogo, transformando de diretas em indiretas as eleições presidenciais e de governadores. Com a candidatura posta a pique, Carlos Lacerda saltou do barco, xingando o comandante. E que engoliu em seco.

No constrangimento dos recuos, o presidente Castello Branco interrompeu os almoços com os repórteres políticos que prometera amiudar. Entendemos seus escrúpulos.

O governo do presidente Costa e Silva começou em clima de festa e acabou em tragédia, com o derrame e o golpe de mão dos ministros militares que abocanharam o poder. Inquieto, falante, bem-humorado e piadista, o presidente Costa e Silva procurou forrar o seu mandato com o tapete de uma campanha de ficção, no estilo faz-de-conta de visitas a diversos estados para contatos, em reuniões em recintos fechados com os representantes dos diversos setores sociais organizados. Na atmosfera descontraída dessas viagens, conversava com os jornalistas, incorporados à comitiva como convidados. O que definia o estilo da convivência e suas limitações. Convocou a imprensa para algumas entrevistas coletivas, uma delas na Associação Brasileira de Imprensa (ABI), com espaço para perguntas, obviamente enquadradas pelas circunstâncias.

Na composição do Ministério e do sistema, mesclou representantes da linha dura, como os três ministros militares que orquestraram seu afastamento, empalmando o poder — general Lyra Tavares, da Guerra; Augusto Rademaker, da Marinha; e Márcio de Souza e Mello, da Aeronáutica —, o execrável fascista, professor Gama e Silva, ministro da Justiça, com liberais, alguns de excelente atuação nos bastidores, como o vice-presidente Pedro Aleixo, o presidente da Arena e líder do governo no Senado, senador Daniel Krieger, o ministro do Exterior, Magalhães Pinto, o discreto chefe do Gabinete Civil, Rondon Pacheco.

Além da entrevista coletiva do protocolo da posse, o presidente Costa e Silva pouco falou a jornalistas ou concedeu entrevistas individuais. Seus dois assessores de imprensa — Heráclio Salles, da posse até pouco depois do AI-5, em 1968, e Carlos Chagas, que acompanhou até os últimos 13 dias de progressiva paralisia, a virtual deposição e a morte —, jornalistas políticos experientes, garantiam a reta-guarda do diálogo com os repórteres do Palácio e o fornecimento de informações em todos os níveis.

O presidente amargurou-se com o desgaste no exercício do cargo. Afastou-se dos jornalistas, que o importunavam com perguntas sobre a abertura, que tecia sem alarde, na montagem da reforma constitucional para pavimentar a transição, come-çando por revogar o AI-5 que sombreou o seu governo e apressou o fim da sua vida, ameaçada pelos problemas cardíacos.

Diamante devolvido

No faz-de-conta democrático da mascarada ditatorial, o general Artur da Costa e Silva inovou como candidato, em curioso ensaio de campanha. Não chegou à ousadia de comícios, das carreatas, dos apertos de mão nos contatos diretos com o povo. Até porque não cuidava de voto quem estava eleito por antecipação, com a dupla garantia de candidato único em simulacro de eleição indireta pelo Congresso, domesticado pelas cassações e entregue, de mãos atadas e olhos vendados, à maioria esmagadora da Arena.

Na conversão democrática de candidato da linha dura, o general Costa e Silva limitou sua campanha às visitas a alguns estados, para conhecer de perto a situação do povo e ouvir as reivindicações dos segmentos organizados. Armou-se o esquema para os encontros do candidato com lideranças políticas, dirigentes sindicais, comissões classistas.

Convidado pelo coronel Mário Andreazza, um dos mais ativos articuladores do candidato, acompanhei a selecionada caravana em giro pelo Oeste.

Simpático, bem-humorado, chegado a uma boa piada e a anedota picante, bom de garfo e de copo, o general Costa e Silva tornou leve o que parecia maçante seqüência de atos formais de campanha sem povo, sem oposição e sem voto.

Assim demos com os costados em Cuiabá, recebidos pelo governador de Mato Grosso, Pedro Pedrossian, por todo o secretariado e demais autoridades para cumprir a rotina do diálogo com a sociedade.

Em prédio amplo, com vários salões, o candidato recebia as comissões, em desfile lento e frio, sob as vistas dos poucos repórteres presentes.

Ao mesmo tempo, em outra sala, a desinibida e falante esposa do candidato, dona Iolanda Costa e Silva, era homenageada por comissão de senhoras da alta sociedade, à frente a senhora do governador Pedrossian.

Para encher o tempo vazio na monotonia das mesmas conversas sobre os mesmos assuntos, a curiosidade levou-me a assistir à homenagem das madames. Alguns discursos, elogios, palmas, um ambiente festivo e eufórico. Em cima da mesa, o embrulho brilhante, enfeitado com fitas de laços caprichados, escondia o mimo a ser oferecido a dona Iolanda. Desincumbiu-se da grata tarefa a senhora do governador.

Dona Iolanda, na risonha emoção da expectativa, desembrulhou o pacote. De dentro saltou rica caixa, com fechos dourados. E, no centro, belíssimo e raro diamante de coloração azulada, imenso, de brilho ofuscante.

A futura primeira-dama desmanchou-se em sinceros agradecimentos pelo presente digno de uma rainha. Exibiu-o à roda, enlevada, confusa, arrancando exclamações de espanto.

Pisando de leve, sem ser visto, afastei-me engasgado em constrangimento. Repórter na posição equívoca de convidado para uma farsa, não via a saída para o embaraço. Não ficava bem a denúncia em termos duros. Impossível ignorar a escandalosa demonstração de opulência e o valor da pedra, que não sabia calcular, mas deveria andar pelos milhões.

Fui direto ao autor do convite e expus ao coronel Mário Andreazza as minhas dificuldades, partilhadas por outros jornalistas. Além do despropósito do presente, dali em diante, como as novidades correm com pernas velozes, a campanha seria um seriado competitivo de agrados a dona Iolanda. Acabaria em iates, casas de campo, casacos de pele.

Andreazza engoliu o estupor e teve reação exemplar: marchou, em passo acelerado, ao encontro do general Costa e Silva, interrompeu a audiência, levou-o para um canto e cochichou nos ouvidos do candidato. O qual reagiu com instantânea decisão, convocando a mulher para a viva e curta conversa.

À distância, acompanhávamos a cena muda com perfeito entendimento do enredo. Com final digno da qualidade da peça. Dona Iolanda entendeu-se com o coronel Andreazza e combinou o último ato, com a convocação do cardeal para receber a doação da desprendida esposa do futuro presidente às obras beneficentes da Igreja. Claro, o cardeal compareceu em minutos, dona Iolanda discursou para formalizar a oferenda e recebeu todos os merecidos elogios pela grandeza do gesto.

Despediu-se do diamante azul com um olhar murcho: trocara a jóia de rainha por meia dúzia de adjetivos purpurinos.

Túnel das intenções secretas

Das funduras do governo Médici irrompem fantasmas que ressuscitam depois de anos de silêncio de sepultura. Não são os mortos sob tortura nos DOI-CODIs. Mas lembranças de conversas guardadas em sigilo de juramentos que se insinuam para abrandar a severidade da avaliação histórica do mais violento período da repressão.

No seu depoimento, recolhido pela Fundação Getúlio Vargas e publicado em livro, Célio Borja, com o peso da sua seriedade, narra conversas com o presidente Emílio Garrastazu Médici pontilhadas de queixas pelo recrudescimento dos atos terroristas, que o forçaram a renunciar aos planos de gradual restauração democrática.

O presidente Médici não chegou a cuidar da imprensa e dispensou contatos com jornalistas. Desabafou suas queixas e ressentimentos com as críticas às torturas que enodoam seu governo, depois de terminado o mandato e aliviado do peso das responsabilidades, que transferiu para os superministros, cada qual dono da sua área: Delfim Neto, ditador das finanças; Orlando Geisel, ministro da Guerra, senhor da faixa militar e de segurança; e o professor Leitão de Abreu, chefe do Gabinete Civil e coordenador do governo.

Competente na propaganda do milagre econômico, que soçobrou no final do seu mandato com as crises do petróleo, honesto, carrancudo, fechado, de poucas palavras, faturou a conquista do tricampeonato de 1970, com a posse definitiva da Taça Jules Rimet, em ouro maciço, roubada da sede da CBF, administrou a censura à imprensa, que o protegia com a couraça do silêncio, e manteve os jornalistas a conveniente distância, para o seu diálogo de mão única, sem contestação com o povo anestesiado pela desinformação.

Discretas tentativas para retocar a biografia do presidente Emílio Garrastazu Médici, desencavando confidências de seus planos de iniciar o processo de abertura e responsabilizando pelo endurecimento os movimentos de contestação dos estudantes e intelectuais, o radicalismo de parte da oposição, as guerrilhas, seqüestros, assaltos a bancos, esbarram na sua indiferença omissa diante da tortura do aparelho de repressão no auge da violência e da brutalidade.

Prenúncios de Abertura

Queixa-se o presidente Ernesto Geisel do deputado Ulysses Guimarães em termos duros e severos. No seu depoimento a Ronaldo Costa Couto, registrado no livro *Memória viva do regime militar*, Geisel diz, com todas as letras, que "havia áreas da própria oposição que pensavam em derrubar o governo, em fazer maioria. Não eram muitos os que acreditavam nesse processo de transição que eu preconizava". Em estocada direta: "Ulysses mesmo não acreditava nisso. Pelo jeito, pelas atitudes dele, não é?" E, noutro desabafo, sem nomes: "O que atrapalhava muito era também a oposição. Em vez de compreender o meu objetivo, de compreender a minha intenção, ela fazia questão de ser muitas vezes uma oposição virulenta. E toda vez que ela se excedia nas suas demonstrações contra o regime, eu era obrigado a tomar medidas de repressão."

Provocado pelo entrevistado, o presidente Ernesto Geisel não tem meio-termo: "O elemento que mais me prejudicou no problema da abertura foi o Ulysses." Justifica: "O Ulysses nunca quis compreender o problema da abertura. Ele achava, estou fazendo uma ilação agora, que se promovia pessoalmente, teria maior liderança. Isso era um problema pessoal dele, prejudicando possivelmente o problema nacional."

Temperamento severo, inabordável pela imprensa, à exceção do jornalista Elio Gaspari, com quem mantinha conversas francas e cordiais de longa data, os cinco anos do mandato do presidente Ernesto Geisel ficaram marcados por contraditórias relações com os jornalistas, de quem costumava se queixar em todas as oportunidades, algumas com razão.

Mas o que se esperar de um presidente com poderes absolutos, militar com autoridade nos quartéis e mantendo com a área política o relacionamento sinuoso de duras medidas repressivas, temperadas pelo compromisso de promover a abertura, definida pelos três adjetivos clássicos: lenta, gradual e segura? Cada um deles submetido às suas interpretações e às singularidades de um esquema que poucos conheciam, pouquíssimos participavam. A oposição alvejava com as setas do descrédito que conseguia atirar, e a sociedade, posta à margem, de muito pouco tinha conhecimento, além de escassas possibilidades de participação. Foi à forra no acerto do voto.

Se a imprensa política foi mantida à distância e sob o controle da censura, a verdade é que o governo Geisel foi arejado por algumas rachaduras no cinzento paredão de cimento. Poucos conseguiram enxergar através das frestas de acesso restrito, franqueado pela confiança pessoal, lentamente construída a cada pedra do contato.

Paradoxalmente, o presidente Geisel, até quase o final do mandato, franqueou o acesso indireto aos jornalistas com a escolha do amigo Humberto Barreto, de íntimo convívio e a mais cega confiança, o quase filho de quem se aproximou quando da morte do filho, atropelado por trem, em Quitaúna, na tragédia que marcou a família e que conta, com emoção, no depoimento a Ronaldo Costa Couto.

Humberto Barreto foi um dos melhores e mais confiáveis assessores de imprensa que conheci, com quem me relacionei profissionalmente e cuja amizade conservo pela vida afora, com ramificações familiares. Nas circunstâncias, impossível imaginar melhor solução.

Não sendo do ramo, Humberto entendeu que só poderia conquistar a confiança dos jornalistas sendo correto nas informações, contando o que podia, mas sem mentir, forçar versões ou fazer o jogo do oficialismo. Quando soou a sirene da escolha do sucessor, tomou posição aberta a favor da candidatura do general João Baptista Figueiredo. Nunca ficou muito claro se seguia o seu rumo ou se obedecia às instruções do amigo presidente, expressas ou intuídas.

O que, no caso, importa pouco. Como o seu candidato foi o indicado para a ratificação simbólica pelo Congresso, quem acreditou nas informações e nas previsões de Humberto Barreto deu-se bem. E não foram todos, nem muitos.

Mas, além da sua participação no esquema palaciano que apostou todas as fichas na candidatura do general João Figueiredo, na rotina foi sempre correta e precisa a sua relação com os repórteres. Nos diversos níveis de contato, do comentarista à equipe que cobria o Palácio do Planalto.

A sua intimidade filial com o presidente fechado no seu círculo e a compreensão dos deveres de assessor de imprensa funcionavam como canal de comunicação em mão dupla: quando era preciso checar uma informação exclusiva, para a confirmação, o desmentido, a retificação mais ou menos ampla que, por vezes, resultava em nova versão ou na ponta do fio que rendia outra matéria, Humberto Barreto levava e trazia o recado enxuto. E sempre exato.

Outras duas fendas na muralha que circundava o presidente Geisel, com características próprias e singularidades identificadoras, ocupavam o Gabinete Civil. O rolar dos anos não assentou a poeira polêmica de personalidades fortes e com atuação decisiva nos muitos episódios do mandato da transição lenta, lentíssima, com piques de aceleração seguido de frustrantes paralisias e recuos no endurecimento do arbítrio.

Anos de ostracismo e o esquecimento da morte não abafaram o rumor da diversidade de opiniões apaixonadas sobre o general Golbery do Couto e Silva. Conto o que sei, recordo o que ouvi, também emito a minha opinião. Tolice querer abafar a evidência para fixar a imagem turva pela lente desfocada. O general Golbery, com suas obsessões de enxadrista a mover as peças no tabuleiro palaciano, na seqüência de lances mentalizados na sua imaginosa e incessante elucubração, teve importância inquestionável no processo de abertura política do governo Geisel. Com acesso direto ao presidente, relação de amizade sedimentada em anos de convivência e de destinos partilhados, Golbery estimulava Geisel a pensar politicamente, a analisar os esquemas de contenção dos bolsões da linha dura, firmemente instalados no governo em posições-chave como o de ministro do Exército, nas mãos do general Sylvio Frota, e a chefia do Gabinete Militar, entregue ao general Hugo Abreu, um tanto à margem das articulações políticas e que se queimou quando se deixou picar pela varejeira azul e acreditou no espelho que refletia a imagem do candidato na medida exata para envergar a farda do *tertius* de conciliação.

Certamente que o general Golbery não era um fanático das excelências do regime democrático. Mas um tático que enxergou longe, com seus óculos de lentes grossas, o esgotamento do despotismo que durara mais do que devia e não sabia como acabar. E que deixou escapar, por entre as indecisões da cúpula militar, as várias e perfeitas oportunidades da transição sem turbulência. Como dele ouvi e concordei: ao fim do mandato do primeiro presidente do rodízio, general Castello Branco, com a eleição indireta de um militar ou civil, articulado com a base de sustentação parlamentar e partidária do sistema e explicitamente comprometido com o projeto de abertura que seria a sua plataforma de candidato e seu programa de governo.

Depois da oportunidade atirada pela janela da radicalização e pelo açodamento de candidatos que se julgavam donos do poder usurpado, quase completamos a tentativa de um largo passo no governo do presidente Costa e Silva, expoente da linha dura que se tocou com a grandeza do cargo, imbuiu-se do sentido de missão e armou a revisão constitucional, no projeto elaborado pela comissão de notáveis coordenada pelo vice-presidente Pedro Aleixo. O derrame, às vésperas de assinar o projeto de reforma da remendada Constituição de 1967, antes de levá-lo à morte, paralisou a mão direita e o deixou entrevado, sem fala, com metade do corpo imóvel.

Num dos mais sinistros e vexaminosos episódios dos quase 21 anos de ditadura, a virtual deposição do presidente paralisado na poltrona excitou ambições e expôs à luz do contragolpe da trama palaciana que a abertura estava minada pela vigilância da linha dura plantada nas três pastas militares.

Em um único ato consumou-se a trama, urdida no Palácio residencial do governador do Rio de Janeiro, nas Laranjeiras, diante do presidente abatido pelo derrame, pelos ministros da Guerra, general Lyra Tavares; da Marinha, almirante Augusto Rademacker; e da Aeronáutica, brigadeiro Márcio de Sousa e Mello.

A deposição do vice-presidente Pedro Aleixo, impedido de assumir a presidência sob a alegação da sua fidelidade ao presidente agonizante e à reforma democrática da Constituição, desfez a farsa e tirou a máscara do golpe, com a agravante da traição. Os Três Patetas empalmaram o governo, depuseram o presidente, removeram o vice-presidente Pedro Aleixo, endureceram além do decoro o projeto de reforma constitucional e ocuparam a presidência.

É o mais vergonhoso momento dos 21 anos da revolução que renegou seus compromissos democráticos. Nada se compara ao espasmo de violência, de arbítrio, de fúria ditatorial, da pressa em calafetar todas as frestas de abertura, de remover os cacos dos esforços liberalizantes. Fizeram a obra suja em pouco mais de dois meses de vexame internacional, com profundo desgaste para a já esburacada imagem do país.

Os seqüestros de diplomatas estrangeiros, a começar pelo do embaixador americano, Charles Burke Elbrick, em setembro dc 1969, no governo da Junta Militar, com as penosas negociações para a troca de 15 prisioneiros envolvidos na subversão armada, exasperam a radicalização. Atos em série, criando a pena de morte, a prisão perpétua, o banimento. Fecha o pano com a outorga da emenda constitucional, em 17 de outubro de 1969, que entra em vigor com a posse do presidente Médici, dia 30, tão ampla e ditatorial que é conhecida como a Constituição de 1969, saco em que cabem todas as medidas repressivas, até o AI-5, o documento mais radical de todas as ditaduras republicanas.

Fechou o pano no fracasso da tentativa de abertura. Seguiu-se, depois da noite tempestuosa da Junta Militar, o mandato do presidente Emílio Garrastazu Médici. Com todas as condições teóricas para retomar os compromissos revolucionários de restaurar as instituições democráticas. Exceto a firme determinação da liderança presidencial. Anos de trevas, de violência, radicalização, confrontos armados, provocações das guerrilhas suicidas, embaladas por planos visionários e de transparente inviabilidade. Pretextos ou justificativas para o cancelamento de intenções sem a determinação de contornar obstáculos e alcançar o objetivo.

A análise do general Golbery, reconstituída de memória tantos anos depois, junta pedaços de muitas conversas de excelente formulador, que provocava a especulação e nela navegava dando asas à inventiva sem alçar vôo largo que o afastasse da linha de raciocínio. Notícias secas, informações antecipadas, não eram o forte do general Golbery. Mas, de uma hora de conversa franca, de diálogo sem restrições de temas, inclusive da tortura, saía-se sem a manchete ou a matéria com dados precisos, mas abastecido para uma semana de análises fundadas em intenções, tendências, inclinações que pingavam da prosa como gotas de indiscrição.

O general Golbery não foi um informante para o consumo do repórter que cobria a rotina do Palácio do Planalto. Mas fonte insubstituível para a orientação no breu do governo trancado com as sete chaves da discrição e submetido à rígida hierarquia do comando, que dialogava para dentro, mas não transigia com a disciplina de quartel.

Golbery completava o presidente Geisel como o provocador da especulação e o formulador tático dos esquemas de abertura. Os três adjetivos que se incorporam ao enredo da abertura, classificada como "distensão lenta, gradual e segura", podem ser creditadas ao presidente, metódico e organizado, com o gosto pelos planos bem elaborados, com suas alternativas. O general Golbery enriqueceu a estratégia com as diástoles e sístoles do compasso dos avanços e recuos, a martelada no chão sincronizada com a batida na ferradura, atos liberalizantes alternados com ações repressivas. Cautela e segurança: nem o açodamento das correrias, deixando a retaguarda desguarnecida, nem a submissão às pressões da linha dura, fanática do anticomunismo, defensora do arbítrio por prazo indeterminado, atenta às suas convicções e devota dos seus interesses, das muitas vantagens e mordomias da ocupação do espaço civil.

Completava o trio palaciano o secretário particular do presidente, Heitor de Aquino. Loquaz, criativo formulador e informante que não mentia, mas deixava entrever, por trás da fluência expositiva, a tessitura das muitas tramas em que se envolvia pelo gosto de participar, de estar por dentro, sabendo das coisas e armando jogadas como peça destacada do esquema que, desde a posse do presidente Geisel, ou antes, na montagem do governo no gabinete do antigo Ministério da Agricultura, no Rio, definira seus objetivos e traçara os seus rumos. Solidariedade irrestrita ao chefe; retomada, para valer, da abertura política, pisando firme para não ceder em mais um recuo; eleger o sucessor do presidente Geisel, com prioridade para o general João Baptista Figueiredo, que era da turma, embora sem o mesmo desembaraço. Por muito tempo, Geisel, Golbery, Heitor de Aquino e Humberto Barreto valorizaram os silêncios, as omissões de Figueiredo, a boca fechada na famosa reunião das nove, como matreirices da disciplina tática do candidato que evita expor-se para não se desgastar. Mais tarde, depois do insucesso dos seis intermináveis anos do mandato do presidente João, todos, em depoimentos, entrevistas, conversas, deram pelo equívoco e emendaram o conceito. Para os quatro, o João foi um blefe. Inexplicável para um tríplice coroado, primeiro aluno da turma em todos os cursos da brilhante carreira militar.

Nas freqüentes viagens a Brasília, nos seis anos do governo Geisel, nunca falei com o presidente, nem mesmo cruzei com ele nos passos pelo Palácio do Planalto. Invariavelmente, cumpria o roteiro das três conversas obrigatórias e marcadas com antecedência. Com Humberto Barreto, sem formalidade, atualizando e ampliando informações; depois para as conversas de uma hora com o general Golbery e com o Heitor de Aquino. Fechava o circuito do Palácio por onde começara, voltando ao gabinete do Humberto Barreto.

Acompanhei passo a passo a crise das demissões do general Sylvio Frota, do Ministério do Exército, e do general Hugo Abreu, da chefia do Gabinete Militar da presidência, nos lances finais da oficialização da candidatura do general João

Baptista Figueiredo. O que me permitiu uma semana de furos diários: a confirmação da escolha, reproduzindo o diálogo do presidente Geisel com o candidato, a convocação do Diretório Nacional da Arena para oficializar o lançamento da candidatura, longa entrevista com o general Figueiredo, que ocupou página inteira em *O Estado de S. Paulo.*

Repórter também corre os seus riscos pela confiança nas fontes. Desta vez, acertei.

TRAVESSIA

De Castello Branco a Geisel, até o desafogo dos seis anos infindáveis do governo do presidente João Baptista Figueiredo, que fecha os quase 21 anos de exceção, a reportagem atravessou as muitas crises de endurecimento progressivo, das derrotas eleitorais desestabilizadoras do sistema, da censura, do movimento estudantil, das passeatas e da contestação dos caras-pintadas, às guerrilhas urbanas e às aventureiras tentativas rurais — como a mais longa e sangrenta, do Xambioá, no Araguaia (PA), mobilizando 70 guerrilheiros, 59 dos quais mortos pelas tropas do Exército, com o apoio da Aeronáutica. Dos Atos Institucionais em cascata, dos recessos punitivos do Congresso, das cassações de mandatos, dos casuísmos dos senadores biônicos e das cassações de deputados estaduais no Acre e no Rio Grande do Sul, para a fraude da eleição indireta de governadores virtualmente nomeados pelo arbítrio; do inchaço das bancadas dos novos estados do Norte, para garantir a dócil maioria governista na Câmara à ignomínia das torturas nos DOI-CODIs, nas masmorras militares, no Cenimar, dos assassinatos de militantes comunistas, de estudantes, operários, intelectuais, artistas, escritores, jornalistas.

Anos de chumbo, com êxitos em setores críticos, como dos estímulos à Petrobras e à aceleração do esforço para a auto-suficiência na produção de combustível, nas comunicações, nas multiplicação de rodovias asfaltadas, apesar do fiasco das rodovias amazônicas, que consumiram milhões soterrados nos atoleiros das estradas intransitáveis.

Da resistência passiva à censura, buscando passar informações proibidas nas entrelinhas do despiste à silenciosa mobilização das redações para o diário desafio de apurar notícias que não podiam ser publicadas, a reportagem política consolidou alguns avanços significativos.

A linha de resistência crítica ao arbítrio, por todas as formas possíveis e ajustadas às normas de cada órgão, fincou raízes no consenso, atenuando as divergências ideológicas que, por outro lado, eram estimuladas pela radicalização.

O reconhecimento que a reportagem política evoluiu não alivia as muitas e duras restrições aos seus erros.

A mudança da capital para Brasília, em 21 de abril de 1960, é a linha que divide dois períodos da reportagem política. Profundas e inevitáveis transformações no modelo forjado no Rio e que sofreu as bruscas adaptações a uma nova realidade para, logo em seguida, mergulhar na provação de quase 21 anos de ditadura, em suas diversas fases do rodízio dos cinco generais-presidentes. E a travessia democrática aos solavancos, com seus percalços e novidades.

No essencial, não havia muito o que alterar nos conceitos da imparcialidade sem engajamento partidário.

Mudou o cenário, mudou o elenco de políticos e jornalistas. E os que se transferiram, no lote inicial e, pouco a pouco, pelas imposições do destino ou rendidos à evidência de que o esvaziamento político do Rio era inexorável, questão de tempo, também alteraram hábitos e atualizaram a agenda das fontes.

O primeiro impacto da mudança atinge em cheio o Congresso, implodindo o venerando Senado, do Monroe, e a velha Câmara de Deputados, do Palácio Tiradentes. Das antigas sedes austeras, em estilo clássico, com a sua imponência esmaltada pela memória histórica, de espaços modestos, galerias para poucas dezenas de visitantes atraídos pela fama dos grandes oradores, raros gabinetes para os presidentes, os membros das mesas diretoras e as lideranças de bancadas, o salto no tempo para a monumentalidade arquitetônica dos palácios geminados, na pureza do jogo de linhas retas e curvas do gênio de Oscar Niemeyer, plantadas na imensidão da praça dos Três Poderes, voltados, em todas as direções, para os horizontes infinitos do cerrado.

Internamente, o maior latifúndio urbano do mundo, com salões de tontear, atapetados corredores quilométricos percorridos pelos passos apressados da população da cidade parlamentar e dos seus visitantes, na interminável procissão dos interesses e das reivindicações dos setores organizados da sociedade, as muitas salas, as centenas de gabinetes, com a desastrada inovação dos gabinetes individuais de senadores e deputados, que se transformaram em nichos de empreguismo e do mais descarado nepotismo.

A urgência aflita do presidente Juscelino Kubitschek em inaugurar a capital durante o seu mandato, pelas compreensivas razões políticas e táticas de fruir a glória do criador e pavimentar a sonhada volta do JK-65 da sua perdição, acelerou a mudança no ritmo alucinante da improvisação. A capital foi transferida para o canteiro de obras monumentais no ermo, a centenas, milhares de quilômetros de distância da civilização oceânica do nosso modelo de ocupação.

Quem pôde defendeu-se, fingindo que mudou. Os parlamentares inauguraram a semana útil de dois a três dias, das terças às quintas-feiras, mantendo a residência tradicional e a família longe do desconforto, da poeira e do isolamento neurotizante de Brasília. Fugir da cidade nos fins de semana, nos feriados, nas folgas, férias e licenças virou a moda obsessiva da classe média e, claro, dos abonados. Nos recessos do Congresso, a capital às moscas parecia uma cidade fantasma.

Os jornalistas pioneiros engrossavam a procissão dos retirantes. Chegaram levando na bagagem o modelo carioca de cobertura parlamentar. Ou não desembarcaram com ela em Brasília.

Adaptou-se o noticiário do Congresso com a dissolução das equipes, as dificuldades iniciais de comunicação e a inviabilidade de manter seções diárias sobre as atividades do plenário e das comissões técnicas com o encolhimento da semana para dois ou três de atividade.

Claro, não foi só isso. A valorização do espaço nos jornais-empresas exige textos menores. A notícia conquista seu lugar na página. E quando o fluxo se interrompeu, o corte das seções fixas de página inteira foi sumário e definitivo. Sepultou-se um modelo de cobertura, sacramentando o fim de uma época.

Antes de morrer, a cobertura parlamentar viveu seus dias de ilusória sobrevivência na crise dos sete meses do governo do presidente Jânio Quadros e das crises sem trégua do governo do presidente João Goulart.

A cobertura da imprensa foi exemplar e caudalosa, enchendo páginas de jornais e revistas, derramando-se pelas rádios e TVs nos dias e semanas de tensão da renúncia de Jânio, da resistência militar à posse do vice-presidente eleito. Emendando com a costura da saída de emergência do parlamentarismo, que durou pouco, e nos tempos caóticos que se seguiram à volta do presidencialismo, com a antecipação do plebiscito até a deposição de Jango e a ocupação militar do poder.

A imprensa produziu reportagens sobre as muitas crises da agonia democrática. Com o registro dos debates mais acalorados, resumo dos discursos de líderes ou de oradores que se despediam da eloqüência. Uma cobertura competente, a melhor nas circunstâncias. Em nada parecida com a que dourou o prestígio do Congresso e a sua popularidade cadente até a transferência para Brasília.

Os repórteres e comentaristas políticos, sem a responsabilidade da cobertura parlamentar, lentamente perderam o hábito da freqüência regular ao Congresso, à medida que se convenciam de que era inútil perambular por imensos espaços vazios, onde raros senadores e deputados batiam cabeça na barganha de boatos.

Encerrada a movimentada temporada das crises, nas quais foi decisiva a participação do Legislativo — como na renúncia de Jânio Quadros, na articulação da saída de última hora do parlamentarismo e no seu desmonte pela incompetência e obtusidade política até o espasmo final da derrubada do presidente Jango Goulart —, e instalada a ditadura, o Congresso purgou os seus pecados e os que não tinha, com a marginalização desdenhosa a que foi relegado, especialmente depois do AI-2, que destroçou o quadro partidário, e na escuridão do governo de Costa e Silva, do AI-5 até o golpe dos três ministros militares, e em todo o trevoso mandato do presidente Emílio Garrastazu Médici.

O arcabouço da abertura foi montado no governo do presidente Ernesto Geisel, com escassa participação de poucos parlamentares, como o senador Petrônio Portela, presidente do Senado e do Partido Democrático Social (PDS), filhote da Arena, sacrificada pelo casuísmo. Paralelamente, o fortalecimento do PMDB, cuja sigla ganhou mais uma letra pela obrigação de chamar-se de partido, prega sustos no sistema com resultados eleitorais expressivos.

Renovação

O processo de centralização do poder, cacoete do arbítrio, entroniza-se oficialmente com o Ato Institucional de 9 de abril de 1964 — sem número porque era para ser o único e depois vira o AI-1 da longa série —, transfere-se do Congresso para o Palácio do Planalto, que opera politicamente através de seus parceiros de confiança. No balanço do endurecimento ou da distensão, a ditadura concentra o comando da atividade política. Os líderes recebem instruções diretamente do presidente ou de seus delegados. Acertam fórmulas de entendimento parlamentar nos gabinetes do Palácio. Se a fonte do poder muda de endereço, só o governo gera fatos e notícias. A reportagem política segue a rota da informação, ajusta-se à realidade, cultiva as fontes oficiais e da oposição que rodopiam no minueto das rarefeitas novidades. O governo é a chave da especulação e da análise política, com o contraponto oposicionista para enfeitar o quadro.

Como recompensa indireta desse período pouco estimulante, o quadro de comentaristas políticos, com as muitas baixas da velha guarda, renova-se com o reforço de nomes que se firmaram e brilham em funções de chefia. É o caso exemplar de Evandro Carlos de Andrade, que se mudou para Brasília para assumir as funções de assessor especial no gabinete de José Aparecido de Oliveira, secretário particular do presidente Jânio Quadros e, tragado pela inesperada renúncia, volta à militância na sucursal de *O Estado de S. Paulo* e sintoniza o texto de irretocável limpeza às primorosas crônicas de análise política, que estão a reclamar o resgate do livro, com a seleção das que driblam o efêmero e mantêm o frescor e o interesse permanentes. De volta ao Rio, como editor de *O Globo* comandou a reforma gráfica e redatorial do jornal, antes de se transferir para a direção do Departamento de Jornalismo da Rede Globo de Televisão e, ao seu estilo seguro e competente, empreender a revolução do jornalismo na TV, estimulando as reportagens investigativas e apostando nas matérias de denúncia da devastação ambiental, uma das pragas do mundo e endêmica no Brasil. A morte de Evandro desfalcou a Rede Globo do seu diretor criativo, informado e de impecável caráter. E o noticiário de televisão da sua liderança lúcida e criativa.

Fernando Pedreira não desembarcou em Brasília, para assumir a chefia da sucursal de *O Estado de S. Paulo,* como estreante no comentário político. Mas, no gênero em que é mestre, teve sua melhor fase, explorando os temas que se ofereciam aos que enxergam além do palmo que se conta da ponta do nariz, e exigem argúcia, malícia e o pleno domínio da língua.

A renúncia de Jânio liberou Carlos Castello Branco da assessoria de imprensa e o devolveu à sua banca de comentarista, montada na segunda página do *Jornal do Brasil,* no espaço nobre da "Coluna do Castello", de leitura obrigatória pela qualidade do escritor e pela inigualável capacidade de análise, de observação, de esgotar os temas e extrair os seus desdobramentos na projeção do futuro.

Castellinho manteve a coluna de prestígio sem precedentes até sua morte, em 1º de julho de 1993. Ergueu, com as pedras de cada dia, um monumento de inestimável valor histórico, de consulta e aprendizagem que deveria ser adotado nas escolas de jornalismo como manual didático, com o que de melhor já se fez no gênero. Ensinou o caminho pelo exemplo, fazendo. Espaçou as idas ao Congresso, de freqüência diária na antiga capital, dividindo o tempo do dia, que começava cedo e varava as madrugadas, na ronda às fontes, sempre com entrevistas marcadas, para terminar nos restaurantes de Brasília, que são pontos de contatos políticos. Quando não esbarrava na informação, ela ia ao seu encontro. No seu gabinete, na sucursal do *Jornal do Brasil,* atendia dezenas de telefonemas e recebia os visitantes para a conversa pessoal. Além dos telefonemas para sua casa e as fontes que recebia a domicílio.

A *Manchete* transferiu Murilo Mello Filho para instalar e chefiar a sucursal de Brasília. Durante mais de duas décadas, Murilo e o grande fotógrafo Jader Neves assinaram reportagens de belíssimas ilustrações e texto informativo, no resumo semanal das crises da capital que se consolidava, antes de perder-se com a superpopulação e os desmentidos às promessas e esperanças que espalhou nos engabelos da propaganda mudancista.

Se a fonte do Congresso secou, não havia mais por que freqüentá-lo, pelo menos na rotina diária de outros tempos. A reportagem política foi a primeira a mudar seu roteiro e a buscar a informação onde ela migrara.

VIGÍLIA

Para a posse do presidente Tancredo Neves, a 15 de março de 1985, viajei para Brasília com alguns dias de antecedência, levando na bagagem a responsabilidade de participar da cobertura do *Jornal do Brasil* e da TV-Manchete.

Com a retaguarda garantida pelas sucursais bem equipadas do jornal e da TV, o trabalho parecia facilitado pelo clima de euforia em que a capital mergulhara com o fecho oficial dos quase 21 anos da ocupação fardada, escorraçada pela rejeição popular. A emoção de testemunha, na função de repórter da virada de uma página cinzenta da História, sugeria a pauta amena de uma festa nacional.

Não havia grandes novidades a antecipar. O Ministério era conhecido e previsível o discurso do presidente eleito na cambalhota do Colégio Eleitoral, numa forra à frustração da derrota das diretas pelo Congresso. Na excitação do fim de mais um ciclo ditatorial, o mais longo e brutal, os jornalistas políticos e as centenas de repórteres de jornais, revistas, rádios e emissoras de televisão, mobilizados para fortalecer as equipes sediadas em Brasília, circulavam pelo Congresso à cata do detalhe novo, da informação que valorizasse a cobertura bitolada pela secura do protocolo.

Na véspera, dia 14, almocei com José Aparecido de Oliveira, oficialmente convidado para ministro da Cultura, com Carlos Castello Branco e com dona Antônia, secretária de estrita confiança do presidente, que o acompanhava como senador, governador de Minas e com lugar cativo no futuro gabinete do Palácio do Planalto.

Falante, mas com domínio da língua e senhora da conveniência, dona Antônia, como era tratada, não avançava além do sabido.

Lá pelas tantas, o Castellinho contou que recebera do diretor do *Jornal do Brasil,* Nascimento Brito, a informação segura, colhida de médico da sua confiança, que o presidente, logo depois de empossado, seria submetido à operação corretiva de uma diverticulite. Ante nossa confessada ignorância, Castello explicou que se tratava do nosso muito conhecido nó nas tripas, envolvendo o risco de paralisação intestinal.

Sem mover um músculo, com o rosto imobilizado na máscara do treino profissional, dona Antônia ouviu o relato do Castello. No silêncio da surpresa e da dúvida, encaixou os esclarecimentos tranqüilizadores, sem escorregar para o comprometimento do desmentido: Tancredo padecia do mal crônico de irrelevante problema intestinal, com a recomendação médica da correção cirúrgica. Nada de urgente ou de grave que não pudesse esperar pela posse e a consolidação do governo.

Tento desculpar-me do descuido incompetente com a justificativa de que se o Castello, que era o Castello, dono do furo recolhido em confidência do diretor do jornal, não dera maior importância, aceitando as explicações de dona Antônia, eu não poderia atropelar a hierarquia e seguir os caminhos da apuração.

Mas a nota fora da pauta da esperança e do otimismo desarmou a atenção do repórter. Depois, os desmentidos desfiavam diante dos olhos com a intensa atividade a que se entregava o presidente nas últimas articulações para a montagem do governo. À tarde compareceu à Basílica de Brasília para assistir à missa, com a longa solenidade da pompa e grande comparecimento oficial e popular.

A TV-Manchete, como as demais emissoras, montara estúdio de emergência na ala externa do Senado, com o suporte técnico do caminhão de externa que se deslocara do Rio. Durante algumas horas, na companhia de Alexandre Garcia, então chefe da sucursal de Brasília, e de repórteres, gravamos vários programas de escora da transmissão ao vivo da posse perante o Congresso, marcada para as 10 horas da manhã do dia seguinte.

Estafados da dura jornada, que começara pela manhã e engolira o dia e o começo da noite, despedimo-nos, confirmando presença às oito horas, para o início das transmissões em rede nacional.

Tomei um táxi e toquei para o hotel, ao encontro de Aluísio Alves, futuro ministro da Administração, excelente fonte da mais absoluta confiança, testado em vários momentos de crise, com quem combinara jantar. À porta do hotel, na agitação nervosa do inesperado, o filho mais velho de Aluísio, que tem o seu nome, esperava-me com a notícia que mudaria os destinos do país: seu pai fora avisado, minutos antes, de que o presidente Tancredo Neves fora internado às pressas, no Hospital Distrital de Brasília, para submeter-se, em crise, à operação de apendicite.

Engoli o espanto, esperei que os batimentos do coração voltassem ao ritmo normal e mexi-me para acudir as emergências. Supondo que a sucursal do *JB* e a da Manchete ainda não tivessem a notícia, liguei pelo telefone do hotel. Na tevê, Alexandre Garcia estava de saída, o último a deixar a redação. Convocou toda a equipe, acordando os que desmaiaram de estafa para o mutirão da noite que varou a madrugada.

O *JB* fechava a edição normal e dispensava a reportagem para a pedreira do dia seguinte.

Perdido na porta do hotel, armei minha estratégia. Ir para onde? Para o Congresso, um a mais na equipe que conhecia os caminhos e os esconderijos no batente de todos os dias? Correr ao hospital, para quê? Dezenas de repórteres se espremiam ouvindo médicos e políticos que invadiram a sala cirúrgica na bagunça irresponsável que marcou o início da tragédia da infecção, que cinco operações não conseguiram debelar.

Ora, a partir daquele momento e pelas próximas horas o rio da História saltara do seu leito normal e passava pelo apartamento do vice-presidente José Sarney, atirado ao centro do palco, como ator principal para a interinidade que se esperava não se prolongaria por mais de alguns dias, no máximo uma semana.

Um táxi deixou-me no endereço conhecido. E ali, na portaria, fui recolhendo os sinais do poder. Seguranças guarneciam as entradas, carros com as chapas da hierarquia brasiliense despejavam fardas e ternos na procissão dos aflitos. Só consegui infiltrar-me, burlando a vigilância improvisada, graças aos fios grisalhos de cinqüentão, pisando firme, sem olhar para os lados.

Toquei a campainha e fui recebido por Roseana Sarney, que me abraçou, sacudida em soluços, com a pergunta da sua angústia:

— E agora, o que é que vai ser do papai?

Demorei a decifrar a razão do receio da única filha, mocinha que ainda não revelara a vocação política que a conduziria ao governo do Maranhão para dois mandatos e a candidata frustrada a presidente da República, refazendo a biografia paterna. A família temia que a presença do vice na festa do presidente provocasse a decepção popular, extravasando em vaias, gritos, agitação. Pela cabeça de ninguém passara a hipótese da substituição definitiva. O medo era de estragar a festa.

Nenhum outro repórter conseguiu varar o cordão que isolou o poder nascente. Por toda a noite tensa, até a madrugada, acompanhei as conversas, articulações e manobras para deslindar a intricada dúvida, pendurada em interesses políticos, sobre quem substituiria o presidente eleito na cerimônia de posse. O vice-presidente José Sarney, eleito com os votos do Colégio Eleitoral rebelado? Ou o presidente da Câmara, deputado Ulysses Guimarães, o terceiro na linha sucessória?

Tantos anos passados e a querela murcha para a desqualificação de questiúncula de bacharéis metidos a intérpretes da Constituição. Mas, naquelas horas tensas, envolveu militares e civis que se posicionavam do mesmo lado, em degraus diferentes. O general Leônidas Pires Gonçalves era dos mais intransigentes defensores da posse de Sarney. Pesou com a autoridade de constitucionalista a opinião do senador Afonso Arinos, em entrevista transmitida pela televisão, de que Sarney era o vice-presidente do Brasil e não do presidente Tancredo Neves.

No meio da controvérsia, cercado pelos que sustentavam a mesma opinião, o vice engolia comprimidos para acalmar os nervos e evitava envolver-se nas discussões entre os mais exaltados. O vice José Sarney começava ali a assumir a presidência. Interina, sem dúvida. As boas notícias sobre a operação de Tancredo desanuviaram o ambiente, liberando a livre especulação sobre a posse.

Pelas quatro, cinco horas da madrugada, o apartamento foi-se esvaziando. José Sarney chamou-me ao quarto em que se recolhera, desculpando-se pela ausência do dono da casa que tinha poucas horas para redigir o discurso e descansar para o alívio da tensão que latejava nas têmporas e marcava o rosto com os sulcos do estresse.

Jornalista experiente e escritor com vários livros publicados, o futuro acadêmico José Sarney não conseguiu escrever duas ou três páginas do discurso, que improvisaria em cima de algumas notas com a facilidade de orador experiente.

Cheguei ao hotel com dia claro. Fiz a barba, tomei banho, pedi um café reforçado, fazendo hora para o início das transmissões da Manchete, daí a duas horas. Evitei a tentação de espichar na cama com medo de emendar no sono.

Antes das oito horas, caminhando para esticar as pernas, compareci ao estúdio improvisado, onde reinava um pandemônio.

Estafada por um dia e uma noite correndo por todos os pontos de Brasília para acompanhar a operação do presidente, a quizília sobre quem tomaria posse, os boatos e versões que nasciam não se sabia onde e se desfaziam no ar, a equipe, dispensada de madrugada, pegara no sono. Meia dúzia, se tanto, dos que dormiam no caminhão ou dos que venceram a fadiga, bocejava no aparvalhamento do desarranjo.

A TV-Manchete, em rede nacional de mais de duas dezenas de repetidoras, entraria no ar dentro de minutos.

Com uma câmera operada pelo único técnico presente, enfrentei o desafio de falar, sozinho, de improviso, durante 43 minutos cravados. Não podia tossir, engasgar, espirrar. Abastecido pelas muitas histórias acumuladas na noite insone, intensamente vivida, contei tudo o que vira, repeti o que ouvira, escapuli pela análise, a especulação. Pelo ponto, quando tomava fôlego, ouvia o incentivo em apelo imperativo: "Continua, Villas, não pára."

Em breve e enganoso consolo, avisaram-me para chamar a repórter que se posicionara nas galerias para recolher as impressões dos populares. Posta no ar, a jovem colega deu seu recado em menos de um minuto: todos ali estavam para assistir à posse, ninguém sabia da operação de Tancredo.

Falei por mais intermináveis minutos, que pareciam horas. Até que a porta do estúdio abriu para a entrada de Alexandre Garcia, saudado como o salvador providencial.

Juntos, dividimos a cobertura da posse do vice que foi presidente no mandato de cinco anos.

DEBATE DECISIVO

Na reta final da campanha do segundo turno da eleição de 1989, a candidatura de Lula disparou nas pesquisas, arrastando ao desespero o até então favorito absoluto, Fernando Collor de Mello, e sua sofisticada equipe de marqueteiros, os pagos a peso de ouro e a pequena turma de fé, que vinha desde as Alagoas na grande jogada.

Collor reagiu apelando para a baixaria. Descobriu a filha de Lula, de um romance antes do casamento e expôs a jovem Lurian à exibição pública dos seus constrangimentos. Lula reagiu em cima, provando que assumira a filha, reconhecendo a paternidade no registro civil e que jamais deixara de assisti-la e visitá-la.

No lance seguinte, exibiu como troféu a antiga namorada de Lula, a mãe de Lurian, Míriam Cordeiro, pobre mulher envolvida em abjeta briga política e do lado errado do adversário de seu antigo amor.

A ascensão de Lula nos índices do chorrilho de pesquisas, que vazavam de todos os institutos em feroz disputa do mercado e da credibilidade dos acertos, foi empurrada pela clássica arrancada da militância do PT que ocupou as ruas, acampou nas praças, distribuiu panfletos, santinhos, escudos, estendeu faixas e atroou os ares com a barulheira infernal dos carros de som.

Praticamente empatados, com Lula crescendo e Collor estacionado, os dois finalistas chegaram ao segundo e último debate em rede nacional de rádio e televisão, com a responsabilidade de decidir a eleição nas duas horas decisivas do confronto perante a audiência recordista de mais de 100 milhões de telespectadores. O país parou, em suspenso, diante das telinhas mágicas, galvanizado pela novidade dos dois primeiros debates mano a mano entre os dois classificados no primeiro turno, na primeira eleição presidencial a ser decidida na segunda rodada de urna. Depois de quase 21 anos de mordaça, da campanha emocionante das Diretas-já, da eleição de Tancredo Neves e da derrota de Paulo Maluf na trampa do Colégio Eleitoral, quando o feitiço virou contra o bruxo e sua mandinga, do governo do vice José Sarney, que exerceu o mandato de cinco anos do presidente que não chegou a tomar posse e começou a morrer na véspera, na agonia das operações que emocionaram o povo, a rezar e chorar nas ruas de todo o país, das esperanças e frustrações da Constituição-cidadã, do sonho da estabilidade econômica do Plano Cruzado que acabou em pesadelo.

Uma população de nervos tensos, o coração disparado, postou-se diante dos aparelhos de tevê, com todos os canais ligados em rede nacional. Ruas, praças vazias. Povo apinhado nos bares, lojas, onde houvesse uma tela iluminada na noite do grande espetáculo, largamente anunciado.

Testemunho como participante, indicado pela extinta TV-Manchete. Pelos critérios da direção, Carlos Chagas, diretor da surcursal de Brasília e conhecido comentarista político, foi indicado para o primeiro debate.

Os amplos, excelentes estúdios da TV-Bandeirantes, em São Paulo, foram cuidadosa e competentemente preparados para o desafio de organizar o debate que prometia pegar fogo, garantindo a segurança dos candidatos e a ordem na rua, ocupadas pelas torcidas organizadas de Collor e de Lula, com óbvia vantagem para a turma do PT.

Mais de 30 anos depois, em conversa com o jornalista Ricardo Kotscho, petista de carteirinha e amigo fraternal de Lula, insubstituível assessor de imprensa nas quatro campanhas, encontrei a explicação para o decepcionante desempenho do derrotado, que me intrigava nas indecifráveis tentativas de entender a facilidade com que Collor encurralou o competidor que o vencera no primeiro confronto.

O debate, no formato engessado imposto pelos assessores dos dois candidatos, dividia-se em blocos, obedecendo à fórmula que reduzisse a participação dos jornalistas convidados ao tempo mínimo de um minuto nas duas intervenções de cada um, sem direito à réplica. Éramos forçados a engolir as respostas evasivas, que sempre fugiam dos temas para o blablablá ensaiado da demagogia. Cada um dos quatro blocos foi conduzido por profissionais de primeira linha: Boris Casoy, Marília Gabriela, Eliakim Araújo e Alexandre Garcia.

Além dos candidatos e dois assessores, dos jornalistas, da equipe técnica, ninguém mais entrou no estúdio. Collor foi o primeiro a chegar. Um manequim de elegância. Duro, pisando firme, rosto retesado, o olhar fixo. Ocupou seu lugar na tribuna, arrumando as muitas pastas, com capas de cores diferentes, ao alcance das mãos.

Lula chegou em seguida. Afobado, o rosto com marcas da noite maldormida e bem bebida, com laivos avermelhados na face clara. Cabelos úmidos, suor abundante escorrendo pela testa. Como estava mais próximo, depois da cordialidade do cumprimento, perguntou-me onde era o banheiro mais perto para aliviar a bexiga. Juntei a urgência urinária, os sinais dos olhos vermelhos e o aspecto macilento do rosto na suspeita das tensões da madrugada insone, aliviada nas conversas com amigos e correligionários e assessores e muitas rodadas de chope. Ou de doses generosas de uísque.

Não se pode afirmar que Lula perdeu a eleição nas duas horas de atuação desastrosa. Mas ali enterrou-se na diferença de três milhões de votos. Parecia assustado, sem garra e sem o brilho habitual na vivacidade das respostas, sem malícia, deixando-se enrolar pela arrogância agressiva de Collor.

Ao fim do programa, a impressão dos debatedores era de que Lula jogara fora a oportunidade de consolidar a tendência das últimas pesquisas. Deixei o estúdio com Eliakim Araújo, apresentador do jornal da Manchete, brizolista de fé e eleitor de Lula. Transmiti ao colega e amigo a minha avaliação: Lula perdera a eleição.

Décadas depois, ouvi do confiável e correto Ricardo Kotscho a história do conflito doméstico que arrasara Lula. Kotscho acompanhou o candidato na noite tumultuada e no trajeto da casa até a Bandeirantes. Única testemunha, além do motorista, das acaloradas discussões de Lula com a mulher, Marisa, enciumada com a ignóbil exploração pela equipe de Collor do desenterrado caso do marido com Míriam Cordeiro, mãe de Lurian. Marisa fora envenenada por intrigantes que Collor levaria Míriam ao estúdio para que agredisse Lula com acusações, em cena deprimente de ciúme que seria o assunto para a exploração escandalosa da imprensa colorida.

O bate-boca atravessara a madrugada, prolongou-se até a porta da Bandeirantes. A cabeça fervendo, nervos em petição de miséria, num repente de irritação, Lula ameaçou não comparecer ao debate, sem condições emocionais para enfrentar o adversário e as perguntas dos jornalistas.

Ricardo Kotscho fez um apelo ao bom senso. Fugir ao debate seria a confissão da derrota. Diante da sua cadeira vazia, Collor o levaria ao ridículo, deitando e rolando como dono do palco e senhor do espetáculo.

Lula caiu em si, num repelão saiu do carro, entrou no estúdio. Tentou dominar os nervos. Mas não se reencontrou.

A DERROTA NA VÉSPERA

Fernando Collor de Mello foi o maior fenômeno eleitoral da nossa história republicana. A inevitável comparação com Jânio Quadros não vai além da tentativa do confronto com o único exemplo com algumas semelhanças: a ascensão vertiginosa, galgando degraus aos saltos; a oratória incendiária, que levava multidões ao delírio nos comícios da campanha; a utilização das técnicas de propaganda aconselhadas pelos marqueteiros: o desapreço pelos partidos e pela atividade política em geral; a pregação messiânica no tom estudado de salvador da pátria; a gesticulação abundante de canastrão de sucesso fulminante e efêmero.

Basta arranhar a superficialidade do óbvio e apurar a vista para que as profundas diferenças se imponham, reclamando avaliação mais cuidadosa. Jânio ajustou o estilo popularesco às singularidades de sua incomum personalidade. De gênio a louco, percorreu toda a escala do exibicionismo premeditado, como método político a serviço da ambição sem limites.

Professor de português, com o pernosticismo das construções rebuscadas, paródia dos clássicos, o gosto forçado das mesóclises para embasbacar os desatentos, Jânio desembarcou na política elegendo-se vereador por São Paulo com respeitável bagagem. Escrevia com correção em português quinhentista, lera os clássicos que imitava e sabia tirar partido da memória excepcional.

Pelos mandatos legislativos que exerceu pela metade deixou boa fama de parlamentar presente na tribuna, no plenário e nas comissões. Como vereador, costumava carregar, nos bolsos do paletó maltratado, embrulhos de sanduíches que mastigava durante as sessões, para a delícia dos fotógrafos que se serviam do folclórico personagem de cabelos em desalinho, caspas caindo pelos ombros e pela gola, a gravata enroscada, de laço frouxo. O desleixo estudado para compor o tipo, da casca popular com miolo conservador de recorte arbitrário de centrista radical, sem compromissos com a democracia. Vocação de ditador sem tropa que escolheu o caminho do voto, que cultivava com a obsessão que o acompanhou durante toda a vida. Mas, no íntimo, desprezava com o mesmo sentimento contraditório que o empurrava a misturar-se com o povo nos comícios e a manter distância ou a fugir de contatos com a patuléia que lhe provocava arrepios.

O fascínio que Jânio exerceu sobre os intelectuais, escritores, artistas, cronistas que com ele conviveram na fase inicial da novidade equilibrava o repúdio do primeiro time da esquerda.

Capaz de gestos de audácia temerária em público e de encolhimentos de pusilânime. Mas o Jânio Quadros que se suicidou com a renúncia e arrastou-se como fantasma, a carpir derrotas e remorsos, com a única reparação na decadência sexagenária da segunda eleição para prefeito de São Paulo, não passou em brancas nuvens pelos cargos administrativos conquistados nas urnas. Deixou fama como prefeito de São Paulo e de governador do estado e, nos sete meses de presidente da República, apenas traçou o rabisco que o tempo apagou, de energia, capacidade de decisão e a incurável recaída na demagogia dos surpreendentes atos, tramados em surdina e divulgados com a estridência da originalidade: o traje palaciano de modelo indiano dos jalecos de meia manga em brim cinza, a proibição das brigas de galo, o veto aos biquínis.

É verdade que Jânio arrastou a UDN pelo cabresto da vitória certa, antevista de véspera, com a promessa de partilhar o governo, curando as feridas de três derrotas traumatizantes. A legenda liberal dos bacharéis, que se considerava responsável pela derrubada da ditadura do Estado Novo, carpira o vexame de assistir às vitórias de Dutra, Getúlio e Juscelino pelos votos da democracia que ela restaurara.

Dúbio e escorregadio, Jânio tinha horror à UDN, aos seus líderes arrogantes, à marca conservadora que colara na sua candidatura e que o afastava da esquerda da sua paixão de amante infiel. Mas, para as serventias da campanha, reconheceu a importância do apoio da estrutura nacional da UDN, da máquina montada em todos os estados e na maioria dos municípios. O candidato era a grande atração da campanha que enchia as praças e esquentava os comícios. A organização cabia à UDN, com a ajuda complementar dos aliados nas praças em que tinham presença significativa.

O conservadorismo udenista, com o contrapeso da Bossa Nova, do mais puro figurino socialista, não impediu que Jânio executasse os passes do seu balé provinciano. A política externa independente, com a abertura para a África, os paparicos a Cuba de Fidel Castro, a missão do embaixador extraordinário João Portela Ribeiro Dantas de ampliação das relações comerciais com os países do Leste europeu, foram implementadas pelo ministro udenista das Relações Exteriores, Afonso Arinos. E a desabrida crítica do governador Carlos Lacerda, que já saltara o muro, não chegou a arranhar o apoio da bancada udenista.

Trinta anos depois, Fernando Collor de Mello não foi o clone de Jânio nem seu imitador. Alguns traços em comum, confundidos no desenho das diferenças.

Jânio foi um visionário excêntrico e destrambelhado. Collor o aventureiro de métodos sofisticados e inovadores. Elegeu-se deputado federal pelo voto direto e prefeito de Maceió na contrafação da eleição indireta pela Assembléia Legislativa, manobrada pelos militares. O voto popular carimbou a legitimidade da eleição a governador de Alagoas, coroando a campanha de promessas renegadas, da mistificação do combate aos marajás, do enxugamento do quadro dos servidores públicos, inchado pelo mais desbragado empreguismo.

Candidato sem partido e sem apoio de legendas e políticos nacionais. Adotado pelo centro em desespero com a rejeição dos seus candidatos naturais, um a um abatidos pelos índices desqualificantes das pesquisas. Discurso liberal, reformista, enfeitado de promessas de mudanças radicais e de recados populistas para atrair o eleitor pobre, que garantiu sua eleição.

E a degringolada na maré de escândalos do parceiro Paulo César Farias, apurados pela CPI que seguiu o rastro das denúncias do mano Pedro Collor, do motorista Eriberto França, das testemunhas que se enrolavam em contradições, dos documentos, evidências. Até a renúncia, truque de advogado para evitar a aprovação do *impeachment,* que não foi levada a sério e despejada no lixo da História.

Onde as semelhanças entre Jânio e Collor? No máximo, algumas coincidências.

A RECICLAGEM DE BRASÍLIA

A longa fase de ajustamento da reportagem política à atabalhoada transferência para Brasília, em 21 de abril de 1960, e os quase 21 anos de domínio militar, nas variantes do rodízio de generais-presidentes, passa por muitas etapas até a consolidação de estilo próprio, adaptado ao quadro de poder, que conservou as características fundamentais do modelo cunhado pela geração de 1946, reciclado para acompanhar os novos tempos de profundas mudanças estruturais do Executivo, as distorções no formato do Legislativo e a revolução dos meios de comunicação eletrônica e globalizada.

Na verdade, a cobertura parlamentar nunca se recuperou do tranco da mudança para a capital improvisada no Planalto Central. Nenhum jornal transferiu para Brasília os seus quadros de repórteres especializados em acompanhar a rotina da atividade legislativa nas comissões e no plenário. Alguns mudaram-se às pressas para a capital sem as condições mínimas para o trabalho regular. As seções fixas de registro diário dos debates em plenário e o mais sucinto resumo das principais atividades das comissões permanentes desaparecem da noite para o dia dos jornais, como que perdidas na viagem.

Dispersos nos imensos espaços vazios do Congresso de rala freqüência no meio de semana, com a capital política dividida entre Rio, Brasília e São Paulo, sem o espaço cativo das seções permanentes, os pioneiros desapertaram, substituindo a cobertura regular pelos textos especiais, atraídos para o pitoresco, os incidentes de plenário, as trocas de desaforos, as brigas e a valorização das fofocas e intrigas.

Brasília provou as sobras das décadas douradas da eloqüência parlamentar nos sete meses de governo de Jânio Quadros, com a vivacidade dos debates entre a UDN, vitoriosa nas urnas e desprezada pelo presidente envolvido nos fuxicos palacianos da luta doméstica pelo poder, e a oposição das bancadas do PSD, do PTB e dos ressentidos com o despejo das velhas máquinas administrativas de estados e municípios.

A renúncia no desatino da manobra provinciana para desalojar os indesejáveis e fortalecer o poder deflagra a crise da resistência militar à posse do vice-presidente João Goulart, contornada com o remendo parlamentarista.

Da posse de Jango, a 7 de setembro de 1961, ao golpe de 31 de março de 1964, foram tempos traumáticos de agitação e crises que se sucediam, agravadas pela radicalização interna dos grupos de esquerda e pela violência da reação oposicionista. Com o plebiscito antecipado para 6 de janeiro de 1963, restaurando o presidencialismo da perdição de Jango.

Uma renovada equipe de repórteres políticos preencheu os espaços vagos com as muitas desistências de veteranos e enfrentou os desafios de novos tempos e novas modas.

Com a renúncia de Jânio, Carlos Castello Branco foi liberado da assessoria de imprensa e assumiu a chefia da sucursal do *Jornal do Brasil* e da "Coluna do Castello", no nobre espaço da segunda página. Fernando Pedreira dirigiu a sucursal de *O Estado de S. Paulo* e a responsabilidade pela crônica política no espaço cativo da segunda página. Outros foram chegando. Carlos Chagas substituiu Pedreira no *Estadão*. Benedito Coutinho, Fernando Lara Resende, Otacílio Lopes, Oliveira Bastos, Ricardo Noblat, Teresa Cruvinel, Dora Kramer, o veterano Márcio Moreira Alves são alguns dos nomes gravados na história da mídia brasiliense.

Duros tempos de bruscas transformações nas duas décadas de ditadura pegaram os repórteres, nas suas muitas subdivisões, em pleno processo de adaptação às mudanças que chegaram manhosamente, parecendo que resgatariam o modelo da antiga capital. Na verdade, tudo, quase tudo, mudara. Brasília era uma capital em obras. Um risco diferente de cidade traçada por Lúcio Costa e composta pelos palácios e edifícios de Oscar Niemeyer. O Congresso disperso no latifúndio urbano de dois palácios interligados, com o requinte de gabinetes individuais para os parlamentares, dissolveu os partidos com a rarefeita e episódica convivência restrita às duas ou três sessões semanais e aos encontros nos corredores e na sala do café.

Em parte substituídos pelo hábito da vida noturna nos restaurantes da moda da capital. Muitos tentam espantar a solidão nas conversas que varam a madrugada, com os estímulos do uísque farto e dos pratos apetitosos. Nos tempos do Congresso no Rio a convivência com a família e a vigilância das esposas impunham a continuidade da rotina doméstica da pacata vida interiorana e da pausada cadência das capitais da maioria dos estados.

Raras, excepcionais as reuniões de diretórios e bancadas. O plenário assistiu à agonia da oratória como instrumento fundamental da atividade parlamentar. Curtiu a ilusão dos grandes momentos do Legislativo nas sessões históricas da renúncia de Jânio, do debate sobre a posse de Jango Goulart, da declaração da vacância da presidência na estréia do arbítrio. E na resistência desesperada ao endurecimento do arbítrio até o seu espasmo ensandecido de violência com a edição do AI-5. Estertores de uma época que se despedia.

Mudanças mais profundas refizeram o esquema de poder. Como toda ditadura que se preza, a Redentora exacerbou a centralização até o esmagamento da autonomia dos estados e municípios. Nas áreas que os militares reservaram para os economistas, recrutados como assessores para garantir recursos à execução dos projetos grandiosos do Brasil Grande, zombava-se da incompetência matuta das administrações provincianas, dissipadores de recursos públicos nas fontes luminosas, lançando jorros a grande altura, que enfeitavam as praças do interior, embasbacando os tabaréus com os repuxos com todas as cores do arco-íris.

Os repórteres políticos foram abandonando o Congresso. O hábito da freqüência regular, diária e obrigatória foi substituído pelas rápidas e episódicas idas em horas diversas, geralmente para o encontro previamente marcado.

A necessidade força portas. Se o governo era a fonte única de informações e se da torneira fechada da oposição apenas pingavam algumas gotas, cada repórter cultivou a sua horta particular nos gabinetes do poder.

A centralização desfigurou a imprensa. Os donos das redações, quando bateu a crise do petróleo de 1973 que obrigou a reduzir custos, descobriram que as sucursais e os correspondentes que cobriam o país eram descartáveis. Esvaziadas com o aniquilamento da autonomia dos estados e municípios e a marginalização política. A poda foi implacável. Redes montadas em décadas de paulatina expansão dos serviços, com correspondentes em todas as áreas do estado e nas cidades mais importantes, foram dizimadas em vagas de demissões em massa. Centenas de excelentes jornalistas perderam o emprego e mudaram de profissão.

O erro custou caro. No balanço da gangorra do abre-fecha, ditadura-democracia, o processo de descentralização ensaia os primeiros passos no governo do presidente Ernesto Geisel, invade espaços na pasmaceira do governo do presidente João Figueiredo e vira o jogo com a Constituição descentralizadora de 1988.

A mídia foi surpreendida e exposta à cobrança da sociedade. Ela não cobria, não cobre o Brasil. E foi atropelada em momentos históricos, na revelação de escândalos que escaparam à sua vigilância, em denúncias que passaram pelos buracos da malha descuidada. O fenômeno eleitoral da eleição de Fernando Collor de Mello, em 1989, foi um sucesso de *marketing*, que explorou as habilidades de comunicador do candidato, com a equipe montada e treinada nas experiências pioneiras na prefeitura de Maceió e no governo de Alagoas. Com a mesma turma chefiada pelo mesmo PC Farias da corrupção nacional operada pelo governo paralelo, com canais de comunicação diretos com o presidente e com os ministros e assessores, cooptados para a extorsão de porcentagens fantásticas, a fim de facilitar contratos superfaturados com o governo. Sem que a imprensa, à exceção da *Folha de S. Paulo,* se desse ao incômodo de investigar o passado do candidato que disparou nas pesquisas e galopou na raia da campanha como franco favorito.

BASES E O NOVO

O presidente José Sarney, nos cinco anos do mandato de Tancredo Neves que exerceu integralmente, do primeiro ao último dia (15/3/1985 a 15/3/1990), inaugurou um novo tipo de relacionamento com a imprensa. Ou com os repórteres políticos da sua antiga convivência como deputado federal, governador do Maranhão e senador.

Zeloso do simbolismo do cargo, concedeu algumas entrevistas coletivas com decorosa obediência ao cerimonial: os repórteres sentados, fazendo as perguntas ao microfone e o presidente respondendo no plano alteado do estrado, na cadeira de espaldar alto, com as insígnias republicanas.

Mas, ao mesmo tempo, recebeu vários jornalistas para conversas, almoços e jantares no Palácio da Alvorada, marcadas pela descontração das análises e críticas, de quando em vez apimentadas com gotas de malícia.

Antes do presidente José Sarney nenhum presidente recebeu tantos jornalistas e concedeu tantas entrevistas especiais. Nos bons e maus momentos do seu governo, que conheceu a popularidade do sucesso do Plano Cruzado, o inferno do patrulhamento do deputado Ulysses Guimarães, presidente do PMDB, o calvário da Assembléia Constituinte, que escapou de sua liderança para submeter-se, no apagar das luzes, ao enquadramento dos ministros militares, recuando do parlamentarismo para engolir, a seco, o presidencialismo com o molho azedo dos cinco anos de seu mandato.

A abertura comedida do Palácio do Planalto à curiosidade da imprensa e a desobstrução das fontes, no governo do presidente José Sarney, sinalizam os novos tempos.

A reportagem abandonou as trincheiras da resistência ao arbítrio, à censura, às prisões, torturas e desaparecimento de jornalistas acusados pelos órgãos de repressão para remontar o modelo, adaptando o que fora superado pelas novas condições de trabalho.

Não foi fácil nem isenta de dúvidas manter a crônica diária de interpretação dos fatos em tempos de censura e de virtual desativação da atividade política, com o Congresso em recesso ou semi-aberto, de cócoras diante do sistema implacável. Nos anos de marasmo do seu governo, o presidente Garrastazu Médici não cassou ninguém porque sufocou as vozes de protesto desligando os microfones da oposição. Ou no breu do AI-5 até os primeiros indícios de reabertura com a comissão de reforma constitucional presidida pelo vice-presidente Pedro Aleixo. E na caricatura ditatorial dos dois meses da Junta Militar, grotesca e violenta.

O arejamento democrático da virada do Colégio Eleitoral, com a eleição indireta da chapa Tancredo Neves-José Sarney, recriou as condições para a modelagem da reportagem política, modernizada para o ajustamento a novo esquema de governo.

As bases assentadas pela geração de 1946 foram preservadas. Não se volta atrás nos avanços de princípios essenciais. A preliminar da imparcialidade como condicionante da credibilidade da análise política não apenas se consolidou como norma ética da profissão como passou a ser muito mais severamente fiscalizada. Resistiu à pressão ideológica da polarização da direita *versus* esquerda, que começa a sair de moda.

Da surda resistência no endurecimento do sistema arbitrário, com as crises cíclicas de consciência pela manutenção de colunas, seções permanentes de análises políticas sob censura à reconquista da liberdade, em etapas de cautelas, mas com crescente desembaraço, até o fim opaco do mandato do último general-presidente, João Figueiredo, a geração de Brasília, mesclando a experiência de veteranos com a sofreguidão de novatos, com predominância das moças que não chegaram a marcar presença no Rio, inovou e abriu seus caminhos.

Convém distinguir. Com a extinção da cobertura regular do Congresso, em seções fixas nos matutinos e espaços cativos para outro tipo de matérias nos vespertinos, o Legislativo passou a ser freqüentado por dezenas, centenas de repórteres, fotógrafos, equipes de TVs, armados de gravadores e câmaras que produzem matérias sobre os assuntos mais importantes, de repercussão na mídia, e gravam entrevistas com os parlamentares mais acessíveis. Não são muitos os disponíveis todos os fins de tarde, no horário conveniente para o fechamento dos noticiários, que se revezam nos microfones e câmaras, em geral dizendo as mesmas coisas, sobre os mesmos assuntos.

Noutro plano, a análise política encontrou seus especialistas competentes que imprimiram novos rumos ao gênero que reclamava urgente renovação. Ampliando o elenco de personagens no eterno palco do contraditório, com a convocação de lideranças sindicais, de representantes da sociedade organizada, reivindicante, crítica e inconformada.

Márcio Moreira Alves voltou a Brasília com a bagagem de muitos anos de militância na imprensa, dos começos como jovem repórter no *Correio da Manhã* e depois em outros jornais e revistas, a passagem pela Câmara como deputado autor do famoso discurso no pequeno expediente de crítica aos militares que serviu de pretexto para o endurecimento da brutalidade do AI-5. Cassado, curtiu mais de uma dezena de anos de exílio para escapar da tortura e da morte certas, morando em vários países da Europa quando freqüentou universidades em Londres, Paris e Lisboa, e regressou ao Brasil com a anistia. Estava pronto para o desafio proposto a *O Globo* de coluna diária, com a pretensão ambiciosa e renovadora de ampliar o campo de análise com a abordagem freqüente do que chama de políticas públicas. Aó lado das inevitáveis interpretações críticas do cotidiano parlamentar e das atividades e omissões do governo, a aventura das viagens pelos mais longínquos recantos do país, das fronteiras perdidas do Amazonas aos caminhos dos pampas, onde quer que uma iniciativa desconhecida da imprensa prisioneira das limitações da pauta desperte a sua atenção.

A última encarnação do repórter caminhante de outros tempos, Márcio Moreira Alves é o responsável pela mais importante coluna política de Brasília. Com o sopro renovador e crítico da própria imprensa. Muitas das suas colunas são reportagens de alta qualidade e primoroso texto direto, levantando assuntos que a imprensa ignora, indo a lugares de onde a imprensa se retirou.

A repórter Dora Kramer herdou a "Coluna do Castello", construída em 26 anos de fidelidade profissional ao *Jornal do Brasil,* por Carlos Castello Branco. Teve o bom senso e a sensibilidade de não imitar o que era inimitável, sem desfigurar o espírito da Coluna. E completou com a garra de repórter, a excelência das fontes em todas as áreas partidárias e a facilidade de acesso a todos os setores do governo, com portas abertas nos gabinetes do Palácio do Planalto.

As demais seções permanentes seguem o padrão renovado e a visão ampla da sociedade, mobilizada e consciente na pressão direta ao Congresso e nas manifestações que juntam multidões na praça dos Três Poderes.

Mas a reportagem política de Brasília, a que se formou na nova capital, conheceu o Congresso que não se encaixa na moldura saudosista. Cresceu por fora, espraiou-se pelo latifúndio urbano da pureza das curvas de Oscar Niemeyer, mas diminuiu por dentro, apequenou-se nos gabinetes individuais de parlamentares manchados pelo nepotismo, pelo inchaço deformante dos plenários, com o excedente do terceiro senador por estado e do aleijão das bancadas de deputados do Norte.

Plenários vazios no começo e fim da semana; dois a três dias de presença dispersa, enfurnada nos gabinetes ou perambulando pelos corredores sem fim. Mantém com o partido a que se encontra filiado as relações cerimoniosas, frias, distantes e frouxas das raras reuniões de bancada ou dos órgãos partidários. Não conhece nem de vista o programa do partido, que justamente considera um documento que atende à exigência burocrática. Os seus contatos e compromissos são com o seu estado e com o seu município, de cujos interesses cuida com a diligência do despachante com mandato que abre portas oficiais e facilita as conversas diretas com os órgãos federais.

Não mora em Brasília, capital que detesta com o mesmo sentimento que cultiva sua família, que continua residindo na sua base eleitoral. Passa o menor tempo possível no seu teórico local de trabalho, enervando-se na ociosidade solitária. Transita pelo plenário a prosa vadia com os conhecidos para saber as novidades do seu estado, as únicas que arranham seu interesse.

O artificialismo dos partidos, com a única exceção do Partido dos Trabalhadores, que vai perdendo o aroma da novidade, é um dos fatores da pasmaceira crônica do Congresso que espanta repórter, afugenta deputados e adormece senadores. E esvazia os debates com a fragilidade da oposição e o desequilíbrio do contraditório. À maioria não importa perder a discussão se ganha no voto.

RÁDIO E TELEVISÃO

Nem o rádio nem os noticiários de TV conseguiram firmar um padrão de cobertura rotineira da atividade política e do Congresso. Crescem nas crises quando influem poderosamente na formação da opinião pública e lideram o noticiário com a informação em tempo real, com a cobertura ao vivo das sessões do plenário, das comissões, das CPIs, das reuniões partidárias, das solenidades, discursos e debates no Palácio do Planalto.

Mas o desinteresse pelo dia-a-dia do Legislativo e a timidez das análises políticas empobrecem os noticiários de TV e de rádio. Entende-se: a televisão vive da imagem e nada mais maçante do que o comentário discursivo do repórter de TV.

O rádio vira-se com as notícias em registro sumário e as declarações gravadas de autoridades e parlamentares.

São raros os exemplos de programas jornalísticos no rádio e na TV com espaço e liberdade para a crítica política. O revolucionário e jamais superado *Jornal de Vanguarda* de Fernando Barbosa Lima, ao vivo e abusando do improviso, conquistou prêmios internacionais, deixou saudades, mas não seguidores.

Os tempos são outros. A longa ditadura amordaçou a crítica, fiscalizou a notícia, intimidou os privilegiados com as concessões de canais de televisão e de rádio. Com a abertura, poucos ousaram além da linha da prudência. Com o desdenhoso desinteresse da sociedade pela política, que menospreza, e pelo governo, que desestima, o noticiário político murchou no rádio e na TV, reduzido a simples registros. Só ganha importância nas denúncias de escândalos, de roubalheiras e nas gaiatices do pitoresco.

A TV-Senado, as publicações editadas pela Câmara e pelo Senado são tentativas válidas para quebrar o gelo do desinteresse popular pela atividade do Congresso.

A FATURA DA DEMOCRACIA

Nasceu embalada pela morte do presidente Tancredo Neves a democracia da Nova República. A agonia de 37 dias e cinco operações do presidente civil, eleito pelo voto indireto do Colégio Eleitoral rebelado, foi acompanhada pelo país em estado de choque emocional, até o desfecho com a multidão nas ruas de São Paulo, de Brasília, de Belo Horizonte e o sepultamento em São João del Rey. De algum modo, preparou a opinião pública para aceitar o inevitável e acostumar-se com a promoção do vice-presidente José Sarney a presidente para o exercício do mandato integral.

O vice teve um comportamento irrepreensível na difícil interinidade do presidente retalhado pelos bisturis, na desenganada transferência de Brasília para São Paulo em busca do milagre que reparasse os erros médicos da caótica noite da primeira cirurgia no Hospital de Base da capital. Controlou os nervos para não avançar um passo em falso nem encolher-se na onda de comoção nacional. Foi perfeito: nenhum gesto de ambição, a modéstia discreta da rotina e o reverente respeito a todos os compromissos do titular, os explícitos e os cobrados pelos beneficiados.

O transe deixou fundas marcas, ampliou expectativas e encolheu o prazo de tolerância. Vice não costuma dar certo na tradição brasileira e vínhamos de exemplos recentes do desastre do governo de Jango Goulart, que escancarou as portas para a invasão do esquema de ocupação militar e, com o recuo no tempo, o governo do vice Café Filho, que virou presidente e que acabou no golpe do "retorno aos quadros constitucionais vigentes", dos generais Henrique Lott e Odílio Denys.

Lições aprendidas, José Sarney começou por vencer resistências e consolidar a base de sustentação parlamentar herdada do presidente Tancredo Neves, sob o olhar cobiçoso do PMDB, que se considerava o dono do governo e senhor de cargos e nomeações. Pagou a fatura, sujeito aos desgastes e surpresas.

O destino reservou ao presidente José Sarney as delícias da popularidade no dourado 1986 do sucesso do cruzado e o purgatório da queda dos índices de apoio popular, quando a embarcação virou, fazendo água por todos os rombos no casco da disparada aloucada dos preços.

Nas costas do cruzado, doente terminal, em coma, com a vida artificialmente prolongada pelo enredo da comédia eleitoral, o PMDB emplacou a grande vitória que seria a sua perdição. O deputado Ulysses Guimarães enfiou na cabeça careca a coroa do comandante do resultado que firmava o PMDB como a legenda majoritária no Senado e na Câmara, com as rédeas da Constituinte nas mãos magras do ambicioso dissimulado, extraordinário líder para as campanhas perdidas, como a das Diretas-já, visionário que fixava o céu, mas não olhava em volta nas suas desastradas articulações políticas.

Na sucessão presidencial de 1989, o doutor Ulysses Guimarães e o PMDB purgariam os pecados que não mereceram a absolvição do voto, com o presidente José Sarney levado de cambulhada com a eleição de Fernando Collor de Mello, fenômeno eleitoral sem paralelo na história republicana, de funestas conseqüências.

A Constituição cidadã de 1988, que prometeu este mundo e o paraíso e deu muito pouco ou quase nada, a frustração que castrou as esperanças semeadas pela mobilização das diretas, a eleição de Tancredo e o saldo da ilusão do cruzado iniciaram a pavimentação da tortuosa rota do desencanto nacional com a democracia.

Os erros aparecem mais do que os acertos. Cobrar o prometido que é devido é mais imperioso do que agradecer e louvar as graças recebidas. E como o azar não anda desacompanhado, encontrou seu parceiro nos escândalos de uma temporada interminável, que renova o repertório com imaginação para mudar a peça que esgota o interesse da platéia sem modificar o elenco — que é o mesmo, com nomes trocados.

Cada escândalo, com qualquer resultado, mesmo com os intervalos em que incendeiam a crença de punições exemplares, acaba trazendo mais uma pedra para a desmoralização das instituições democráticas. E a sucessão de crises não ofereceu o repouso de uma trégua. Pingaram uma atrás da outra, com o impacto da revelação que confirma suspeita de podridão nos cantos dos três poderes. A crise isolada, uma vez apurada com razoável credibilidade e a punição dos ladrões, pode, eventualmente, recuperar a confiança na eficiência dos métodos democráticos. Mas o chorrilho de lama fétida cola na pele a catinga da descrença. É o que vem acontecendo desde o enterro sem choro da revolução que custou a desocupar o poder com a escapulida pelos fundos do último general-presidente, o inesquecível João Figueiredo.

A mesma sensação de atordoamento que baixou sobre o país, como o nevoeiro na serra, com a renúncia do presidente Jânio Quadros, depois da eleição esmagadora, caiu, desta vez lentamente, com o desmoronamento do presidente Fernando Collor de Mello.

As muitas semelhanças atenuam-se com o descorante das diferenças. Jânio e Collor são dois exemplos de fenômenos eleitorais. Ambos identificaram-se com o sentimento popular de rejeição dos partidos e da política em geral, exibindo o mesmo desdém pelas legendas e pelos seus militantes. Nenhum chegou a exercer qualquer tipo de atividade nos partidos que demonstravam detestar. Jânio nunca foi reconhecido pela sua filiação partidária de circunstância, definida pela objetiva avaliação dos interesses do momento, da campanha a ser enfrentada. A mesma escola de Collor. Em tempos diversos, Jânio usou a estrutura nacional da UDN. Para Collor bastou a televisão, com a achega dos comícios, para a popularização dos seus truques de eficiente canastrão, com empolgante desempenho para o gosto das classes mais desfavorecidas, que foram seu canteiro de votos.

Jânio renunciou na teatralização de repetido gesto de sucesso provado no palco provinciano dos mambembes de São Paulo. O presidente Fernando Collor de Melo foi despejado pela repulsa nacional com as revelações da Comissão Parlamentar de Inquérito (CPI) sobre as roubalheiras da quadrilha comandada pelo pranteado Paulo César Farias.

Da CPI dos Anões do Orçamento que levantou a poeira de uma roubalheira consolidada em anos de rateio de verbas e comissões, cassou mandatos e não mandou ninguém para a cadeia, às últimas CPIs de fim do século — a dos Bancos, a do Judiciário, a do Narcotráfico, as do Futebol na Câmara e no Senado —, contam-se nos dedos uma dezena de escândalos e o seu desfecho frustrante. Nunca a sociedade se dá por satisfeita. As punições parecem insuficientes, lentas, com os retardos dos recursos judiciários manipulados pelos advogados dos poderosos. Alivia as cobranças da inação do Congresso com os seus penduricalhos de vantagens, privilégios que são uma praga de Brasília e a desmoralizante semana de dois, três dias úteis para a votação e a debandada a partir da tarde de quinta-feira, com a revoada de centenas de senadores e deputados, com passagens pagas pela Viúva, para o aconchego das bases.

A lenta corrosão do prestígio do Legislativo que, de Brasília, escorre por todo o país como a baba da desmoralização, cobrindo de ferrugem as Assembléias Legislativas e Câmaras de Vereadores que seguem o exemplo da capital, é das parcelas mais altas da conta da democracia civil.

Todos os favorecimentos justificavam-se na sofreguidão de mudar a capital na data fixada pela esperteza eleitoreira do presidente Juscelino Kubitschek, que se despediu de Brasília ao som dos *slogans* da volta no JK-65. Um cálculo exato furado pelo imprevisto. Malandragem demais não costuma dar certo. Como dizia Tancredo Neves, vira bicho e come o homem. Ele mesmo é um exemplo disso.

Os três poderes ganharam as suas prendas para amolecer as resistências de trocar o Rio pelo ermo no cerrado na cidade inacabada, sem as condições mínimas de conforto e habitabilidade. A cada resmungo, uma penca irresistível de atrativos, como salários em dobro, gratificações, promessas de reajustes para os pioneiros da epopéia da mudança na improvisação da poeira, do vazio de horizontes sem fim, das angústias depressivas curadas a uísque e nas frenéticas reuniões dos raros pontos freqüentáveis.

Mas o privilégio chega para ficar, enraíza-se, espraia-se, conquista estabilidade e seguidores.

As fontes permanentes de desprestígio do Congresso brotam de vantagens emplacadas no tumulto da transferência. São rosas vermelhas das roseiras plantadas em 21 de abril de 1960 e que parecem eternas pelo viço das mudas transplantadas para os estados e municípios.

Da relativa modéstia das instalações do Senado no Palácio do Monroe e da Câmara dos Deputados no Palácio Tiradentes do Rio para os quilômetros quadrados dos suntuosos edifícios geminados na praça dos Três Poderes, de Brasília, e seus anexos que se multiplicam como cogumelos nos tapetes fofos de salões, plenário, corredores, gabinetes há uma mudança de estilo, de hábitos, de padrão de vida e de mentalidade.

Para exercer o mandato, com os deveres reduzidos ao mínimo de duas, três presenças semanais, intercaladas por semanas de recesso branco, os parlamentares abiscoitam vantagens que compensavam largamente o salário reduzido: quatro passagens mensais para as visitas às bases, pretexto cínico para justificar o fim de semana com a família que permaneceu na sua residência tradicional, indiferente aos discutíveis engabelos da capital: apartamentos funcionais com aluguéis simbólicos ou auxílio-moradia para o solitário que prefere hospedagens nos hotéis; verba para telefone e selos, tão generosa que nem o mais desfrutável fofoqueiro ou o maníaco epistolar consegue gastar a cota; gabinetes individuais, vexame que merece detalhamento especial. Vergonha duplicada, com o segundo gabinete na base eleitoral, regado de verba generosa para farra da distribuição de sinecuras a parentes e cabos eleitorais.

Ora, pelo menos as quatro passagens aéreas mensais e mais uma para o Rio foram um expediente para acudir à transitoriedade da emergência. Normal é que se more na cidade em que se trabalha. No caso dos parlamentares, pela dupla razão da necessidade da presença em sessões diárias nas comissões e no plenário, o atendimento de visitantes no gabinete, a romaria aos ministérios para cuidar dos problemas de seus municípios, o estudo da pauta, a elaboração de projetos, o convívio partidário e porque todos têm direito ao apartamento funcional mobiliado a capricho ou do auxílio para alugar moradia ou pagar a conta do hotel.

O provisório cristalizou-se. De um lado, pela recusa da família em trocar a sua casa, às vezes, patrimônio de muitas gerações, pelas acomodações sedutoras na capital de hábitos singulares; de outro, a maioria dos parlamentares detesta Brasília, onde não se sentem à vontade porque têm pouco ou nada a fazer, além de digitar a senha nas raras votações que carimbam o recebimento da parte variável, sem os descontos das faltas.

Plenários vazios são flagrantes de todos os congressos do mundo. O que tinge de escândalo as imagens de Brasília nas primeiras páginas dos jornais e revistas nas telas de TV é a freqüência, denunciando a rotina da gazeta. Tolerada, consentida, justificada pelas mesas diretoras das duas Casas.

A imprensa assimilou as transformações do Congresso como males ou distorções inevitáveis pela distância da capital às bases eleitorais de senadores e deputados de estados do Norte, do Nordeste, do Sudeste e do Sul. Olhos tolerantes, toldados pela catarata do costume, não enxergam, não se espantam nem denunciam as causas reais do desprestígio alarmante do Legislativo, da desmoralização da atividade política, dos índices corrosivos de rejeição em todas as pesquisas dos institutos idôneos.

Transferem a gana crítica para o justo foco dos escândalos que grassam, como epidemia de sarna, em cada temporada. Ou esvaziam as reservas de severidade promovendo vexames que emporcalham o conceito dos parlamentares, as discussões que, com indesejável freqüência, resvalam para o calão dos xingamentos, a troca de acusações e os ensaios de desforço pessoal, que nunca vão além da troca de tapas e murros entre senhores respeitáveis, sem fôlego nem agilidade nos músculos atrofiados pela vida sedentária e cobertos por camadas de gorduras dos excessos do garfo e do copo.

Discussões aos berros, ofensas recíprocas que zeram a conta, o charivari que desafoga a tensão das crises são flagrantes triviais em todos os Parlamentos do mundo e em todos os tempos. Merecem reparos, respingam no conceito da atividade parlamentar. Mas devem ser tratados sem o estardalhaço das manchetes e dos espaços excessivos nos noticiários da televisão.

Tanta preocupação louvável da imprensa com o bom nome do Congresso seria mais bem aproveitada se aprofundasse a análise das causas permanentes do desgaste crescente. Os antigos, por assim dizer clássicos, e os não tão recentes assim, veteranos quarentões que deveriam envergonhar-se das dissipações de rapazes estróinas.

A pressão de enérgica vigilância da imprensa mobilizaria a opinião pública para a correção de privilégios que não mais se justificam. O senador e o deputado têm o dever ético de morar em Brasília, seu local de trabalho. Com a família: mulher, filhos em idade escolar. As generosas gratificações no fim da sessão legislativa cobrem com sobras os custos das passagens. O mais é desculpa para a madraçaria institucionalizada na vergonhosa semana de dois, três dias úteis, de semanas inteiras de gazeta a pretextos de feriados que esticam a programação da ociosidade.

Além da própria desmoralização, os maus hábitos sedimentados espalham-se por todo o país, copiados, com os acréscimos do despudor, pelas Assembléias estaduais e Câmaras de Vereadores. Todas, com exceções raríssimas que confirmam a regra, ajustam a listagem dos privilégios federais aos modelos locais. O exemplo de Brasília arruinou a reputação de decorosa modéstia e compostura de muitas Câmaras municipais e de Assembléias estaduais que preservavam costumes republicanos de velhos tempos virtuosos, isto é, com outros vícios.

O DEBOCHE DOS GABINETES

Tão desmoralizante quanto a semana de dois a três dias úteis e os plenários vazios é a típica criação brasiliense dos gabinetes individuais dos senadores e deputados.

Reconheça-se, no bis da desculpa, que era inevitável que os parlamentares emplacassem o conforto do gabinete próprio. Nem mesmo se trata de invenção creditada à nova capital, patrimônio da humanidade. Em quase todos os Legislativos do mundo suas excelências trabalham, articulam, futricam, recebem eleitores, telefonam em nichos pagos pelas verbas orçamentárias. E que como comer e coçar é só começar, a comichão dos gabinetes privados empolou nos inchaços dos mais deploráveis excessos.

O gabinete individual, de dimensões razoáveis, excitou dois vícios enraizados da cúpula dos três poderes: o empreguismo e o nepotismo. Trepadeira daninha que se espalha com incontrolável viço, o empreguismo e o nepotismo são pragas gêmeas e inseparáveis. Uma não se desprega da outra. No Judiciário, dos tribunais aos juizados de todos os ramos; no Executivo, de alto a baixo, em todos os níveis, são fontes de escândalo e de criminosa dilapidação dos recursos públicos.

Seu ninho mais fofo, com a maciez das penas arrumadas a capricho pode ser encontrado nos galhos dos gabinetes parlamentares. Não há mãos a medir nem limites de decência aos exageros de senadores, deputados, vereadores em amparar a família, presenteando toda a parentela com empregos fixos, vitalícios, com excelentes ordenados, gratificações, vantagens, promoções, férias, aposentadoria. E o trabalho, em geral, recai sobre os ombros vergados dos mais capazes e libera os demais para gozar a vida, que ninguém é de ferro.

A orgia atinge dimensões escabrosas em exemplos que se repetem. Gabinetes lotados com dezenas de parentes, amigos, cupinchas, cabos eleitorais. De gente que não faz nada porque nada tem para fazer. E porque não sabe. E que foi contratada para engordar o orçamento doméstico. Chegou-se ao despudor da permissão oficial de contratar, com a verba de gabinete, assessores de coisa nenhuma para trabalhar no estado que o parlamentar representa, aquecido pelo calor doméstico para o paparico eleitoral das bases do benfeitor. Escândalo oficializado com a eleição da mesa diretora presidida pelo deputado Aécio Neves, com a criação do segundo gabinete nas bases eleitorais de suas excelências – o paraíso da sinecura, do empreguismo e do nepotismo.

Um cacho de mordomias de fazer corar uma garota de programa. A começar pelo gabinete individual, luxo de poucas décadas que inchou como dedo com panarício e conquistou o mundo. No palácio de espaços infinitos do Congresso na nova capital, entende-se, torcendo o nariz, que o parlamentar disponha do esconderijo onde entocar-se na monotonia dos dois ou três dias do seu expediente. Como ele não mora na cidade, não tem casa para espreguiçar-se nem o canto para ler o jornal, ver televisão ou rabiscar as suas notas, nos casos em que se preocupa com as tarefas legislativas. Família longe, o retiro do hotel aguça a saudade de casa, da mulher, dos filhos. Foge para o degredo da Câmara ou o clube do Senado. Perambula pelos corredores sem fim, cumprimenta um ou outro conhecido, um dedo de prosa no cafezinho e nada mais o atrai no vazio da alma, com sobra de tempo. Recolhe-se ao gabinete. Ali, ao menos, cerca-se de rostos conhecidos, é tratado com consideração, procurado pelos eleitores em visita à capital, usufrui o telefone para as ligações interurbanas da sua cota que jamais consegue esgotar.

Engole o almoço no restaurante da Casa, conta camarada que não maltrata o bolso, e espera a hora da sessão para marcar presença e votar, como manda o líder da bancada, quando há votação. A cabeça está longe, no aeroporto esperando a chamada para o fim de semana em casa, nos lençóis familiares.

Mas, além dos padecimentos semanais da maioria dos parlamentares, que amolecem a severidade do juízo sobre o desperdício milionário dos gabinetes privativos e dos poucos que realmente são utilizados pelos que levam o mandato a sério, todo o resto compõe a sinfonia da gastança. O Congresso dispõe de excelente e numeroso quadro de servidores, a maioria selecionada por concurso de reconhecida seriedade. Desse quadro são indicados os que vão compor a estrutura administrativa dos gabinetes. Se algum desmerece a confiança do parlamentar, basta devolvê-lo ao diretor de pessoal e solicitar a indicação do substituto. A alegada necessidade da escolha pessoal, fora dos quadros, de assessores de confiança para os assuntos sigilosos, as conversas confidenciais com as bases, não passa de atalho para a farra do nepotismo ou a caçoada do empreguismo.

O Congresso é pecador confesso, que esmurra o peito, às vésperas da eleição, com as pancadas do remorso, no suplício de prestar contas do exercício do mandato. Mas a semana da malandragem e a orgia dos gabinetes individuais, poluídos pelo empreguismo e o desavergonhado nepotismo, são pecados mortais que ameaçam o Poder Legislativo com as chamas do inferno e as espetadelas do capeta.

Badalo sem sino

Os dois gabinetes individuais de parlamentares são como o cupim a corroer lentamente o respeito e a credibilidade do Legislativo. Contamina os demais poderes, afetando o Judiciário, seduzido pelas mordomias com que se adorna, favorecido pela antiga intocabilidade da toga, símbolo sagrado que sofreu terrível esvaziamento com as rachaduras na redoma de resistência secular, afetada na sua vulnerabilidade com o envolvimento de magistrados nas últimas safras de escândalos.

Depois do Legislativo, que é o mais exposto dos poderes, o Executivo, pelas suas dimensões e com o desmonte de sua estrutura e o congelamento dos salários dos servidores, padece as cobranças pela falência dos serviços públicos e o envolvimento nas irregularidades e tropelias cometidas em outras áreas.

Venerando dito repete a sabedoria da experiência na sentença de que "Congresso sem imprensa é como sino sem badalo". Virado pelo avesso, o ditado ensina na contramão que "Reportagem política sem Congresso é como badalo sem sino".

No cruzamento do adágio, perderam o Congresso e a reportagem política.

Dispersaram-se os quadros de repórteres especializados no registro dos trabalhos das comissões permanentes e das atividades do plenário. Nenhum transferiu-se completo para Brasília. Muitos embaraços e dificuldades complicaram a decisão de mudar com a família para a cidade em obras, sem as condições mínimas de conforto. Alguns acompanharam o Congresso na tentativa de preservar o emprego e o seu lugar no jornal. Outros retardaram a opção, aguardando as modas, e arrumaram a bagagem à medida que se convenciam do esvaziamento do Rio e que foram picados pela saudade de tempos que ficaram no passado.

Mas cobertura parlamentar como o Congresso conheceu da convalescença da ditadura do Estado Novo até a mudança para Brasília, nunca mais.

A nova capital renovou os desafios para a adaptação às vertiginosas transformações. Da ilusão do Legislativo influente, com decisiva participação na crise da deposição do presidente João Goulart à marginalização da ditadura dos quartéis, aos sacolejos de galeios do endurecimento que não demorou a chegar, tilintando as esporas e batendo com a tala no cano das botas. O AI-2, de 27 de outubro de 1965, fecha a fase de cerimônias inaugurais do governo do presidente Castello Branco. Reabre o processo revolucionário com a série de atos institucionais e golpeia mortalmente a estrutura democrática com a derrubada dos pilares do quadro partidário. A extinção das legendas nascidas e consolidadas sob a proteção da Constituição de 1946 foi das mais brutais e violentas arbitrariedades cometidas pela insânia oportunista do casuísmo ditatorial.

Se estava difícil preservar a autonomia do Legislativo na desorganização provocada pela mudança para Brasília, com o enterro das antigas siglas — malgrado seus defeitos sabidos, mas legitimados pela origem natural, lastreada com as rivalidades municipais e estaduais que passavam de pai para filho desde o Império e da República Velha —, a deformação caricatural gerou aleijões de proveta.

O contraditório parlamentar entre governo e oposição murchou para meros pronunciamentos oposicionistas desdenhados pela esmagadora maioria da Arena, confiante na disciplina da bancada tangida pelo medo e nos sortilégios da censura que cercavam os plenários da Câmara e do Senado com as espessas cortinas do silêncio.

A reportagem parlamentar ajustou-se às novas modas. Abandonou o plenário, que secara como bagaço que, a custo, pingava a gotinha azeda — e buscou a sobrevivência catando notícias no varejo das fontes com acesso ao governo, gerador único de informações.

A brutal centralização, vício de todas as ditaduras, liquidou com a cobertura nacional dos grandes jornais. E a crise do petróleo de 1973 completou o serviço, pressionando a mídia a economizar cortando as gorduras. As chefias das redações, acomodadas aos interesses empresariais prioritários de jornais, revistas e televisões, interpretaram as ordens pela ótica da preservação dos empregos na sede. E fecharam ou reduziram sucursais por todo o país.

247

Por que gastar dinheiro escasso com sucursais e correspondentes nos estados e municípios se o Planalto enfeixava todas as decisões importantes que preenchiam os espaços da imprensa plastificada?

Reduzido a coisa nenhuma, conservado de portas abertas para efeito externo, o Congresso sobreviveu, com as interrupções dos recessos punitivos, como berloque decorativo da ditadura para carimbar as nomeações dos generais-presidentes, com a eleição indireta sob fiscalização fardada. E para a imagem de exportação.

A MÍDIA NÃO COBRE O BRASIL

Não foi a desativação do badalo que silenciou o sino. A mesma ferrugem que travou as juntas parlamentares atingiu a imprensa na longa noite de trevas e de mistificação.

O negrume variou de tom nos quase 21 anos de arbítrio. Cada um dos cinco generais-presidentes do rodízio da ocupação militar do poder distingue-se por singularidades de estilo. Todos começaram os mandatos anunciando, com variantes da escala, a intenção de restabelecer a liberdade e perseverar no esforço de restaurar a democracia do compromisso do movimento revolucionário.

A cada troca da guarda correspondeu o conseqüente reajuste na sintonia da reportagem política. Nada mudou tanto, a ponto de ficar irreconhecível, quanto a cobertura parlamentar. Abandonado o plenário e suprimidas as seções fixas nos jornais, a freqüência dos repórteres ao Congresso passou a ser regulada pela pauta, de laboriosa e burocrática feitura, montada pela editoria política a milhares de quilômetros de distância de Brasília, com as sugestões e acréscimos de iniciativa das sucursais. Exceto, é claro, no caso especial da imprensa brasiliense.

A necessidade de credenciar os repórteres para o acesso facilitado à Câmara e ao Senado e a óbvia conveniência da especialização profissional e o cultivo das fontes preservaram as equipes com atribuições diferentes. Além da pauta, encolheu o espaço para a iniciativa pessoal, cada vez menos cultivada. A acomodação é compreensível, imposta pela inflação de jornalistas de jornais, revistas, rádios e televisões que perambulam pelos corredores imensos, pelos gabinetes, pelos espaços permitidos dos plenários à caça da informação escassa. Como são muitos refazendo o mesmo roteiro na rotina de cada tarde e contam-se pelos dedos os senadores e deputados da moda para as declarações acolhidas pelos repórteres, as câmaras de televisão e os microfones dos radialistas e os gravadores que registram para a posteridade, todos os dias, os pronunciamentos dos favoritos, reproduzidos na íntegra no circuito giratório dos noticiários radiofônicos, televisivos e nos jornais.

Poucos alcançam o destaque da crônica assinada ou do comentário nas TVs e rádios. Livres da pauta, cavam as notícias exclusivas freqüentando as fontes próprias. Nas conversas previamente marcadas com parlamentares ou nos encontros fortuitos.

Enquanto uma brilhante geração de novos repórteres, a nata aproveitada das fornadas despejadas pelas dezenas de faculdades de comunicação, estiola-se na burocratizada rotina de cumprir os muitos itens da pauta, emocionante como uma corrida de caramujos, os grandes assuntos, as denúncias à espera de investigação, as boas notícias que vitalizam o interior abandonado, os escândalos e roubalheiras que grassam na domesticidade dos três poderes, jazem esquecidos, prosperam na omissão cúmplice da mídia que não cobre o Brasil. O cachimbo entortou o canto da boca das editorias que continuam aplicando o modelo da centralização ditatorial. O governo facilitou a tarefa de apurar notícias oferecendo o prato feito com o pirão insosso da versão oficial. Principal, para não dizer única fonte geradora de informações políticas e administrativas, o Palácio do Planalto dos generais-presidentes viciou a imprensa a beber na sua mão a cuia aguada das notas e informações dos porta-vozes, ampliadas e completadas pelos ecos de assessores com PhD no exterior.

Os diretores-empresários da mídia-empresa esfregaram as mãos com o milagre econômico e, na virada da crise, com a saída salvadora do enxugamento de custo que dizimou as redações, desfalcou equipes, extinguiu sucursais e dezenas de postos de correspondentes no exterior. Todos dispensados graças à receita centralizadora do arbítrio, aplicada, pela mesma justificativa de cortar despesas, nas editorias de cidade, de esportes, de cultura. A mídia deslumbrou-se na contemplação do umbigo a que reduziu o país. O eixo Brasília–São Paulo–Rio de Janeiro ganhou *status* de resumo do Brasil. Só o que nele acontecia merecia destaque, com prudente respeito à versão palaciana, fonte perene da verdade.

E como os benefícios na redução dos custos entusiasmaram a sensibilidade jornalística da mídia-empresa, a fórmula foi sendo progressivamente aplicada, como ungüento miraculoso, panacéia mágica. O repórter foi reciclado para aprender a apurar pelo telefone, sentadinho na redação, reduzindo ao mínimo indispensável os contatos pessoais com as fontes. Assim, na mesma árvore da sovinice, colhem-se dois frutos de cada vez: economiza-se na condução, poupando os carros da reportagem, sempre insuficientes, e na gasolina, que anda pela hora da morte, e ganha-se no tempo, que, como todos sabem, é dinheiro desperdiçado em salário e o mesmo repórter, em vez de dar conta de uma pauta, produz três, quatro e cinco reportagens, como montadora de peça de fábrica moderna, equipada de computadores e robôs.

A fatura da mesquinharia e do erro de avaliação está batendo com os juros dobrados. A omissão da imprensa desligada do país, indiferente e ignorante das profundas mudanças com a reversão descentralizadora deflagrada com a redemocratização, e que foi antecipada com o fim do milagre e as crises do petróleo, colocou-a na berlinda do ridículo em episódios que mudaram os rumos do país. São muitos os exemplos recentes. O fenômeno eleitoral Fernando Collor de Mello pegou a sociedade na ignorância da desinformação porque a imprensa não cobriu os ensaios da mesma equipe na prefeitura de Maceió e no governo de Alagoas. Os mesmos métodos, as mesmas trampas, as mesmas caras, a do chefe ao seu executivo de confiança e audácia, o pranteado PC Farias.

Os Anões do Orçamento desviaram milhões durante anos das verbas públicas, manipuladas com a impunidade garantida pelo instituto da imunidade do mandato, graças à ausência da imprensa que não sai da redação nem cruza os limites da sua cidade. Na Câmara de Vereadores de São Paulo montou-se uma arapuca, patrocinada pelo prefeito, que dividiu a cidade em zonas que foram doadas aos vereadores da corriola para achaques ao comércio e ambulantes. A tramóia funcionou com a eficiência de moderna máquina arrecadadora e só foi denunciada por artes do acaso.

Com a amplitude nacional de empresa com negócios no exterior, a rede do narcotráfico envolveu magistrados, policiais, secretários, parlamentares, inclusive federais, no negócio das drogas, do crime, do roubo de carga. Atuou durante anos, no remanso da tranqüilidade, distante dos olhos da imprensa enfurnada nas redações, pendurada no telefone e de olhos vidrados nas telinhas que informam o trivial, que é o que basta para o cardápio de dieta.

Muitos vexames de arder as bochechas, a concorrência dos programas noticiosos e investigativos da televisão, a concorrência no vale-tudo pela disputa do leitor das grandes revistas — *Veja*, *Época* e *IstoÉ* —, a natural reação do brio profissional humilhado, estão forçando a mudança, que acena com a volta da moda de velhos tempos com instrumentos sofisticados de trabalho. O computador aposentando a máquina de escrever, o telégrafo, o fax e o telefone de uma só tacada.

Para a reportagem política, as transformações exigem ajustes urgentes no modelo que parecia cunhado no bronze da eternidade.

A oposição perdeu para o governo a condição de principal fonte geradora de notícia, especialidade cultivada pela falecida UDN. A ditadura tapou a boca do Congresso e centralizou o poder. Em seus grandes momentos, a oposição venceu o desafio e cutucou o arbítrio com denúncias, manobras competentes, como a anticandidatura do deputado Ulysses Guimarães à presidência, com Barbosa Lima Sobrinho completando a chapa, ou na fantástica mobilização popular das Diretas-já.

À medida que o arbítrio se enfraqueceu, a oposição ampliou sua importância. Mas, em Brasília, o governo passou a receber da reportagem política um tratamento que jamais teve no Rio. É exato que o acesso direto ao presidente ou às fontes palacianas era mais raro e difícil. Em parte, porque não havia necessidade de buscar no Palácio do Catete as informações que com mais facilidade e com o desdobramento da reação da parte contrária podiam ser colhidas no Congresso, na ronda de todos os dias e nos contatos pessoais ou telefônicos com líderes, ministros e demais fontes complementares.

Não era melhor nem pior. Apenas, diferente. Tanto que os repórteres políticos que levaram sua experiência do Rio e de São Paulo para Brasília, e os que se criaram na nova capital, mudaram hábitos, afinaram o estilo, sem arquivar o modelo, que sobrevive, com alguns sinais de rejuvenescimento.

Na resistência à censura, à violência, às diversas manifestações da ditadura, a imprensa política consolidou as linhas mestras do modelo da análise valorizada pela isenção. Nenhum órgão que se preza permite que o repórter tenha relações de emprego nas áreas onde exerce sua atividade jornalística. O que era uma cobrança ética virou exigência profissional.

As antigas inclinações partidárias da primeira fase das simpatias pela oposição perderam sentido com o desmanche das legendas tradicionais pela brutalidade do AI-2. A oposição do discurso libertário, democrático, centrista e antigovernista ganhou o colorido ideológico e veste a camisa do PT. Na ebulição das campanhas dominam as redações. Mas não envolvem os principais articulistas, que guardam o distanciamento profissional ou escondem no fundo do peito suas simpatias por candidatos e siglas. Os textos de Márcio Moreira Alves, de Dora Kramer, de Teresa Cruvinel, de Carlos Chagas e dos principais cronistas, com as nuanças de estilo e de temperamento, sustentam as convicções dos ilustres autores na mesma linha de credibilidade do mestre Carlos Castello Branco, professor de ética nas universidades do Rio e de Brasília.

O FURO NÃO PUBLICADO

Na fase de articulação de alianças para a sucessão do presidente Getúlio Vargas, antes da crise que o levou ao suicídio, a Câmara fervilhava com as denúncias da *Banda de Música* da UDN contra o candidato do PSD, Juscelino Kubitschek. A UDN utilizou todo seu arsenal de truques e artimanhas para barrar a candidatura do governador de Minas, que realizara uma administração popular e renovadora, e esbanjava simpatia e otimismo.

Em um fim de tarde de debates ferventes, amainada a tormenta, parei num dos nichos do velho Palácio Tiradentes voltado para a rua São José e descansei a miopia na mancha vermelha do céu tingido pelo crepúsculo.

Despertei do desligamento com o murmúrio de conversa sussurrada no nicho vizinho, à distância de poucos metros. Debruçados na amurada, falando baixo, mas com a atenção concentrada na importância do que tramavam, identifiquei as vozes inconfundíveis de dois deputados com atuação destacada, de excelentes relações com os jornalistas e presenças freqüentes na tribuna. E à medida que me inteirava do assunto, mais aguçava o ouvido para não perder uma palavra, e evitava fazer o menor ruído para não ser descoberto.

A emoção do furo acelerou os batimentos do coração, gelou as mãos, ressecou a garganta: os deputados José Maria Alkmin e Roberto Morena fechavam os detalhes para o apoio do Partido Comunista, na clandestinidade, à candidatura de JK.

Conversa cheia de manhas na voz rouca e mineira de Alkmin e aberta nas irredutíveis exigências de Roberto Morena. A divergência girava em torno da ajuda financeira que Roberto Morena reclamava para o financiamento da arriscada participação dos quadros destroçados do partido na ilegalidade, na mobilização popular dos comícios e na agitação das ruas.

Meticuloso e com exagerados hábitos de poupança, Alkmin marombava, pretextando as dificuldades para coletar ajuda de empresários ressabiados com os excessos de pedidos. Roberto Morena não arredava pé, teimando nas despesas para manter os quadros nos esconderijos e com o sistema de segurança.

Não durou mais de 15 minutos a negociação inconclusa: Alkmin ficou de consultar os responsáveis pelo caixa da campanha e comunicar a resposta em poucos dias, que o assunto exigia pressa.

Cada um foi para o seu lado no corredor de escassa iluminação. Fiquei mais alguns minutos, dividido entre a excitação do furo que poderia mudar o curso da eleição e as hesitações de repórter iniciante, abrindo caminho em jornal de grande circulação e densidade política.

Redigir a matéria não oferecia dificuldades. A memória gravara todo o diálogo, quase na íntegra. Mas que provas eu poderia apresentar diante do inevitável e veemente desmentido de dois deputados federais de notória respeitabilidade? Seria a palavra do líder do PSD e do único e respeitado deputado comunista contra a de um repórter com poucos anos no setor.

Fui caindo em mim, que é o pior dos tombos. Apesar da minha pouca experiência, avaliei a tempestade que a UDN levantaria com a sua equipe de fantásticos oradores. E a onda dos ódios regionais que açularia a bancada mineira na impugnação da candidatura que comprara o apoio dos comunistas, pagando em dinheiro vivo.

Senti que seria o responsável por uma crise armada pela hipocrisia. Nenhum candidato recusaria os votos comunistas nem fecharia a bolsa para acertar o acordo.

Tranquei a boca, esqueci o que ouvi, temeroso de uma confidência que fosse recolhida por outro jornal.

Não me arrependi da difícil opção. Sei que renunciei ao maior furo da minha vida. Ciladas do destino.

O MELHOR DO CONGRESSO

A geração de Brasília de repórteres e comentaristas políticos é melhor do que o Congresso. Purga os pecados, que não são seus, da decadência do Legislativo, que é uma constatação universal, agravada pelo descompasso entre a velocidade da informação do mundo globalizado e a crônica morosidade da complicada engrenagem parlamentar.

Não se trata apenas de saudosismo confesso. Mas, a evidência que não resiste ao simples exercício inútil de comparar épocas diferentes, separadas por meio século e milhares de quilômetros entre a antiga capital, devastada pela sucessão de governos calamitosos, e a nova sede construída no centro do país, pela visionária e interesseira obstinação de JK.

Claro, a imprensa não tinha como piorar. Na renovação de seus quadros absorve a cada ano a ínfima porcentagem dos diplomados pelas faculdades de jornalismo, com a base teórica que será testada no batente da redação. Não necessito repetir os destaques que constam do texto.

Mas, sem querer cutucar a inveja dos que nos sucederam, é irrecusável que os colegas do ramo na nova capital trabalham com material de baixa qualidade.

Qualquer afirmação pode ser contestada com argumentos ponderáveis. O Congresso inflacionado com 81 senadores e 513 deputados certamente é mais representativo da sociedade que o elege, com índices desqualificantes de abstenção, do que o Senado sem o terceiro senador – cria do casuísmo da última ditadura, na chocadeira biônica da eleição indireta pelas assembléias legislativas e efetivado, com o retoque do voto direto — do que os modestos e decorosos esqueletos guardados na memória dos tempos do Monroe e do Palácio Tiradentes.

Elitistas, com o gosto da eloqüência dos bacharéis da UDN e dos astutos governistas do PSD. O que marca a distância que se alarga no tempo é o imponderável da antiga sedução que o mandato parlamentar, em todos os níveis, exercia sobre os expoentes de todos os segmentos da sociedades e o humilhante desapreço, confessado nas queixas dos dirigentes partidários, das atuais dificuldades para compor as chapas de candidatos com nomes que mereçam o respeito público.

A virada começou com a mudança precipitada da capital para Brasília inacabada. A resistência familiar à aventura do desconforto pode ser avaliada pelas estatísticas das carreiras políticas encerradas a cada nova eleição. Antes de deitar raízes, a provação de quase 21 anos da ocupação militar do poder. E o rosário das contas amargas das humilhações dos recessos punitivos, dos atos institucionais, das cassações, dos casuísmos, da arrogância e da marginalização.

E, no outro prato da balança, como espúria compensação, a orgia das vantagens, das mordomias, do empreguismo, do nepotismo e da vadiagem. O Legislativo perdeu num único lance a cobertura regular dos trabalhos parlamentares do modelo da minha geração. Ganhou o possível, mas levou desvantagem na barganha compulsória.

A cobertura política, desobrigada do acompanhamento da rotina das duas, três sessões semanais, buscou o atalho das reportagens sobre temas variados, do pitoresco ao escândalo; das entrevistas e pronunciamentos de líderes de bancadas fragmentadas nos grupos de interesses comuns

Ora, sem Congresso funcionando regularmente, com a crescente e enlouquecida dispersão dos partidos, a fragilidade das lideranças, a permissividade das mesas diretoras que não se acanham de negociar a sua eleição com a indecorosa criação do segundo gabinete nas bases de senadores e deputados, não há como encher o espaço do noticiário político sem apelar para a crônica ou a denúncia de irregularidades. A última temporada valorizou as CPIs com a devassa das bandalheiras do futebol, da rapinagem de órgãos públicos, a apuração da rede do narcotráfico, os desmandos do Judiciário. Todas, com o desfecho decepcionante da impunidade.

A impopularidade da atividade política, refletida nos índices de todas as pesquisas sérias, dispara a sirene da advertência para o risco da crise institucional que está sendo chocada na irresponsabilidade dos três poderes. Com a agravante da passividade cúmplice do Congresso.

Como está, a cobertura parlamentar e política é frustrante, desanimadora. Esforço perdido na indiferença popular.

Mas, vale o desabafo solidário do depoimento do sobrevivente da geração privilegiada, que viveu uma época definitivamente enterrada na memória dos que se consolam, contando histórias.

RECADO

Contei o que a memória guardou, selecionando o que achei que valia a pena deixar registrado. Casos de mais de meio século de atividade jornalística ininterrupta, mais rica nos 12 anos de freqüência diária à Câmara dos Deputados e mais espaçada ao Senado. Das centenas de reuniões da UDN, do PSD, do PTB, do PR, do PSP, do PSB, de siglas que o AI-2 dissolveu no casuísmo do bipartidarismo artificial.

Dos últimos sobreviventes da geração de 1946, que forjou o modelo da crônica política interpretativa, imparcial, isenta, analítica, fui convencido a deixar um depoimento do muito que vi e vivi. Da despedida dos anos dourados da oratória parlamentar, do brilho da eloqüência, dos costumes e hábitos da capital sediada no centro cultural e político do país, de um Rio que, como Minas, não existe.

Sem a pretensão de ensaio, de defesa de tese, de explicações sociológicas e interpretações ideológicas.

Um pouco da memória de uma geração que deu o seu recado.

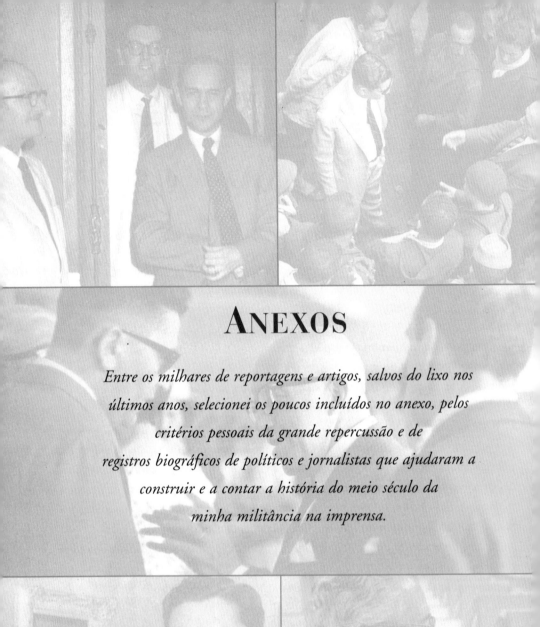

ANEXOS

Entre os milhares de reportagens e artigos, salvos do lixo nos últimos anos, selecionei os poucos incluídos no anexo, pelos critérios pessoais da grande repercussão e de registros biográficos de políticos e jornalistas que ajudaram a construir e a contar a história do meio século da minha militância na imprensa.

CRÔNICAS

A BOMBA EXPLODIU NO PLANALTO

JB – 03/05/1981

As duas bombas que estouraram na noite de quinta-feira — uma no Puma estacionado no Riocentro, outra perto da casa de força — na verdade explodiram no colo do Governo, e seus estilhaços alcançam o rosto do presidente João Figueiredo.

Esta é uma sensação nacional que se identifica nas ruas, nas conversas do feriado, por toda a parte – de uma opinião pública expectante, ansiosa pelos próximos passos que a empurrem para os escuros da decepção ou que a amparem num puxão de esperanças.

Pois, que nesse acidente de serviço, como que tudo se ilumina como uma luz forte que se acende nas trevas. Não falta esclarecer muito, tudo se dispõe como uma nitidez fotográfica. Como se mãos invisíveis tecessem os fios do destino para compor uma trama perfeita, irretocável, absolutamente exata até os seus mais minuciosos detalhes.

Juntem as peças com atenção e comprovem. Tratava-se de um *show*, promovido a pretexto de comemorar o Dia do Trabalho na véspera, mas de notória iniciativa esquerdista. Portanto, o alvo a descoberto para um atentado de direita. Vinte mil pessoas, maioria absoluta de jovens, juntas no pavilhão imenso, vendo o desfile de sempre do elenco de todos os anos.

Um carro estaciona nas proximidades. Os seus dois ocupantes estão à paisana. São militares: o sargento Guilherme Pereira Rosário e o capitão Wilson Luís Chaves Machado.

Por um erro de cálculo ou azar, uma bomba arrebenta no colo do sargento. De modo que não fica qualquer sombra de dúvida. O sargento morre no instante, no banco do carro, com todos os sinais que confirmam a evidência. O capitão Wilson, gravemente ferido, arrasta-se procurando por alguém. Balbucia palavras que ninguém consegue elucidar. Mas não pode ir muito longe. Ficou lá o flagrante exato, com o carro semidestroçado e com mais uma bomba escondida na traseira, para utilização facilmente apurável.

Uma outra bomba apareceu na casa de força para arrebentar as instalações elétricas e provocar o estouro da multidão para o massacre do pânico. Ato de banditismo de vileza sórdida, tramado com todos os requintes da crueldade mais abjeta. Basta calcular o que aconteceria com 20 mil pessoas desatinadas pela escuridão e o barulho das bombas, correndo às cegas, no desespero do salve-se-quem-puder em busca de saídas estreitas.

O capitão Wilson e o sargento Guilherme são do serviço de informações. Segundo testemunha um colega, lotados no DOI – que é a metade da sigla maldita do DOI-CODI, semidesativada nos arranques dessa semi-abertura em que vamos patinhando na busca da semidemocracia.

Alguma surpresa? Nenhuma. Salvo a hipótese fantástica de uma diabólica transa de coincidências, aconteceu precisamente o que todos ansiosamente esperavam. Que um dia os deuses do acaso armassem as coisas de modo a que o fio das dezenas de atentados misteriosos, jamais apurados, mostrasse a sua ponta.

Desde as bombas da covardia contra bancas de jornais, que se torcia para que um dia alguém visse, fizesse o flagrante, colhesse as provas. Quem sabe? Um pneu furado, um motor que enguiça, arrancando máscaras para exibir fisionomias pressentidas.

Tudo parece que deu certo até demais. Na exatidão do quadro de enredo completo. Na morbidez do atentado para a colheita de vítimas a granel. Na identificação imediata dos personagens, enrolados em suspeição que não admite o simples desentendido, a desconversa. Gente da área que todo mundo adivinhava com o simples apelo ao singelo exercício do raciocínio, pela pista das evidências, pelo caminho do bom senso.

Não foram duas bombas que explodiram na noite de quinta-feira, na véspera do 1º de Maio. Mas uma fieira delas. Desde as bombas contra os jornaleiros até as bombas mais sofisticadas, mais técnicas, contra a OAB, matando dona Leda Monteiro ou a da ABI e Câmara de Vereadores. Os estampidos de dezenas de bombas se juntam, se somam num ruído uníssono. Todas elas estão com os seus estopins à mostra. Esta bomba de agora leva às outras. Basta um pouquinho de boa vontade, da vontade de apurar que faltou até aqui.

E não só as bombas do Rio. Mas as de São Paulo, de Porto Alegre, de Belo Horizonte e de Belém. As bombas contra os jornais, as bombas contra a abertura, as bombas contra o presidente João Figueiredo, desafiado por elas, sob ameaça de desmoralização, bracejando para segurar pelo gasganete os mascarados com a cauda de fora.

Bem, e agora? A encenação do Governo não merece reparos. Notas, declarações, providências, os clássicos inquéritos, uma bela movimentação de bastidores. Nada, realmente nada justifica a suspeita de que o Planalto vá botar panos quentes. Pois que, como Geisel no episódio da tortura, é o presidente Figueiredo o primeiro a ser atingido por todos os desatinos do banditismo terrorista. Mas convém não facilitar. Ninguém é tolo para ser enganado diante de tantas evidências amontoadas pelas artes providenciais. Nessas bombas estamos jogando com coisas muito sérias. Com a credibilidade do Governo e das Forças Armadas. Com o projeto político de abertura. Com as eleições de 82. Com a palavra e com o juramento do presidente João Figueiredo.

João não ouviu o conselho de Jô Soares

JB – 26/01/1985

Um dos quadros de maior sucesso do último *show* de Jô Soares é o dedicado a uma impagável sátira ao pernóstico bigodinho torto, modelo de galã do cinema mexicano da década de 1930, do ministro da Fazenda, Ernane Galvêas. Depois de expor ao ridículo hilariante o fino ornamento ministerial, Jô Soares estranha que não apareça um amigo, um parente, até mesmo o contínuo do gabinete, para a generosidade do conselho imperativo:

— Galvêas, raspe o bigode.

Pois é essa mesma perplexidade, só que embrulhada na mais pungente seriedade, que deve ter acudido na noite de anteontem a milhões de espectadores, sufocados de pasmo e de constrangimento, depois do espetáculo deprimente da entrevista do presidente João Figueiredo à TV Manchete, em furo jornalístico do repórter Alexandre Garcia.

Mas, então, será que não apareceu um amigo (Cadê o Gazale?), um assessor, um ministro, um parente, ou um dos cavalariços da Granja do Torto para o gesto piedoso de um conselho indispensável?

— Presidente, grave de novo.

Ora, um bom conselho poderia ter poupado ao presidente e a todos nós a mais lamentável exibição jamais oferecida por um presidente da República, em qualquer tempo.

O mais espantoso é que tudo foi disposto exatamente para produzir um resultado oposto. A entrevista, confessadamente, representou um esforço para oferecer uma imagem favorável do João no final do mandato, recuperado do doloroso problema de coluna e vitorioso com o desfecho do projeto de abertura, o qual, por caminhos sinuosos, terminou com a eleição indireta pelas muambas do Colégio Eleitoral do paisano e oposicionista Tancredo Neves. A intenção passou, nítida, na simpatia manifesta de Alexandre Garcia, ex-assessor da Presidência da República e amigo pessoal do João. A entrevista foi gravada no ambiente familiar da Granja do Torto, para deixar o presidente à vontade.

Quer dizer: tudo a favor. Mas, qual, o João estragou a sua festa. A começar pelos detalhes mais elementares. Ora, um presidente da República não recebe um jornalista para uma entrevista televisionada envergando o seu colorido macacão esportivo e calçando tênis — pelo visto incômodos, porque a todo momento o João coçava os pés e alisava as meias na altura dos calcanhares. Depois, recomenda-se que diante das câmeras o entrevistado procure manter uma postura descontraída, mas sem descambar para os excessos do corpo derreado e desconjuntado mal-acomodado na maciez da poltrona de molas. O apelo a recursos de evitável vulgaridade apenas agravaram o contraste entre o esforço mal-sucedido para aparentar tranqüilidade e o nervosismo que se irradiava do rosto sempre tenso, das frases curtas e sublinhadas de raivosas contrações da boca, acentuando as rugas em volta do nariz e no aflitivo tremor das mãos, das pernas, dos dedos, o cruzar e descruzar das pernas.

Mas o conselho que faltou foi o que deveria ter sido dirigido à alma do João. Um presidente da República não tem o direito de agredir a opinião pública com tão desastrado desempenho. Um presidente não pode exibir o seu fundo amargurado, o azinhavre espantoso de tantas decepções desconhecidas e uma tão maciça, cinzenta e opaca irritação contra tudo e contra todos, exceção apenas do presidente Geisel (com ressalvas) e do general Newton Cruz (sem qualquer restrição).

Já nem se leve muito a sério o que o João disse e o que escamoteou.

As suas curtas respostas, em frases telegráficas, formam um conjunto de horror. O mesmo João, que há 17 longos anos *curte* as mordomias de Brasília, na posição privilegiada de titular de postos no Palácio do Planalto, agora descobre que se sacrificou por um povo ingrato, que não soube reconhecer seu desconhecido calvário.

Mas isso ainda não é nada. O pior está por vir. O presidente descarta-se do recuo no episódio do Riocentro, lançando sobre as costas largas da Justiça a culpa pela impunidade dos incompetentes que arrebentaram a bomba no colo. Ora, mas qual foi a Justiça omissa? Lá mesmo é que não passou o inquérito do Riocentro, abafado na comicidade de um relatório originalíssimo, que começou da conclusão para montar os seus pândegos arrazoados.

O João reeditou uma velha intriga entre civis e militares. Nos quartéis, só se ouvia falar em bandeira, em pátria. No mundo a que o obrigaram a conviver, cada um cuidava do seu interesse particular. Mas com quem andou convivendo o presidente da República? Onde recrutou gente de tão baixo nível?

Os elogios ao SNI são compreensíveis e perdoáveis. O presidente não cortou os seus laços com a comunidade de informação. E, claro, sobrou também para nós, da imprensa, os respingos mais amargos do destampatório. A imprensa mentiu sempre, inventou, deturpou.

Se a intenção secreta da imprensa, na execução de um esquema secreto, era indispor o João com o povo, ela perdeu o seu latim. Não precisava. Nada do que poderia ter tramado se compara com o trauma nacional causado pela entrevista.

O presidente despediu-se do povo pedindo que o esqueçam. Impossível, presidente. Pois a sua entrevista é rigorosamente inesquecível.

Um Homem que Pensava

JB – 29/08/1990

Se é difícil apontar o maior orador parlamentar do país de 1945 para cá, não há embaraço em indicar o maior discurso que ouvi em 42 anos de repórter político: o do líder da UDN, deputado Afonso Arinos, às vésperas do 24 de agosto de 1954, no cenário eletrizado da Câmara sediada na imponência solene do Palácio Tiradentes, no endereço da velha capital, com o peso da autenticidade de sua história.

Para quem não viveu esses tempos que vão se esvanecendo na memória dos a cada dia mais raros sobreviventes, não é fácil reconstituir o que então representou o Congresso como centro inquestionável do jogo do poder. Nem o que significou a pressão da opinião pública espontaneamente mobilizada, depois dos anos de represamento pela ditadura do Estado Novo, atuando no palco de uma cidade com a irreverência oposicionista do Rio com seus dois milhões de habitantes, 17 jornais, perfeitamente divididos em matutinos e vespertinos, dezenas de estações de rádio ensaiando o jornalismo sob a liderança absoluta da Rádio Nacional, a tevê engatinhando e o país mergulhado no passionalismo da crise que desataria a tragédia do suicídio de Getúlio Vargas, presidente constitucional retificando a biografia com a penitência do voto popular.

A crise fervia no desatino desencadeado com o atentado da Toneleros e a escalada de radicalização que esticava a corda até a inevitável ruptura. Acuado, o governo Vargas desabava. Desforrando-se das frustrações de duas derrotas seguidas, a UDN acenava freneticamente os lenços brancos, saudando a queda iminente do ex-ditador.

Pois o discurso de Afonso Arinos, ouvido pelo plenário repleto da Câmara superlotada, de respiração suspensa e penugem arrepiada, soou como o anúncio do desfecho. Foi tal o vigor da eloquência jorrando da tribuna como chicotadas sobre a maioria paralisada pela clara sensação do fim que ninguém tinha dúvida de que estava testemunhando um desses instantes que nunca se esquecem, que se gravam na memória com a nitidez de sequência cinematográfica.

O Afonso da maturidade revisionista renegou o famoso discurso, não apenas pelos exageros da adjetivação barroca, opulenta e letal, mas pelo que representou na composição da tragédia.

Não tentem comparações impossíveis. O Congresso pulsava num momento de intenso prestígio, cercado de intimidado respeito pelo povo que lotava os poucos lugares das galerias, composto no decoro do paletó e gravata, para reverenciar, em silêncio comovido, os duelos de oratória entre os brilhantes elencos do PSD governista e da UDN brigadeirista.

Os temas políticos bloqueavam espaços das tímidas preocupações sociais. Mas, se o enredo, do ângulo crítico de hoje, merece reparos severos pelo artificialismo bacharelesco da elite que falava em nome do povo marginalizado, uma das perceptíveis diferenças confronta o Legislativo de intenso brilho com a opacidade da decadência que prepara a desejável e urgente reforma da instituição.

A sociedade de olhos voltados para o Congresso, dividida, interessada, devorava o noticiário político. Uma geração de jornalistas talentosos forjava o modelo de cobertura que ainda subsiste, à espera da atualização rejuvenescedora.

Discurso importante, de definição política, ocupava as manchetes por três dias: a véspera, para a antecipação do possível; o dia, com noticiário enchendo página inteira; e as repercussões no rescaldo do dia seguinte.

Era, portanto, habitual e fraterna a convivência de repórteres com as lideranças para a coleta da matéria-prima para a crônica diária. Nem só de discursos vivíamos. Muito mais de informações confidenciais, recolhidas com o aval da confiança.

Mestre Afonso Arinos não era de antecipar discursos, geralmente feitos de improviso, seguindo roteiro longamente maturado. Mas o seu gabinete de líder da UDN na Câmara e sua casa assobradada, espremida entre edifícios na rua Anita Garibaldi, em Copacabana, constituíam-se em pontos obrigatórios do nosso roteiro cotidiano. Uma obrigação prazerosa. O acanhado gabinete do terceiro andar atraía as mais atuantes figuras da bancada, fervilhava de novidades que ali se desdobravam nas intermináveis negociações da arte da conversa sem fim.

A hospitalidade da casa de dona Anah reservava-se para ocasiões especiais. De crispação da crise ou para o inigualável encanto das conversas regadas a vinho e que sempre rendiam o tema perfeito para o comentário de Carlos Castello Branco, de Heráclio Salles, de Odylo Costa, filho, de Benedito Coutinho, de Marcelo Pimentel, de Murilo Mello Filho, de Oyama Telles, do colega do Pedro II, Prudente de Morais, neto, o Pedro Dantas, de toda uma geração que a morte e a vida dispersaram.

Destacar-se na Câmara de fins da década de 40 até a mudança da capital para Brasília significa a afirmação do talento e de todo um exigente naipe de competências. O PSD majoritário e arrogante alinhava uma seleção, capitaneada pela austeridade de Nereu Ramos e integrada por Gustavo Capanema, Vieira de Melo, Antonio Balbino, Tancredo Neves, José Maria Alkmin, Souza Costa, Acúrcio Torres, Armando Falcão e toda uma constelação que humilha o anonimato medíocre da listagem atual que parece página de lista telefônica aberta ao acaso.

A UDN de anel no dedo partia para a ofensiva, às clarinadas da sua *Banda de Música*, com uma fantástica bancada de desvairada agressividade, com a linha de frente marchando com Afonso Arinos, Carlos Lacerda, Adauto Lúcio Cardoso, Aliomar Baleeiro, Bilac Pinto, José Bonifácio, Oscar Dias Correia, Alberto Deodato, Aluísio Alves e tantos e tantos mais.

Os tempos mudaram. O saudosismo inevitável espicaçado pela morte de Afonso Arinos, aos 84 anos de vida completa e irrepreensível, acentua a parcialidade da comparação.

Mas não invalida a consensual constatação de que Afonso Arinos morre como a maior figura do país. Pela abrangência do seu interesse intelectual, pela militância iluminada pela imensa cultura, o largo conhecimento histórico e a rara, a singular capacidade de reflexão, de analisar e extrair conclusões absolutamente novas, de fascinante inesperado na formulação de hipóteses e propostas.

Nas situações de crise, a inteligência poderosa encontrava saídas que abortaram confrontos. Como a depois malograda experiência do parlamentarismo, após a renúncia de Jânio, abrindo caminho para a posse de Jango e evitando a guerra civil.

Afonso Arinos sabia tudo, quase tudo. Leu uma vida. Mas Afonso exercitou o hábito de pensar. Matutava como um mineiro, refletia como um aristocrata da inteligência. Desarmado de preconceitos, em singular humildade para temperamento forrado da vaidade de quem não fingia ignorar sua importância.

Refletir, analisar-se, conduziu Afonso, amadurecido e sábio, à revisão de algumas convicções que pareciam definitivas. Assim transitou, pelos atalhos da reavaliação de conceitos, do presidencialismo para o parlamentarismo, do conservadorismo udenista para a abertura das obsessivas preocupações sociais.

Dias antes de morrer, lúcido e sereno no hospital, comentou com os filhos Afonsinho e Chico:

— Não tenho nenhum medo de morrer.

E estabeleceu condições:

— Não quero morrer depois de Anah nem babando na gravata.

Morreu como queria, aos primeiros minutos de 28 de agosto de 1990. Morreu como a mais importante figura do seu tempo.

Testemunho de Sobrevivente

JB – 02/06/1993

Carlos Castello Branco foi o maior, o mais importante repórter político brasileiro em todos os tempos. Não estou afirmando nada de novo nem de polêmico. Sua liderança é um dos raros reconhecimentos consensuais da nossa geração, da que nos está sucedendo, ampliando-se da consagração dos jornalistas para a virtual unanimidade nacional.

Para não fugir do tom de um emocionado depoimento pessoal, registro que há muitos anos, seja em artigos ou nos debates de que tenho participado, sempre que o tema toca o jornalismo político, parto do Castellinho para resgatar a história de um modelo analítico, interpretativo, limpamente imparcial, que avança na especulação dos desdobramentos e que é a contribuição e a marca do nosso grupo — que nele encontrou o fixador das linhas definidoras fundamentais e a sua mais perfeita expressão.

O jornalismo político renascido nos idos de 1945, na poeira da queda da ditadura do Estado Novo de Getúlio Vargas, improvisou quadros para atender à exigente urgência da opinião pública que se embriagava da liberdade, consumindo avidamente o noticiário que refletia a atividade do espaço reconquistado: as declarações de parlamentares e lideranças partidárias, os emocionantes debates no Congresso, as reuniões dos partidos. Veteranos dos tempos da República Velha retornaram à ativa. Eram poucos os remanescentes. Às pressas, as redações convocaram novatos para completar equipes.

Assim começou a forjar-se a equipe de repórteres incumbidos da cobertura diversificada da ampla área política no cenário do Rio, com *status* de capital e as características perdidas do bom humor, da segurança das ruas transitáveis a qualquer hora do dia e da madrugada, convivial e fraterna na irreverência piadista, moleque, alegre.

Esse o nosso território, o largo cenário do aventureiro desafio da afirmação de um estilo novo de apurar e noticiar o fato político.

Castellinho não foi dos primeiros a chegar. Veio de Belo Horizonte, com conceito firmado pelo texto impecável de escritor, a competência como secretário de redação afirmada em jornais mineiros, a fantástica capacidade de trabalho — reescrevia quase tudo, titulava edições inteiras — e as peculiaridades do temperamento: falava aos arrancos, com terrível dicção, soltando frases curtas em resumos irretocáveis, definitivos sobre tudo e sobre todos.

O exercício profissional foi definindo a hierarquia, marcando posições. Rápida e naturalmente. Alguns traziam a experiência revalorizada e ocuparam os lugares mais destacados. Os pioneiros da crônica assinada amanheceram com a instalação da Assembléia Nacional Constituinte de 1946: Carlos Lacerda, no *Correio da Manhã*; Prudente de Morais, neto, o santo Pedro Dantas, no *Diário Carioca*; Murillo Marroquim, em *O Jornal*. Todos, jornais e jornalistas, mortos.

Mas em um degrau abaixo do patamar de articulista fervilhava a dura e cordial briga pela notícia, a luta pelo *furo* dos repórteres que cobriam a atividade política propriamente dita, acompanhando as articulações, as crises, os acordos e desacertos, a intensa movimentação dos partidos.

Esse o nosso espaço, no qual Castellinho afirmou tão natural e solidamente a sua liderança que a memória não conserva o instante em que começou a ser identificada.

No finado e revolucionário *Diário Carioca*, todo santo dia, Castellinho apurava e redigia a matéria principal, manchete da primeira página, a seção *Diário do Repórter*, de sucesso instantâneo, curtas historinhas, explorando o pitoresco, o ridículo, o lado cômico e o sério, surpreendido em flagrantes saborosos e ainda redigia o editorial. Tudo em menos de uma hora, em espantosa velocidade e com a reciclagem instantânea para a adaptação aos diversos estilos.

Estava, portanto, maduro e pronto para enfrentar o grande desafio proposto pela revista *O Cruzeiro*, em 1953: ocupar uma página semanal, de texto compacto, com crônica que resistisse ao desgaste de três dias de antecipação da entrega e mais sete dias de venda nas bancas. Foi a primeira experiência no gênero. Ali, Castellinho deu seu recado completo, explorando as possibilidades da análise e da especulação aos extremos limites da antecipação dos desdobramentos. E cunhou o formato do gênero, da crônica política analítica, interpretativa, isenta, imparcial, valorizando a informação exclusiva com a precisa avaliação da sua importância e de suas possíveis conseqüências.

O modelo está aí, sobrevivendo, intacto, até hoje, apesar das mudanças profundas da atividade política. Marca da nossa geração, que ora vai abrindo vagas e resistindo com seus últimos sobreviventes.

Durante mais de uma década, de 1945 até a mudança da capital para Brasília, em 60, fomos um grupo de amigos de convivência diária em longos períodos de trabalho e de conversa. Chegávamos à Câmara antes da abertura da sessão, às 14 horas, dela saíamos no começo da noite, depois das 18 horas. Era comum começar o dia mais cedo, freqüentando as fontes em encontros matinais, cobrindo as reuniões da UDN e do PSD e, mais raramente, do PTB, do PR e de outras siglas.

Do Palácio Tiradentes, caminhando pelas ruas de um Rio que não existe mais, passávamos quase sempre pelo SB-9, um bar como também não existe, na rua São Bento, para a amenidade da conversa descontraída, regada a cerveja importada e mastigando sanduíches fantásticos. Dali dispersávamos para as redações, agrupadas no centro, enfrentando jornadas que varavam as madrugadas.

A saudade lateja no tumulto emocionado das relembranças. Diferenças de idade diluíam-se na convivência do trabalho, na estima consolidada pela admiração recíproca. Quantos fomos? O núcleo permanente restringia-se a poucos: Castellinho, Odylo Costa, filho, Oyama Telles, Benedicto Coutinho, Octacílio Lopes, o *Cara de Onça*, Osvaldo Costa, Francisco de Assis Barbosa, Pedro Dantas.

Na rotina da Câmara, outros se incorporavam à romaria de cada dia: Murilo Melo Filho, Espiridião Esper Paulo, Ozéas Martins, João Duarte Filho, Marcelo Pimentel, Pompeu de Souza.

Na distância do tempo, acicatado pela sensação de vazio, de perda do amigo perfeito, recolho os ecos de anos de conversas avivadas pelas divergências, sem a mancha de uma única briga mais séria, da violência da agressão, da brutalidade da ofensa.

O culto da amizade deitou raízes que a morte não extirpa. Com a transferência da capital, testemunhei, em Brasília, um novo tipo de relacionamento conflituoso, áspero, de veemência agressiva, descambando para a discussão enlouquecida pelo uísque, desaforada e estúpida.

São diferenças que justificam o saudosismo.

Quando Castellinho submeteu-se à operação que não garantiu sua vida, trocando pressentimentos angustiosos com Heráclio Salles, dele ouvi a observação dolorida.

— Somos os sobreviventes: eu, você, Castellinho e o Ascendino Leite.

Agora, somos três. Falta mais um: o maior de todos nós.

O REPÓRTER DO CONGRESSO

JB – 30/11/1995

O cigarro encurtou a vida de Heráclio Assis de Salles, depois de maltratá-lo duramente, reduzindo-lhe a prodigiosa capacidade de trabalho e impedindo-o de concluir o livro definitivo sobre a vida e a época de Otávio Mangabeira.

Heráclio conseguiu encerrar a fase de pesquisa a que se entregou nos derradeiros cinco anos utéis de vida com a seriedade e a dedicação que punha em tudo o que fazia. Vasculhou arquivos no Itamarati — na velha e nobre antiga sede carioca da rua Larga, e em Brasília —, fez centenas de entrevistas, dezenas de viagens à Bahia, levantou documentação inédita, arquivada em pastas que se empilham na biblioteca em que morava, nos altos do conjunto dos jornalistas, ali no Jardim de Alá.

Pois Heráclio morou literalmente numa biblioteca. O apartamento amplo, de quatro quartos, do solitário infatigável é revestido de livros, primorosamente cuidados, quase todos com o luxo de encadernações recentes, que se alinham nas estantes do chão ao teto. Estantes cobrem desde a entrada à sala circundada de volumes, os quartos e o longo corredor. Sem um palmo livre. Escapam o banheiro e a cozinha.

Viveu sempre entre livros. Lendo, anotando, estudando: a marca da seriedade responsável que distingue o seu texto impecável, de escritor genuíno, do mais alto nível, absorvido pela paixão do jornalismo e pela necessidade de ganhar a vida, o modesto salário garantindo as despesas com a numerosa família.

Não há o que lastimar. Pois se a nicotina roubou anos fecundos, reservados para a composição do livro da sua vida, realizou-se plenamente no jornalismo. Nenhum exagero de amigo na afirmação confirmada por quantos acompanharam sua trajetória luminosa. Foi o maior repórter parlamentar do seu tempo. De 1945, depois da queda do Estado Novo e a instalação da Constituinte, até o início da década de 50, quando transferiu-se para a reportagem política.

A história dessa baldeação merece ser contada, até porque se confunde com a saga da geração que forjou o modelo que se mantém até hoje. E que está se despedindo: restamos pouquíssimos sobreviventes, testemunhas de uma fase dourada, talvez a mais brilhante do período republicano. Ao menos na nossa visão confessadamente saudosista.

Certo, o quadro era outro. Congresso funcionando no Rio, na capital de fato, com peso histórico, freqüência variável da parcela da sociedade que acompanhava os debates das galerias do Palácio Tiradentes e do Monroe.

Surpreendidos com a derrubada da ditadura, os jornais improvisaram equipes para atender à insaciável demanda da opinião pública pelos assuntos políticos, por tantos anos proibidos pela censura do DIP.

Órfão de pai e arrimo da família, Heráclio recém chegara da aprendizagem em *A Tarde*, de Salvador. Não deve ter sido difícil encontrar emprego na antiga *A Notícia*, de Cândido de Campos e Silva Ramos. O texto irretocável, exato, denunciava o escritor desviado para o jornalismo. *O Correio da Manhã*, de Paulo Bittencourt, que era então o mais influente jornal do país, não tardou a descobri-lo. E Heráclio começou a cumprir a sina extenuante de emendar as jornadas do matutino, varando a noite e entrando pela madrugada, com o expediente do vespertino, começando às sete horas da manhã. Dormia-se nos intervalos, tirando o atraso aos domingos.

Ascensão fulminante. Destacado para a cobertura da Câmara de Vereadores, não apenas o apuro da redação, mas a criativa ampliação do modelo rotineiro, mesclando o relato do plenário, em tempos de oratória eloqüente que valorizava os debates, com o registro dos bastidores do jogo político, chamaram a atenção de Costa Rego, legendário redator-chefe do *Correio*. A transferência para cobrir a Assembléia Constituinte de 1945 significou a promoção ao plano nacional.

Daí por diante sua trajetória deve ser analisada na moldura da geração que reformulou a cobertura política. Atentando-se para a singularidade que o destaca como exemplo único.

A ranzinzice de Costa Rego implicava com o noticiário estritamente político, enxertado de intrigas e mexericos. Num lance de gênio, deu a volta por cima: encaixou a reportagem diária dos trabalhos do plenário — no tempo em que o Congresso funcionava de segunda a sexta-feira —, na amplitude do cenário da atividade política.

Durante anos toda a última página do *Correio da Manhã* foi preenchida pelo seu texto elegante, exato, translúcido e inconfundível. Promulgada a Constituição de 46, fixou-se na Câmara dos Deputados. Um prodígio diário de competência profissional e de capacidade de trabalho. Composta em tipo miúdo, as oito colunas da página inteira dispensavam a assinatura para a identificação do autor e que, repita-se, consolidou a mais perfeita cobertura parlamentar da história do Congresso. Com a nota original do estilo de crônica, com a hierarquização dos assuntos, fugindo à velha fórmula de relatar a sessão com a secura de relatório. E o recheio da informação política, das crises aos lances do jogo do poder que se desenrolava ali, diante de nossos olhos.

Exercitando a cobertura nos dois cenários, desdobrava-se como ungido pelo dom da ubiqüidade. Acompanhava religiosamente as sessões, da abertura ao encerramento e estava sempre com o outro grupo que perambulava pelos corredores, pelos gabinetes, pelo plenário, pela sede dos partidos, na ronda às notícias políticas. Em atividades distintas e com características próprias. E suas subdivisões. Os articulistas, categoria à parte, como Rafael Corrêa de Oliveira, Osório Borba, José Eduardo de Macedo Soares, Costa Rego. Presenças raras no Congresso. Os pioneiros da crônica política: Prudente de Moraes, neto, o Pedro Dantas; Carlos Lacerda, Murilo Marroquim, Osvaldo Costa. E os repórteres da patrulha da informação: Odylo Costa, filho; Carlos Castello Branco, Benedito Coutinho, Otacílio Lopes, Murilo Melo Filho, Carlos Chagas, Ascendino Leite, Otto Lara Resende, Ozéas Martins, Antônio Viana, Francisco de Assis Barbosa, Marcelo Pimentel, Oyama Brandão Teles, Carlos Alberto Tenório, Medeiros Lima. Em faixa própria, Samuel Wainer.

Essa geração esculpiu ao longo de anos o modelo de crônica política que sobrevive nas colunas da moda. Com as suas nítidas marcas identificadoras: a valorização da análise, o esforço isento da interpretação, a consulta obsessiva às fontes, a tentativa de antecipar desdobramentos e, principalmente, a preocupação com a imparcialidade, carimbo da sua rima, a credibilidade.

Heráclio não necessitou adaptar-se. Quando se transferiu para o *Diário de Notícias,* convidado por Odylo para colaborar nas "Notas Políticas", sentiu-se à vontade e estimulado a participar do ensaio da primeira sessão fixa de responsabilidade de uma equipe. Obedeceu ao destino de pioneiro, de abridor de caminhos. E que continuaria no *Jornal do Brasil,* seu derradeiro posto, de 1960 até a morte.

Morreu mansamente, no fim da tarde da última quinta-feira, 23, de enfisema pulmonar. Cercado pelos seus dez mil livros. Com a discrição e a reserva de quem sempre teve horror de incomodar os outros. A perfeita noção da sua importância, dissimulada pela modéstia, a compostura e a invariável polidez. Nacionalista intransigente, erudito com vasta e sólida cultura de leitor incansável, escritor, jornalista, homem de bem, amigo incomparável. Orgulhoso na fidelidade às suas origens. Baiano até a medula. Baiano daquela delicadeza única, recatada, com a cadência, o ritmo do Recôncavo. E que é traço distintivo da família Salles, uma boa gente. Delicadeza de baiano de Santo Amaro da Purificação.

Comandante do Bom Senso

JB – 15/03/1989

A geração de jornalistas políticos, forjada no aluvião democrático da derrubada da ditadura do Estado Novo, custou muito a arquivar a barreira de preconceitos que a afastava do deputado do PSD fluminense, comandante Ernani do Amaral Peixoto.

Compreende-se: a improvisação atabalhoada de repórteres para cobrir imensa área subitamente reaberta: recrutou antigos profissionais com experiência especializada e apelou para novatos egressos do excitado ambiente universitário ou de cortes de sociedade mobilizada na luta pela democracia.

O deputado constituinte Amaral Peixoto era dos mais comprometidos, ligado até por estreitos laços familiares ao risonho ditador deposto. Genro de Getúlio Vargas, casado com Alzirinha, a filha querida e de intrometida atuação política e com oito anos de interventoria no estado do Rio nas costas.

Certo que já tomara seu banho purificador de urna, elegendo-se deputado federal com reparadora votação, conduziu, como organizador e presidente da seção estadual do PSD, o partido à vitória que humilhou a UDN dos lenços brancos da pureza dos ideais libertários.

A derrota do brigadeiro Eduardo Gomes nas eleições de 2 de dezembro de 45 plantou na UDN as sementes da frustração que levariam a sigla à descrença na solução eleitoral e à desmoralizante contradição do apoio à futura ditadura militar do rodízio de generais de 64.

Na efervescência dos trabalhos da Constituinte que montou o texto liberal de 46, a UDN e seus aliados do PL e do PR desfraldaram as reivindicações democráticas, sustentadas na eloqüência de grandes oradores em irada condenação aos atentados cometidos à sombra do getulismo, desde a boçalidade dipeana da censura à imprensa, à tortura implacável aos resistentes recolhidos aos porões temidos na rua

Frei Caneca. A diferença com a recidiva de 64 é que, então, os torturadores eram *tiras* paisanos e os torturados, comunistas das camadas mais pobres e desassistidas da sociedade ou militantes liberais da classe média.

A Constituinte de 46 foi palco exclusivo das grandes estrelas devolvidas à atividade política: Nereu Ramos, Otavio Mangabeira, Melo Viana, Acúrcio Torres, Souza Costa, Prado Kelly — e não é preciso espichar a lista.

O deputado Amaral Peixoto, aconselhado por temperamento discreto, preservou-se, completando o aprendizado político com a novidade da vivência democrática.

O rompimento do presidente Dutra com o senador Getúlio Vargas, voluntariamente exilado nas fazendas gaúchas da família, agravaria o desconforto de Amaral Peixoto. O PSD era o partido de Dutra, dono do governo, Amaral precatava-se à sombra.

A revelação — ou o reconhecimento — da sua extraordinária competência política e a vocação de liderança exercida com extrema habilidade e finura ocorre na precipitação de episódios interligados, afasta-se da candidatura oficial do PSD, Cristiano Machado, para apoiar a dissidência não-declarada que se curvou à exigência das bases e aderiu ao irresistível movimento pelo retorno de Vargas à presidência em 50. Na mesma rodada de urna, elegeu-se governador do estado do Rio.

E, em 51, o PSD, em manobra na qual exibiu toda sua habilidade malandra, elege Amaral Peixoto para a presidência do partido, armando a larga ponte para confortável instalação no governo de Vargas.

Durante anos, como rotina da pauta diária, os jornalistas políticos freqüentaram o gabinete do oitavo andar do velho edifício Piauí, à avenida Almirante Barroso, para o indispensável dedo de prosa com Amaral Peixoto. Como fonte, não era das mais abertas. Mas, absolutamente confiável, não mentia nem enganava.

Selecionava habilmente os jornalistas da sua estima e confiança, como o Antônio Viana, de *O Globo*, para quem reservava informações exclusivas.

Custava a conquista da sua intimidade. Eram tempos mais amenos e de concorrência fraterna na luta pelo *furo*. Da sede do PSD, do gabinete do presidente Amaral Peixoto, das reuniões semanais e fechadas do Diretório Nacional saíram notícias que viraram manchetes e mudaram os rumos da política nacional.

O comandante, com seu grupo fidelíssimo de amigos inseparáveis, seu charuto, sua tranqüilidade, coerência e bom senso, mudou juízos emocionais, impôs a revisão de conceitos e conquistou sólidas amizades entre os jornalistas. Mais: o unânime reconhecimento a seu impecável espírito público, a aguda capacidade de análise e previsão e a lealdade a compromissos, convicções e amizade.

Presidiu o PSD até a dissolução da sigla na patada do AI-2, revide da brutalidade militar às vitórias oposicionistas de Negrão de Lima no então estado da Guanabara e de Israel Pinheiro, em Minas.

Fundador do MDB, sentia-se mais à vontade na companhia pessedista de Ulysses Guimarães e de Tancredo Neves do que no PDS, a que se recolheu por conta de futricas fluminenses.

Até nos passos para a aposentadoria voluntária foi hábil: afastou-se devagar, deslizando mansamente para a sombra.

Vez por outra dava seu recado. Nos prenúncios da degringolada do arbítrio, concedeu-me a famosa entrevista publicada no *Jornal do Brasil*, modelar pela antecipação do que estava por vir e na serena crítica aos erros do governo do presidente João Figueiredo no encaminhamento da transição.

O comandante Amaral Peixoto encheu meio século da vida nacional com presença coerente, atuante, serena e sempre inspirada por irretocável espírito público.

Sem nada de carismático, expositor razoável e orador sofrível, abriu caminho com bom senso e equilíbrio.

Foi das mais perfeitas vocações políticas que conheci em 40 anos de jornalismo.

ÍNDICE

Congresso 19

Partidos e imprensa 22

Primeira fase 24

A santa e o contínuo 28

A carteira que abria todas as portas 31

A ronda 39

A revolução de Samuel Wainer 45

Matutinos .49

Heráclio, o repórter e cronista
do Congresso 51

Job e o *Correio do Povo* 54

Irineu 56

O berço partidário 58

Rotina 61

Esboço 67

Linha de montagem 70

Desfile dos ilustres 72

A vez do rádio 74

Castello e *O Cruzeiro* 76

Sucursais 79

Gaúchos e paulistas 82

Ciranda das fontes 84

O apartamento de Thales Ramalho . . .89

Seis anos de João 92

A ética entre a teoria e a prática 96

As fontes de cada um 100

Modelos udenistas 105

O rondó dos "três grandes" 107

Atrás do cabide 111

Carbono contra a luz 114

A UDN não soube morrer 117

O ensaio partidário de 1946 120

Novo modelo ideológico 125

Precursor do populismo 130

A dança dos erros e azares 136

Caminhos truncados 139

A volta pelos pampas 142

Rodeio do retorno 147

A desforra no voto 150

Um tiro muda a História 153

Radicalização 155

A onda que virou o Brasil 157

O mito Jânio 161

Bom de copo 164

Conselheiro a muque 167

Entre o verde e o vermelho 170

Superstições 173

Perfume derramado 176

A morte adiada 179

O boato da morte anunciada 181

A vida por uma saudade 183

Loas à Redentora 187

Tempos de ideologia 192

Diamante devolvido 198

Túnel das intenções secretas 200

Prenúncios de abertura 202

Travessia 209

Renovação .213

Vigília 216

Debate decisivo 221

Derrota na véspera .... .225	Badalo sem sino .... .246
A reciclagem de Brasília .... .228	A mídia não cobre o Brasil .... .249
Bases e o novo .... .232	O furo não publicado .... .254
Rádio e televisão .... .236	O melhor do Congresso .... .256
A fatura da democracia .... .237	Recado .... .259
O deboche dos gabinetes .... .243	Anexos .... .260

LEGENDAS DAS FOTOS DO CADERNO DE ABERTURA

Pág 5
Getúlio Vargas, eleito presidente, em 1950, na residência de verão do governador Adhemar de Barros, em Campos do Jordão. Ao fundo, o deputado Danton Coelho.

Pág 6
O ministro da Justiça, Tancredo Neves, no Comando Parlamentar ao internato de meninas do extinto SAM. À esquerda, o deputado Frota Aguiar.

Pág 7
Comando Parlamentar no Arsenal de Marinha, no Rio.

Págs 8 e 9
Da esquerda para direita: Tarcísio Holanda, Marcos Sá Corrêa, o autor, Oyama Telles e o governador de Sergipe, Lourival Batista, em sua casa-museu, em São Cristovão.

Págs 10 e 11
Magalhães Pinto.

Págs 12 e 13
O presidente Fernando Collor de Mello na recepção da residência do jornalista Carlos Chagas, em Brasília. Entre outros, Carlos Castello Branco, Murilo Mello Filho e Luiz Orlando Carneiro.

CASOS DA FAZENDA DO RETIRO

Localizada no alto da Serra da Onça, na Zona da Mata mineira, a fazenda do Retiro é cenário para as memórias de Villas-Bôas Corrêa, um dos jornalistas mas respeitados deste país.

O leitor vai conhecer 21 relatos curiosos, divertidos, autênticos e emocionantes sobre a época áurea da fazenda do Retiro. É o caboclo que vivia se queixando de que era vítima de "ofensas" freqüentes das cobras. É o violeiro que, abandonado pela mulher na noite do Natal, dedilhou sua viola até o galo cantar. É a meninice de um homem que ganhou o mundo e, agora, retorna àquela mesma estrada de terra batida, cada vez que seus netos pedem: Vô, conta mais um caso da fazenda! – 284 págs.

Conheça mais sobre nossos livros e autores no site
www.objetiva.com.br

Disque-Objetiva: 0800 224466 (ligação gratuita)

markgraph

Rua Aguiar Moreira, 386 - Bonsucesso
Tel.: (21) 3868-5802   Fax: (21) 270-9656
e-mail: markgraph@domain.com.br
Rio de Janeiro - RJ